徐悲鸿

杨先让

- 1930年生于山东牟平养马岛，1939年随家人迁居朝鲜，1944年回国求学，1952年毕业于中央美术学院绘画系。曾任人民美术出版社编辑和创作员，文化部研究室研究员，文化部职称评定委员会委员，中国美术家协会版画艺术委员会副主任，中国民间美术学会副会长，中央美术学院民间美术系主任、教授。
- 曾获美国休斯敦大学亚洲艺术部文化奖、全美华人教育基金会终身艺术成就奖、中国文联第11届造型表演艺术成就奖等国内外大奖，作品被英国大英博物馆、中国美术馆等机构和个人收藏。曾出版著作《黄河十四走：二十世纪八十年代黄河流域民间艺术田野考察报告》《徐悲鸿：艺术历程与情感世界》《中国乡土艺术》《与木刻刀结缘50年：我的木刻版画创作历程》《海外漫纪》《艺苑随笔》等。

徐悲鸿

徐悲鸿

XU BEIHONG

杨先让 著

广西师范大学出版社
GUANGXI NORMAL UNIVERSITY PRESS
·桂林·

图书在版编目（CIP）数据

徐悲鸿 / 杨先让著．—桂林：广西师范大学出版社，2018.1
ISBN 978-7-5598-0521-8

Ⅰ．①徐… Ⅱ．①杨… Ⅲ．①徐悲鸿（1895—1953）—传记 Ⅳ．①K825.72

中国版本图书馆 CIP 数据核字（2017）第 314719 号

广西师范大学出版社出版发行
（广西桂林市五里店路 9 号 邮政编码：541004
网址：http://www.bbtpress.com）
出版人：张艺兵
全国新华书店经销
北京盛通印刷股份有限公司印刷
（北京经济技术开发区经海三路 18 号 邮政编码：100176）
开本：650 mm ×960 mm 1/16
印张：19 字数：263 千字
2018 年 1 月第 1 版 2018 年 1 月第 1 次印刷
印数：0 001~8 000 册 定价：72.00 元

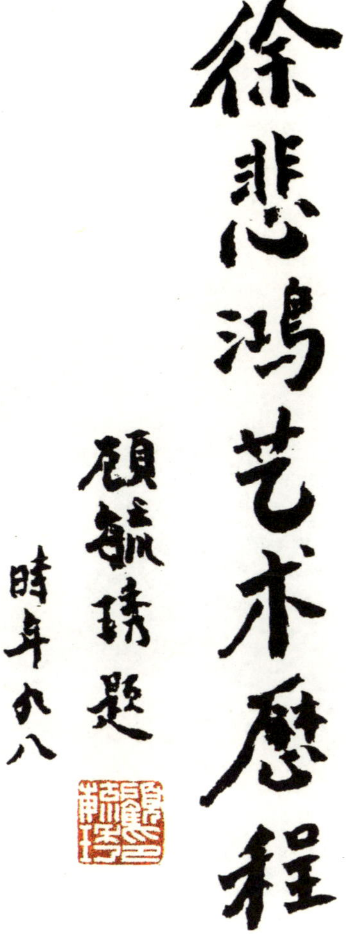

顾毓琇题《徐悲鸿艺术历程》（原书名） 1998年

2010年齐鲁书社版《徐悲鸿——艺术历程与情感世界》封面

杨先让　《我的恩师》　木刻版画　1999年

目录

缘起

没有伟大的人物出现的民族，是世界上最可怜的生物之群；有了伟大的人物，而不知拥护，爱戴，崇仰的国家，是没有希望的奴隶之邦。

——郁达夫

徐悲鸿在中国现代美术史上有着重要影响。在创作、中国传统绘画的改革以及美术教育方面，均有卓越建树。

我是在他生命最后的五年（1948—1953）受到他的教导，后来又在他曾经执掌的中央美术学院执教三十余年。在这所中国艺术的高等学府中，很多方面能够看到他的影响。教与学、继承与革新都离不开老院长徐悲鸿的精神和主张。

徐悲鸿的学生众多，第一、二代的学生属于我的师长辈，他们中不少人写过研究和纪念徐悲鸿的文章。目前我师长辈的人，有的已陆续离世而去了，现在剩下我们这第三、四代的学生。如我等较年轻者也已至七旬，对徐悲鸿老院长再不写点什么，一切就晚了，何况近些年来心中对老院长不是没有想谈的话题。

本来20世纪60年代以前，徐悲鸿好像已盖棺定论了，因为他各方面成就显著，没有什么异议。可是到了80年代初，社会走向开放之时，在新一代青年学生中，泛起一股重新评价徐悲鸿的潮流。蒋碧微写的《我与徐悲鸿》，曾在台湾出版，

1985年开始在《中国美术报》上连载。这对青年学生来说，好像找到了一个认识徐悲鸿很新鲜的层面似的。再加上西方现代艺术思想的冲击，青年一代头脑中产生了波动。就拿教学秩序一向平稳的中央美术学院来说，有的教员也茫然无所适从了。原有的一套教不下去，新的一套尚未建立，疑云四起，教与学之间出现了彷徨，出现了一种反思和重新比较的倾向。直至80年代中期，教学开始进入明朗程序，简单说，就是将被动局面转向主动，实施敢于面对西方现代艺术，取其优秀者兼容并包的方针。

上面谈到的教学一度动摇，其中包括否定徐悲鸿的教育和艺术方向。当时海外和国内少数美术理论家、画家，集中指责徐悲鸿在20年代没有从欧洲引进现代派艺术，而是将西方即将"落伍"的写实主义引进到了中国，使中国的美术步伐落后世界潮流半个世纪之久。徐悲鸿成了中国美术事业上的"历史罪人"。

遗憾的是，面对如此厚彼薄己的不公平现象，竟少有像样的文章出来从正面回击反驳。

时间是最好的冲刷剂。徐悲鸿的民族气节谁能抹掉？他的功绩谁能代替？他所倡导的美术教育经验，全国美术院校不是照样在执行吗？！

在此期间，使我最为感动的是廖静文。她单枪匹马不顾一切，为徐悲鸿建纪念馆奔走，同时写出了专著《徐悲鸿一生》并出版。这是为宣扬徐悲鸿的艺术和艺术主张，所表现出的最有力最坚强的态度。记得艾中信教授曾说过这样的话："廖静文当年在徐院长去世时，即向文化部提出自己要去北京大学中文系进修。看来那时她就是为了以后写这本书而做了思想准备。太有心了，可佩。"

后来我知道她的儿子徐庆平在法国留学，毕业论文写的是徐悲鸿的艺术。他回国后与母亲一起，为他的父亲徐悲鸿及其艺术能弘扬国内外，默默地、艰难地工作着。

记得1993年在北京，一个晚上，廖静文师母和庆平徒步登六楼忽然来我家，并带来一包鲜荔枝，为了向我要两幅写意花卉，作为出国举办展览期间应酬之用，用她的话说："只能求悲鸿的学生帮忙了，总不能拿悲鸿的画去送礼呀。"通过这件小事可以看出她的奔波辛苦和处世之无奈。

尤其我又得知她的小女儿芳芳，在美国也走上了宣传她父亲的艺术道路。这真是一幅十分感人的图画：廖静文和她与徐悲鸿生的一儿一女携手共事，那不止是为了个人和家族，更是为了中华民族的文艺事业在努力奋斗着。

我从美术教育阵线上退下来，几年来居住海外。在讲授中国近代和现代美术史时，必然讲到徐悲鸿本人和他的艺术，并且着墨颇多。这一过程中，我深深地体会到，徐悲鸿像一道门槛，不讲他就不可能迈过去，他确实是一座里程碑，是不可超越的一个存在，影响深远。

身处西方的艺术天地里，你不做比较是不可能的，这种文化艺术上的比较是时时的、处处的，是必然要去做知己知彼的思考。比较思考后，便会感到中国在文化艺术方面有它因祸得福的一面。难道西方艺术发展到今天的诸现代流派，必须成为世界定律，要每个国家的每个人都去遵守吗？这不禁令人怀疑。何况东西方的文化艺术是两个截然不同的体系，都是人类文化艺术的宝藏。这么丰富多彩的世界，这么多的国家地区和民族文化艺术，其中有共性，但是相差相异是必然的，是可歌颂、值得肯定的，互相学习交流是必要的，可以各走各的路，何必去规整划一呢？

历史上曾出现过你统一我、我统一你的悲剧，而在文化艺术领域里消灭践踏别国文艺的愚昧现象也存在过。因而更显出文化艺术多元化的可贵性，以及走自己的路、唱自己的调的重要性。

这里不存在民族主义的偏激。持这种坚定不移的信念，回过头来审视自己，才会发现中华民族的文化艺术多么令人骄傲，因为有了中华民族的文化艺术，世界才得以更加绚丽多彩。我们没有必要妄自菲薄。

可能身在海外会产生一种空间，可以远距离地对本土文化进行思考。这种思考让我深深地体会到徐悲鸿之难得、重要。他当年也身处国外学习西方，做深入虎穴的艰苦努力，其目的是为了中华民族自己的文化艺术健康发展，这种崇高的精神永远值得尊重。我们中国出一个徐悲鸿不是太多而是太少，我们太应该去珍视他。因而又深感对徐悲鸿可写的方面太多太必要，应用实事求是的尺码去评说他、研究他。

虽痛惜自己知识的浅薄，情之所至只好跃跃欲试了。况且徐悲鸿老院长生前亲自教过我，我还得到过他的奖励和爱护。今天提笔写他，某些方面，也是为了纪念。徐悲鸿一生的业绩以及他那多彩的感情世界，都是明明了了毫无遮掩，可释可解。

所有这些，都应该在一个前提下被阐述，那就是徐悲鸿一生的成就和对中国美术事业的贡献。离开这个前提去单纯谈他某一个生活层面，必然显得毫无意义。

一代宗师徐悲鸿的出现，是时代的赋予。徐悲鸿是文艺界在近现代中国要奋强、要艰难地与世界争高低的历史背景下，产生的一位有骨气的民族斗士。

这就是我要写老院长徐悲鸿的缘起和动机。

第一章 成功道路上的四个关键

在徐悲鸿的人生旅程中，展现着错综复杂的人文现象，对此梳理出章节段落并非易事。笔者认为，他一生中有四个“关键”：随父习文学艺（1901—1915）、从上海滩到北京（1915—1919）、欧洲留学八年（1919—1927）、献身美术事业（1927—1953）。谓之“关键”，即是失去其中的一个就不会构成徐悲鸿完整的一生。

一个人成就的取得，都有内因和外因。

1895 年正值李鸿章在日本签订丧权辱国的《马关条约》，台湾与澎湖列岛被割让；康有为在北京率数千名赴考举人上“万言书”，要求光绪帝变法；孙中山在香港成立兴中会总会，举起“驱除鞑虏，恢复中华，创立合众政府”的大旗。1895 年 6 月 18 日（农历五月二十六日），徐悲鸿出生于神州沸腾、寰宇纷扰之世。

徐悲鸿在童年、少年到青年的成长岁月里，经历了戊戌变法的失败，义和团的兴起，八国联军的入侵，陈天华蹈海，秋瑾、徐锡麟成仁，黄花岗烈士遇难，以及武昌起义和辛亥革命的胜利。

徐悲鸿成长在由于清朝腐败而招致列强欺压、人民备受苦难而奋发自强的历史背景中，可以想象他的心情绝不会是平静的。

在徐悲鸿的人生旅程中，展现着错综复杂的人文现象，对此梳理出章节段落并非易事。笔者认为，他一生中有四个“关键”：随父习文学艺（1901—1915）、从上海滩到北京（1915—1919）、欧洲留学八年（1919—1927）、献身美术事业（1927—1953）。谓之“关键”，即是失去其中的一个就不会构成徐悲鸿完整的一生。

一、随父习文学艺（1901—1915）

习文学艺，看似一件很普通的事，其实不然。这里存在着授与学之间的沟通、技巧与方法掌握的问题，以及感情因素等众多的辩证关系，其中一个环节处理不好，将影响教与学的效果。

其实，父传子是最佳的教学方式，但大多数人往往处理不好，或者因犯难而却步，选择他人相教的方式，即让自己的子女在启蒙教育或学艺阶段拜师于他人，所谓的“易子而教”。

当然，教子存在各种方法，但目的只有一个，就是教子成才，在教与学之间达到一个最理想的境界。

徐悲鸿得到父亲的启蒙教育，这对他打下文化及技艺上的基础是重要的，也是幸运的。一个传授有方，另一个悟性极高。

徐父名达章，地方名士，放情山水，醉心书画。虽然居于离太湖三十里、山明水秀的江苏宜兴屺亭桥镇，生活却捉襟见肘。六个儿女之中，徐悲鸿为长子，六岁时受父启蒙读书练字，由《诗》《书》《礼》《易》至《春秋》《左传》，逐渐成了乡邻间的神童才子。进而学制印、练丹青，先工后写，通习画理。

徐父让徐悲鸿临摹当时上海新派画家吴友如的人物插图，并引领他对景对物实地写生，从而使徐悲鸿在习画道路上，避免了只靠临摹复古的弊病，走上了一条革新之路。这对徐悲鸿的艺术思想无疑起了重要的作用。

1908 年，乡里水灾，徐悲鸿家境更加穷困。

徐达章 《松荫课子图》 中国画

体弱的父亲为了一家老小的生存，只好带着十三岁的徐悲鸿风餐露宿，漂泊异乡，逢集赶场，走街串巷，以替人书写春联、刻制图章、画山水花鸟以及为别人画肖像维生。这段经历，对少年徐悲鸿的心灵起了催化作用，使他的视野更加广阔。小小年纪的徐悲鸿饱尝人生苦难。

1910 年后，父亲重病卧床。青年悲鸿随即担起一个负债累累的八口之家。

1911 年，徐悲鸿遭到父亲的逼婚，他逃到外地，还是被找回成婚。婚后生一子，他痛苦地为之取名为“劫生”，家人改为“吉生”。不久母子相继因病去世。

1914 年，父亲去世，徐悲鸿百感交集。生活的重压，迫使任图画教员的他徒步奔命于宜兴三所学校间。学校相距有约三十里，路过家门而不入的情况是经常的。此时他决定将自己的名字“寿康”改为“悲鸿”，告别家乡只身去上海闯天下。

徐悲鸿人生的第一个关键就是在父亲的引领下提升了文化修养和谋生能力，认识到了人世间的冷暖，感受到了情感上的苦酸，一生牢记父亲的一句话:“一个人到了山穷水尽的地步而能自拔，才不算懦夫。”

父亲和家乡给予徐悲鸿的，岂止是诗词经文、书法绘画以及从艺谋生的能力，重要的是艺道、人品、性格和情感上成熟的根基。没有这些宝贵的品质，徐悲鸿不会很好地迈向人生旅程的第二步、第三步……

二、从上海滩到北京（1915—1919）

到上海前，徐悲鸿就有去欧洲学习绘画的打算。为此他跑图书馆，想办法入震旦大学补习法文。

1915 年 2 月，徐悲鸿为了学业，为了生存发展，也为了见世面，孤身勇敢地踏上了上海。这又是十分关键的一步。当时的上海，是经济、政治及文化艺术等最活跃的城市。他知道这里藏龙卧虎，海派画家任氏三杰、虚谷、吴昌硕，岭南画派高剑父、高奇峰兄弟，以及黄宾虹等名家，都曾生活在这块宝地上。

当徐悲鸿下了去上海半工半读寻求出路的决心时，得到宜兴女子学校同事张祖芬先生的鼓励与支持。张祖芬送他一部《韩昌黎全集》并庄重赠言:“人不可无傲骨，但不可有傲气。”这句话成了徐悲鸿的座右铭。他称张祖芬为平生第一知心人。

上海像一座大熔炉，冶炼着这位年轻人。

繁华的大上海，漂浮着孤苦伶仃的徐悲鸿，进一步饱尝了世态炎凉的他处于谋生无门的苦难之中。

这时，同乡徐子明（获德国海德堡大学哲学博士，曾在北京大学任教）替徐悲鸿在复旦公学谋了一职，校长却嫌他像个孩童而拒之门外。接着徐子明又介绍他到商务印书馆，又因编辑排挤而作罢。徐悲鸿徘徊在黄浦江边，深感山穷水尽，真可谓“为天有眼兮何不见我独漂流，为神有灵兮何事处我天南海北头”。他曾企图了此一生，但又想起父亲的

徐悲鸿二十岁在上海

“不做懦夫”的遗言。

正当徐悲鸿走投无路之时，前后有两位黄姓人士及时向他伸出了援助之手：一是商务印书馆的职员黄警顽先生，另一位是吴兴富商黄震之先生。徐悲鸿曾以“滴水之恩，当以涌泉相报”的感恩思想，一度取名为“黄扶”。

人生的机遇看似偶然，实则存在主客观两方面的因素。比如黄震之先生之助，确实在一个偶然的机会里。一日黄在旅店中看到一幅徐悲鸿画的雪景山水条幅，极其欣赏，并确信作者是可造就的人才，进而引见，且尽力协助。这里，徐悲鸿才情出众的主观条件，遇上了黄震之先生通达惜才，且又是位书画鉴赏家和收藏家的客观因素，偶然性寓于必然性之中了。

徐悲鸿另外的一次重要机遇也说明了这个道理。

上海犹太人巨富哈同，在私家花园“爱俪园”内创办了一所仓圣明智大学，请了康有为、梁启超、蔡元培、王国维、陈散原(三立)、沈美叔、冯恕等社会名流讲学。当时征集古圣仓颉的画像作品，徐悲鸿之作被选中，接着徐悲鸿又被聘为该大学的美术指导。从此，徐悲鸿进入了一个高层次的文化圈子。这对他开阔眼界、求知习艺起到了十分重要的作用，也是一个理想的环境。

此时，徐悲鸿一面在震旦大学学习法文，一面在仓圣明智大学兼职。徐悲鸿可能由于那非凡的气质，获得了康有为的厚爱与毫无保留的指导，甚至于后来住进了康有为在新闸路十六号辛家花园的家。在以后的日子里，康有为护送徐悲鸿去日本、推荐他去北京以及为他赴法留学设宴饯行。当年徐悲鸿曾对康有为向溥仪称臣深表不满，当然此时的康有为完全是学者身份，而不是维新变法、避难国外、力主保皇的康有为了。

书法，历代大画家多从已有字体中去综合求化，取前人之长并融会贯通，自创天地以求突破，如邓石如以篆人隶，郑板桥将隶、楷、行合一，何绍基以颜体为根底予以篆、隶，赵之谦由魏碑人行草，康有为以《石门颂》人行草，吴昌硕以金文人石鼓文，而徐悲鸿则魏碑兼有籀文（大篆），处处可见《龙门二十品》的神韵。徐悲鸿师从康有为后，书法明显吸收了康的笔意，最后形成自己的独特风格。

徐悲鸿闯荡上海滩前后三年有余，这段岁月对他的全面发展与提高，并对其一生的事业影响深远。

徐悲鸿获得了一个得天独厚的学习环境，他可以饱览康有为古今中外的丰富收藏，从而丰富自己。

徐悲鸿身处国内一流学者、教育家和艺术家之中，与之进行着文化艺术的广泛切磋与研讨。

1917 年，一个偶然的机会促成徐悲鸿去日本半年。他对日本明治维新后的美术革新状貌进行了考察，感到日本的花鸟画虽能脱离旧习，但韵味不足。这期间，他认识了日本著名书画家兼收藏家中村不折，见到许多珍贵的中国碑帖。中村不折还将自己编译的《广艺舟双楫》托徐

徐悲鸿 《西山古松柏》 中国画 1918年

悲鸿转交康有为。日本的美术发展现状给他颇多启发，加深了他对中国传统绘画艺术未来的改革与走向的思考。

遗憾的是，徐悲鸿结束八年欧洲留学生涯回国后，他的恩师康有为逝世（1927）了。所幸 1926 年徐悲鸿在上海举办了一次汇报画展，请了自己敬仰的前辈前往观赏，之后将自己的画作拿给康有为过目，康有为兴奋地提笔称赞："精深华妙，隐秀雄奇；独步中国，无与为偶。"怎料这次匆匆相见竟成了他们最后的一面。

徐悲鸿在上海与宜兴同乡蒋梅笙（复旦大学教授）一家的情谊，也颇有故事。蒋家离哈同的"爱俪园"近在咫尺，徐悲鸿进出如同家人；徐又年轻有为，典型的一位江南英俊才子形象，颇获蒋教授夫妇喜爱。日久天长，终于与蒋家女儿演出了一场双双逃婚、私奔，虚惊之后皆大欢喜的人间爱情喜剧。

总之，徐悲鸿奔赴上海可以说是天赐良机，中国当代文坛精英们对他的影响是十分可观的，也是独特的，因而对他以后的事业也具有关键性的意义。

徐悲鸿在上海的三年里（1915—1917），可谓大起大落、悲喜交集，有苦难也有欢乐。由于辛勤的努力，徐悲鸿终于获得了友谊、事业、声誉以及爱情，构成了人生最美好的篇章。

回上海不久，徐悲鸿赴北京，任"北京大学画法研究会"导师（1918）。他针对中国传统绘画走向泥古不化的局面，号召画坛有志之士奋起革新，并撰文提出"古法之佳者守之，垂绝者继之，不佳者改之，未足者增之，西方绘画之可采入者融之"的主张。在此期间，他不仅观赏了故宫的大量古代绘画稀世珍宝，而且结交了罗瘿公、樊樊山、黄宾虹、金城、萧友梅、陈师曾、胡适、鲁迅等社会名流，并为勇于改革京剧的梅兰芳、程砚秋画像。

尤其是与陈师曾的交往，对徐悲鸿的艺术思想起了很大的作用。陈师曾（陈衡恪）是大诗人陈散原（三立）长子，与徐悲鸿是忘年之交。

徐悲鸿 《陈散原像》 油画 1925年

陈老先生对徐的偏爱绝不次于康有为，他视徐如己出。后来徐悲鸿又与陈老先生的几位著名大学者儿子——陈隆恪、陈寅恪交往颇深，还有一起留学欧洲的交情。

陈师曾(1876—1923)比徐长十九岁,1902年留学日本，七年后归国。陈师曾对明清以降以临摹古人代替创作、陈陈相因、了无生气的中国绘画提出批评，提出“推陈出新”的主张。这对后来的“五四”新文化运动产生了极其重要的影响。1918年，陈师曾被蔡元培聘为北大画法研究会导师，正是此时与徐悲鸿同事。他们不只是情感相投，更重要的是，对中国绘画的革新主张一致，在一起共同磋商研讨中国绘画未来的发展。这些对徐悲鸿起着积极的鼓舞作用。

友人们对徐悲鸿赴法皆寄予希望。陈师曾勉励他：“东西洋画理本同，阅中画古本，其与外画相同者颇多，西洋画如郎世宁旧派，与中国画亦极相接近。西洋古画一方一方画成者，与中国之手卷极相似。希望

徐悲鸿　《黄震之像》　油画　1926年

悲鸿先生此去，沟通中外，成一世界著名画者。”（见 1920 年 6 月《绘学杂志》第一期，第 9 页）

人所共知，没有陈师曾就不会有齐白石。“君无我不进，我无君则退”，齐白石这则名言说的即是陈师曾。徐悲鸿与齐白石相识就是陈师曾介绍的，后来产生了齐白石与徐悲鸿的特殊友谊和艺坛佳话。可惜陈师曾于 1923 年早逝，享年四十八岁。梁启超悼曰“中国文化界的地震”，吴昌硕以“朽者不朽”挽之。

徐悲鸿在留法期间，曾赴新加坡举办画展募集学费（1925）。之后，回到上海逗留三个月，即为自己的师长前辈以及恩人康有为、陈散原、黄震之画像留念。尤其陈散原老人的油画像、素描画像远不止一两幅（包括 1927 年徐悲鸿结束留学回国后所作），可想他们之间的情谊之深。

1918 年的北京，正值“五四”新文化运动前夕。徐悲鸿本是一位追求真理、向往美好、心地善良的艺术家，此时他的思想绝不可能是平静的。1918 年底，又是在蔡元培和傅增湘的帮助之下，徐悲鸿获得了赴法留学的机会。时年徐悲鸿整二十四岁，各方面的修养已经显示出是位有成就的艺术家了。

他不愧是中国美术战线上有代表性的革新者，他的出国留学不同于一般青年学子，他是一位身负重任的中国文艺界战士，为了中国的新文化艺术而“出国取经”，是中国新文化运动中勇敢的实践者。

因此，徐悲鸿在上海、北京的奋斗，可谓他坎坷人生旅程中的第二个关键。

三、欧洲留学八年（1919—1927）

欧洲是西洋美术的大本营，是源头，是正宗。法国巴黎又是西方现代艺术的中心。因此要学到西洋美术的真谛，到巴黎学习至关重要。徐悲鸿迈出的这一步，是他人生历程中的又一个关键环节。

徐悲鸿在海上漂泊五十多天后，于1919年5月初抵达欧洲，此时国内轰轰烈烈的“五四”运动正席卷全国，也震惊了世界。本来就是一个热血青年，身处异国他乡的徐悲鸿怎能按捺得住呢，他满腔悲愤地提笔疾书：

今日何日乎，吾等齐处烈风猛雨里，往者暴君污吏贪官孱将，殃民害国，罪恶不可谏，偏今日白手空拳，排难御侮是吾事，振臂束襟同奋起，可以凿山开道捍狮虎，猛兽实无知，不似戈龙勃入美洲，野人容易制。今日乎，空间尽处是吾敌，众贼频起来不息，吾有双臂并两拳，当与道者尽格杀。黄帝吾祖乎，吾为汝裔勿羞戚。

八年（1919）夏，国人奋起击贼，有死者，吾居海外，只能悲歌一掬同情之泪，成词二首，敢奉仲子学长匡谬。悲鸿。

徐悲鸿深知留学法国得之不易，他告诫自己不能愧对国家艰难时期的供给。他心怀一个不可动摇的信念，就是为了民族的美术事业发奋学习，下苦功夫掌握西画的技巧、理解西方的美术理论。

徐悲鸿如饥似渴地跑画室、博物馆、书店、画廊和图书馆，他不停歇地对西方绘画艺术进行研究，最后通过史论等各科考核，终于成为当时

徐悲鸿的老师、法国著名画家达仰先生肖像

唯一一位被巴黎国立高等美术学院录取的中国留学生。而且在以后的日子里，由于成绩出众，徐悲鸿自然而然地获得了师生们的尊敬。他的老师、著名画家弗拉孟和达仰（Dagnan-Bouveret），还有著名雕塑家邓甫脱（Dampt）等，都成了他的朋友。他们不只是认为徐悲鸿成绩优异，更重要的是认为他本来就是一位有成就的中国艺术家。

徐悲鸿对西方艺术的研究与学习，不是单方面的，而是时时刻刻做着中西文化艺术上的比较研究。他既不保守也不偏颇，能分析它们之间的差异，并找出其中的共性和特性。

徐悲鸿拿出超人的毅力去攻克西方绘画的造型理论基础、透视学与解剖学，以及色彩学和光学原理。他刻苦地掌握素描技法的要领，反复磨炼，到了废寝忘食的地步。他快速地掌握了人体结构的造型关系，从把握物体的明暗层次到质感，从体积感到色感的微妙变化。他逐渐能够区分历代画派的风格，也能发现每位大师的作品令人拍案叫绝的精彩之处。北欧的严谨、法国的感性，从古希腊罗马到文艺复兴，从达·芬奇、拉斐尔、米开朗琪罗到波提切利、提香、丁托列托，从丢勒、凡·艾克到荷尔拜因、鲁本斯，从荷兰画派的伦勃朗、哈尔斯、维米尔到西班牙的委拉斯贵支、戈雅，从荷加斯到门采尔，从新古典主义的大卫、安格尔到浪漫主义的德拉克洛瓦、籍里柯以及写实主义的库尔贝、米勒、柯罗、卢梭，从印象派的色彩到后印象派的强烈感性……他都如醉如痴，赞叹不已。他每天陶醉在如此绚丽多彩的绘画世界里，流连忘返，忘掉了一切。

徐悲鸿不只是去欣赏和理解西方造型艺术的精华所在，更重要的是去实践掌握。那接连不断的劳累，使他一次一次病倒。他爬起来再干下去，留下了一个久治不愈的胃痛病根。他尽可能走遍欧洲，去体验那产生辉煌艺术的环境及历史渊源，看遍那里留存下来的艺术品。

徐悲鸿节省每一分钱，将它们花在艺术上。一个从穷苦境况里走出来的徐悲鸿，是与“浪费”二字无缘的，这是一种对民族美术事业未来前途的责任感。他训练、学习、搜集资料、购买画册，还要跑博物馆去临摹。他养成了节省画布、纸张、画笔、颜料甚至铅笔、炭条的习惯，更不用说对每片面包的珍惜了。

徐悲鸿半点不敢偷懒，他要加速将人家的好东西学到手，不是为了自己，而是为了他身后那个国家，那个与他血肉相连的中国美术事业。

徐悲鸿像到天上取火种给人间的普罗米修斯，那么这“火种”应该是什么，可以说他日日夜夜地苦思冥想过。

20 世纪初，西方的造型艺术正走向诸现代派特别兴起的时期：野兽派、立体派、未来派、达达主义、超现实主义、表现主义、抽象主义等甚嚣尘上。摩登新潮历来对人们产生着吸引力，不管其文化内涵的优

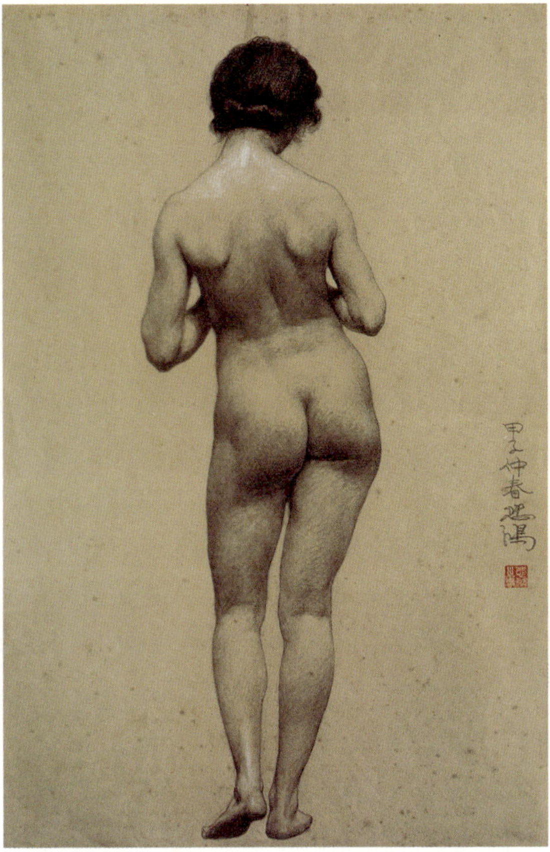

徐悲鸿 《女人体》 素描 1924年

劣和分量如何，这也是促进社会发展的一种因素或动力。

徐悲鸿作为一个中国人，站在眼花缭乱的十字街头，他需要冷静和清醒，他需要辨识，更需要选择取舍。他不可能一揽子接收，他深知自己个人能力有限，但清楚自己要为那个千疮百孔、有待振兴的国家和民族负责。他不会忘记蔡元培、傅增湘、康有为、陈散原以及陈师曾等师长、朋友和同行们，还有自己死去的父亲对他的期望，他埋头学习和思索着。

这就是当时身处欧洲的徐悲鸿。虽然身边有妻子（蒋碧微）相伴，周围也有国内来留学的朋友，但是他的内心深处是孤独的，是沉重而悲凄的。

他不停地画，画了素描画油画，画了写生画草图，画了习作画创作，没有模特儿就画自画像，每天作画十几个小时，有时还要跑到动物园去画动物速写。他的作品被收藏家收购，入选法国国家展览会，获得师长的夸奖和同学的羡慕。但是，徐悲鸿清楚地知道，这只说明自己的学习成绩被认可了。当然，这些虽然也给过他快乐，但那是转瞬即逝的，接踵而来的依然是不能满足和失落之感。

欧洲的绘画艺术，由文艺复兴时期代表“三杰”走过来，直到莫奈、塞尚、凡·高，是一个独特的艺术体系，与中国的截然不同，但它值得借鉴吸收。

徐悲鸿联想到中国历史上第一个“留学生”玄奘经千辛万苦到西天取经的故事。而今时代不同了，但是为了振兴中华，他也到西方“取经”。那么人家什么经验对我们有利呢，西方的精华是什么、在哪里？这是必须拿出结论的。

徐悲鸿的结论是：古典和写实主义的造型，加浪漫主义和印象派的色彩，再加上后印象派的感性。

这个“结论”并非是徐悲鸿当时写出来的，而是在以后我们作为他的学生、获得传授的同时逐渐理解的。

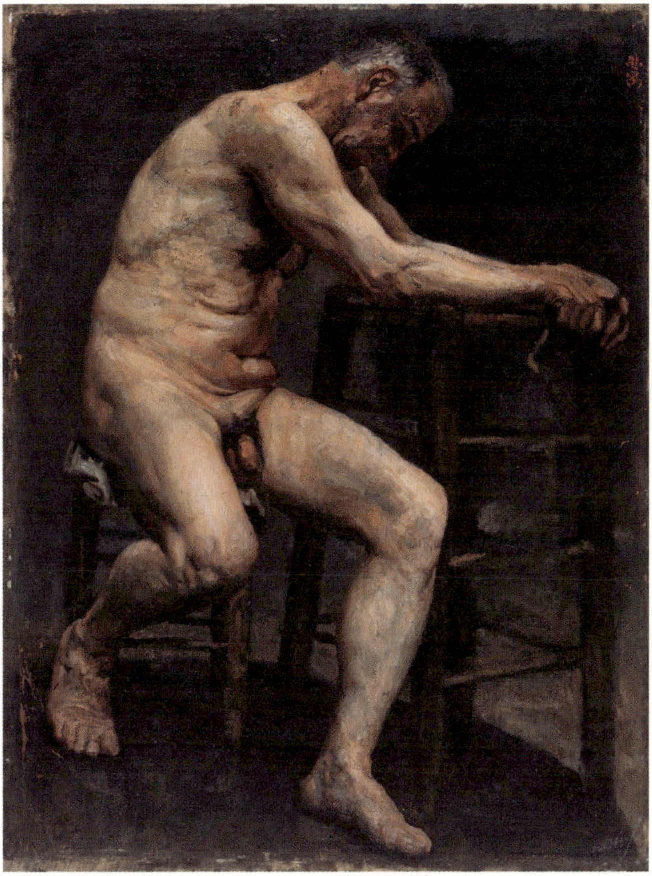

徐悲鸿 《男人体》 油画 1923年

徐悲鸿对西方历史上有成就的写实主义大师都极其推崇，对印象派以及后印象派诸家也很喜欢。1948 年我入北平国立艺专美术系，对马奈、莫奈、塞尚、凡·高、高更作品的认识，首先是从图书馆阅览室周围墙上挂着的徐悲鸿校长由国外带回来的大型印刷品上得到的。我们还都知道，徐悲鸿校长和我们的师长们，对印象派在色彩上的贡献是赞赏的。

提这些往事，是因为有人曾著文提到徐悲鸿连印象派也予以否定，指责徐悲鸿当时身处巴黎，对前后时期产生的诸现代派采取“不理解和狭隘的偏激”“无情地唾弃”的态度，“只专心致力于 19 世纪中叶法国写实绘画的学习，自我关闭在卢浮宫古画的临摹里和巴黎美专石膏像与模特儿的写生里……未曾在他年轻的心底埋下新思想的种子……暴露了他的无知”“他的固执，使他太学院了，而他作为画家、大师，在中国这人治的社会里，他两职兼而为之，使中国的西画在发展过程中，成了学院的蔓延，而学院又囊括了画坛的主流……”

这里我只想引当时现代派一两个例子：一、1910 年康定斯基偶然挂反了一张画，便领悟到绘画可以排除形象意义，可以单独从色彩、结构、线条、笔触上去纯粹地欣赏。抽象画产生了。二、1916 年为了逃避第一次世界大战，一群生活优裕的画家躲到瑞士山区，发表了“达达宣言”，有这样一段话：“什么是美？什么是丑？什么是伟大、强壮、弱小……我不知道。我是什么？不知道！不知道！不知道！”

作为一个正在向西方“取经”的中国画家徐悲鸿，面对这些艺术现象该做何种选择？就是中国的有闲阶层是否能够承受这种行为的含量，中国有没有拥戴这种宣言的社会基础。

这种对一切价值和秩序的否定，这种极端个人心态的活动，这种逃避现实和无能主义的艺术主张，再加上中国已经存在数百年之久的不食人间烟火的复古笔墨，将会把中国的艺坛引向何方？有良心的中国艺术家将不寒而栗。

徐悲鸿 《箫声》 素描稿 20世纪20年代初

怎么能说徐悲鸿面对诸现代流派不思考、不研究呢？他一有机会就请教，比如他曾就自己的疑问向柏林艺术学院院长康普先生求教，得到的是无可奈何的回答：“文心关乎国运，画风何尝不是如此，艺术家如此疯狂，战争也就随之而起了……我们的国家正在忍辱负重向前奋进，哪还有多余的精力去疯狂呢！”

徐悲鸿本来就是一个是非分明又有使命感的人，面对这些艺术现象，他的态度变得明朗起来。要对贫困多难的中国人民负责任，他怎么不需要选择呢，他怎么可以不分良莠地一股脑儿全部接受呢？他毫不掩藏自己的观点，他强烈得只能说“不！”这的确贯穿在他后来的文章和教学中。

徐悲鸿经过反复思考，信心倍增，他站稳了脚跟，将精力投入到更刻苦的学习中。他深知西方造型艺术的精华在于训练，他借用中国“笔不离手，曲不离口”的训练方法，要求自己写生，画素描、速写，画模特儿和默写，不断进行创作构思。

一个艺术家要表达自己的思想观念，在绘画上形成创作意图，没有熟练的造型技巧，只能是纸上谈兵。要掌握艺术造型的基础，就必须不间断地去训练自己的写生描绘能力，去理解人体解剖结构，运用透视科学和色彩学去处理好自己试图表现的景物在画面上的和谐关系。徐悲鸿深信“工欲善其事，必先利其器”的道理。

徐悲鸿还深知天才出于勤奋，他必须加倍努力，去补自己天分上的不足，于是严格地、按部就班地一一去训练自己的表达技能。他的素描、色彩练习成绩名列前茅，终于取得了一位中国艺术家在当时西方写实艺术技巧上的最高成就。

徐悲鸿在欧洲的奋斗并非一帆风顺。由于国内政局动荡，北洋政府的官费时断时续，欧洲又处在战后经济萧条时期，徐悲鸿的生活经常陷入困苦之中。

自幼就深尝贫困之滋味，又经历过上海走投无路的窘境，这些使

徐悲鸿 《午睡》 素描稿 1924年

徐悲鸿 《蜜月》 油画 1924年

他养成身贫心高的气质和越贫困越能激发斗志的精神。他刻“江南贫侠”章为激励，时刻牢记父亲遗言，更不忘知心人临别赠送的座右铭。徐悲鸿不愿低三下四地去求人，他忍受着。他去出版社画插图，到博物馆用更大的毅力去临摹，或者到动物园去画速写以抵御饥饿的入侵。他认定了自己的一生是要在穷困中磨炼的，因为自己的名字叫“悲鸿”。他视艺术为第一生命，好像只有艺术能给予他一切。正如蒋碧微曾愤怒地向他说过的话：“你是与艺术结婚，不是与我蒋碧微。”

不管在法国还是德国，徐悲鸿都有在经济上走到山穷水尽、面临断炊的时候，其艰难程度是可想而知的。但幸运的是他也遇到过“贵人相助”。在德国，他曾获得驻德公使馆一等秘书张季才（允恺）的救济。在法国，他得到过驻法国总领事赵颂南的资助。1925 年，赵颂南又向徐悲鸿介绍新加坡名士黄孟圭先生，并建议徐悲鸿赴新加坡举办画展集资，以补留学之用。徐悲鸿去了，并得到黄孟圭的弟弟黄曼士的大力支持。

徐悲鸿深深认识到，在自己的人生道路上得到过不少朋友无私的援助，每想到此，感激之情总会涌上心头，他总是一有机会就要回报。1924 年，徐悲鸿怀着感恩的心情为赵颂南和赵夫人画了两幅油画像存念。

关于《赵夫人像》，1930 年徐悲鸿在上海《良友》杂志第 64 期上发表了一篇《悲鸿自述》，其中讲到：

翌年（1924）春三月，忽一日傍晚大雨雹，欧洲所稀有也。我与碧微方夜饭，谈欲谋向友人李璜借资，而窗顶霹雳之声大作，急起避。旋水滴下，继下如注，心中震恐，历一时方止。而玻璃片乒乓下坠，不知所措。翌晨以告房主，房主言须赔偿。吾言此天灾，何与我事？房主言不信可观合同。吾急归，取阅合同，则房屋之损毁，不问任何理由，其责皆在赁居者，昭然注明。嗟夫！时运不济，命途多乖，如吾此时所

1925年徐悲鸿在新加坡

遭，信叹造化小儿之施术巧也。于是百面张罗。李君之资，如所期至，适足配补大玻璃十五片。仍未有济乎穷。巴黎赵总领事颂南，江苏宝山人，曾未谋面。一日蒙致书，并附五百方支票一纸，雪中送炭，大旱霖雨，不是过也。因以感激之私，于是年七月为赵夫人写像。而吾抵欧洲五年以来勤奋之功，克告小成。吾学博杂，至是渐无成见，既好安葛尔（Jean Auguste Dominique Ingres，1780—1867）之贵，又喜初伦（Anders Zorn，1860—1920）之健。而己所作，欲因地制宜，遂无一致之体。前此之失，胥因太贪。如烹小鲜，既已红烧，便不当图其清蒸之味，若欲尽有，必致无味。吾于赵夫人像，乃始能于作画前决定一画之旨趣，力约色象，赴于所期。既成，遂得大和，有从容暇逸之乐。吾行年二十八矣，以驽骀之资，历困厄之境，学十余年不间，至是方得几微。回视昔作，皆能立于客观之点，而知其谬。此自智者，或悟道之早者视之，得之未尝或觉。若吾千虑之得，困乃知之者，自觉为一生之大关键也。

既然《赵夫人像》是徐悲鸿习画路程上的一大关键，也可曰转折点，那么其重要性可见一斑。可是这幅作品藏于巴黎赵公馆内，谁也没有看到过，赵颂南又一直定居巴黎未回国，直至 1970 年以一百零一岁高龄谢世。

在赵颂南生前的 1968 年，其孙子赵儒婚后前往法国探望他。祖父赵颂南就将祖母的这幅油画像——《赵夫人像》送给他们作为纪念。这幅作品就伴随着赵儒夫妇迁居美国费城，挂于家中客厅。

1983 年，我赴美国费城探亲，其间与赵儒夫妇相识，并见到了《赵夫人像》。1984 年我回北京后，即写了一篇《赵夫人像的发现》，刊登在《美术》杂志 1987 年第 3 期上，后又收入我的文集之中。

赵儒曾告诉我说："祖父经常向我提起 20 年代初在法国的中国留学生中，有两个相貌出众的小同乡，一是徐悲鸿，一是周恩来。徐悲鸿困难时他帮助过。"

总之，徐悲鸿在欧洲奋斗了整整八年，他的成绩是超群的。

当时在欧洲留学的中国学生中，有共产主义信仰者周恩来、邓小平、朱德、陈毅、蔡和森、向警予、李富春等，有当时为共产主义者、后来成为自由主义者的张申府等，也有后来成为国民党中坚分子的朱家骅、张道藩、俞大维等，还有一批求学者杨仲子、谢寿康、沈宜甲、盛成、曾觉之、陈寅恪、陈隆恪、傅斯年等，学美术的有邵洵美、孙佩苍、林风眠、常玉、潘玉良等。

徐悲鸿赴欧洲是为了中国的艺术复兴，他埋头苦干，将自己的精力、时间、感情尽可能地倾注在艺术的追求之中，他确实是为了艺术不惜献出自己的生命。八年来，他购置了一定数量的图书资料并运回国，其目的是为了传播艺术、办学培养人才，而不仅仅是当一名画家。

康有为 1926 年在上海评价徐悲鸿的作品“精深华妙，隐秀雄奇；独步中国，无与为偶”，就是对徐悲鸿八年学习的最佳奖赏。

徐悲鸿在欧洲的八年奋斗是他人生中十分关键的第三段历程，正如徐悲鸿自己常说的：“没有欧洲的学习就不可能有我的今天。”

徐悲鸿 《赵夫人像》(局部) 油画 1924年

四、献身美术事业（1927—1953）

徐悲鸿从欧洲学成归国，绝不是为了找一份工作，最后成为一位有名有利的大画家。他是怀着感恩报国之心回归祖国的，他念念不忘国家的培养之恩。

徐悲鸿回国后就积极投入到抵抗外族侵略的救亡洪流之中。是康有为、蔡元培、傅增湘、陈散原以及陈师曾等的影响，促成徐悲鸿站在了如此的高度。他不会走全盘西化的路，他太清楚中华民族的文化分量了，他为了取人之长、补己之短而去西方，这是一个毫无争议的事实。

徐悲鸿回国后以惊人的魄力，同时在四个大的艺术领域内展开工作：振兴美术教育；改革中国传统绘画；专注艺术创作；为国识才与收藏。

（一）振兴美术教育

由法国归来，徐悲鸿的兴奋心情真可以用迫不及待、摩拳擦掌要大干一场来形容了。船尚未靠黄浦江的码头，田汉就在码头上等着他了，他要将主持上海艺术大学（也就是后来改设的南国艺术学院）工作的聘请书交给他。

这是一种必然，将在国外学到的好东西快快传递给国内学子，徐悲鸿颇有迫不及待之势。紧接着,他又接到了南京中央大学艺术系的聘书。不久，在苏州美专主持教学的颜文樑先生也跑来请徐悲鸿前往演讲和指导。他在南京、上海、苏州三地，马不停蹄地奔波，来去匆匆，表现出极度旺盛的精力。

1928 年底，徐悲鸿再赴北平，任北平大学艺术学院院长之职，聘齐白石为教授。

1931 年，赴天津南开大学讲学。

1933 年，赴欧洲举办中国绘画展。

1935 年，赴广西促进美术教育。

1935 年后，数次赴南洋举办义卖画展并协助当地美术教育事业。

1938 年，在桂林倡议建立美术师资训练班，即现在广西艺术学院的前身。

1940 年，赴印度国际大学讲学。

1942 年春，由新加坡取道缅甸回国。经云南，除办义卖画展为抗战募捐外，还积极进行美术教育活动。

1942 年，筹建“中国美术学院”，并计划建中国美术博物馆。

1945 年，继续为中央大学艺术系上课。

1946 年，到达北平，任国立北平艺专校长，并聘请了一批有影响、有成就的艺术家到校任教，同时再聘齐白石任名誉教授。

1949 年底，被任命为国立美术学院院长。1950 年 1 月，国立美术学院更名中央美术学院。

这里我们可以看到，徐悲鸿从 1927 年至 1953 年，也就是从国外学习归来直到逝世，都是奋斗在美术教育的阵地上。在此期间，中国自己的一套完整的美术教学体系形成了。那是吸收了西方的美术教学体系的优点，加上中国自己的独特长处，所创立出的具有中国特色的美术教育体系。

不知徐悲鸿花费多少心血才团结了一批教学力量，共同献身于中国的美术教育事业。

担任国立北平艺专以及中央美术学院校长期间，在教学上设立的科系有中国画系、油画系、图案系（实用美术，包括陶瓷科）、雕塑系、版画系（将李桦、陈晓南聘为教授）以及美术史论系。

在课程安排上，首先是造型训练，那就是将素描写生作为必修课。不只是课堂写生，而且鼓励课外速写，每周或一个素描课单元结束，要默写强记。每一学年要有学生成绩展览和评奖。我有幸于 1948 年底国立艺专美术系最后一次学生期末展览上获奖，奖金三十万法币，由徐悲鸿院长亲自颁奖。

记得每班教室墙上都贴了素描技法口诀。新生入学第一年为普修，第二年才分科进入专业学习。徐悲鸿对素描极为重视，他认为素描是造型艺术的基础，素描不好是难以升班的，且扎实的造型基础（或曰基本功）对今后艺术的提高至关重要。他经常挨教室去观察各年级学生的作业情况，并且亲自编教材，撰写了“新七法”：位置得宜、比例正确、黑白分明、动态天然、轻重和谐、性格毕现、传神阿堵。

徐悲鸿特别重视训练学生在描写对象方面眼和手的准确性，他自己也身体力行。

办学，他抓两头，一是教师队伍的精干，再就是学生的成绩。在教学设备上，抓图书馆建设和教具室的储备。可以说，我国当时美术院校所用的西方雕塑石膏教具，很多都是徐悲鸿从国外购置的。譬如 1949 年初夏，徐悲鸿参加世界保卫和平大会归来，宋步云前往北京车站接他。徐悲鸿用自己的大衣包着一件东西，小心地抱在怀里，慢慢下了车，一见宋步云即高兴地说：“这件东西很重要，千万保护好，是一匹马的解剖石膏模型，我在回国途中辗转不少地方，都是这样抱着的，快把它送到学校教具组，供教学使用。”

关于徐悲鸿对教师队伍的组建，可以从他 1946 年接任国立北平艺专校长开始。教师大多是由他从南方带领来的和亲自从北平挑选的，实力极为可观，真可以说是美术界的精英聚集一堂，堪称“群英会”或“群贤毕至”。

徐悲鸿对教师的爱护，不只表现在亲自带领教师画写生和速写上，而且还表现在其他方面。使我印象深刻的是，1948 年，油画家齐人（也是徐悲鸿过去的学生）因病被医院误诊而死，徐悲鸿亲自率领我们学校的师生，抱病出庭申辩，最后胜诉。

他还处处表现出对学生的爱护。一些进步学生被当局列入黑名单，他想办法保护。1948 年底，当局拨了一笔巨款命学校南迁。他看到因为物价飞涨学生伙食极端恶劣，最后将这笔南迁的款子，全部放在改善学生和职工的伙食上了，这也是我亲身体验过的。

他铁面无私，拒绝其他教师为他儿子徐伯阳入学向他说情。

徐悲鸿为中国美术界培育了一批又一批优秀的人才，在中国现代美术教育史上，其功绩是有目共睹的。

已故的西方美术史论学者吴甲丰（20 世纪 30 年代上海美专和杭州美专的学生），曾对我说过这样一段话："有人说徐悲鸿有宗派，其实不然，他对自己的学生和不是自己的学生的爱护提拔，都超过一般人。徐悲鸿没有宗派的表现，其实那是学术上的凝聚力。"

如果说音乐界的萧友梅是中国现代音乐教育之父的话，那么说徐悲鸿是中国现代美术教育之父不为过。

徐悲鸿任职美术院校负责人岗位之久、影响之深远，是超群的。这是事实，这是时代所赋予、所形成的。

有人指责徐悲鸿是学院派，用不着反驳，徐与他的学生都是深入现实生活斗争中去进行创造的。建立学院与学院派是两回事，后面将有大量事实证明。

（二）改革中国传统绘画

中国传统绘画由明清以降，走向抄袭古人、以古人的笔墨代为自己的创造的道路。清末民初，虽然上海有任伯年、虚谷、吴昌硕，岭南有高氏兄弟，北京有陈师曾、齐白石、黄宾虹的创新，但是他们动摇不了当时整个画坛复古守旧的沉闷局面。临摹《芥子园画谱》就可成为画家，这预示了一个民族在文化艺术方面的危机。

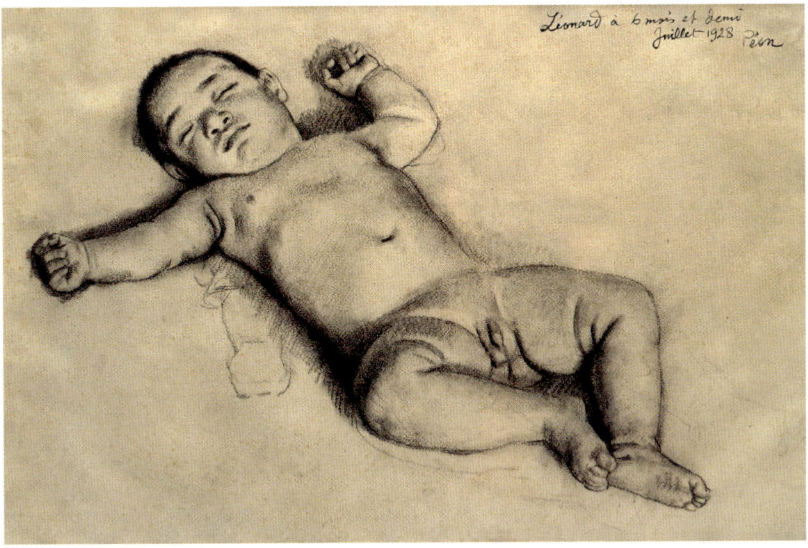

徐悲鸿 《睡儿》 素描 1928年

这也正是蔡元培在北京大学创办画法研究会的苦衷。其实那不仅是画法问题，更是理念问题。

蔡元培在上海曾经看到徐悲鸿的作品开始显露新意，因此在徐悲鸿赴日本考察明治维新后日本画界的新气象并归国后，聘请徐悲鸿担任画法研究会导师。徐悲鸿提出了吸收西洋绘画之长以补中国绘画之短的主张，接着写出了《中国画改良论》，成为向中国画坛复古势力发出的一篇檄文。

徐悲鸿是抱着振兴中国绘画的使命而去西方的，他没有走全盘西化的道路，而是寻找改革中国画的方法，他对自己民族的传统绘画艺术充满了尊重。因此他在针对改革中国绘画的战略上，极其慎重，也是比较稳妥地采取了三个步骤：

1. 气宇轩昂，亢奋疾呼

徐悲鸿通过演讲、讲学、著文，宣传中国绘画改革之必要。他是完全出于对民族文化艺术健康发展的责任心，振臂呐喊，真可称文艺战线上一名无畏的勇士与统帅。

从他1918年在北京大学画法研究会上的演说，号召画界有志之士奋起革新开始，直到以后的年月里，在上海、南京、苏州、天津、重庆、广州、香港，乃至新加坡、印度，以及借访问和展览之机会去欧洲，宣传中国绘画必走改革之路的主张，可见他对此无怨无悔。

每想起他于1947年在北平，迎击画界保守腐朽势力，在记者招待会上发表的著名的《新国画建立之步骤》书面谈话，那种“独持偏见，一意孤行”的精神和骨气，心里不由得对他肃然起敬！

徐悲鸿关于革新中国画的著述之多，可以说几乎无人可与之相比（见徐伯阳与金山合编《徐悲鸿艺术文集》）。

2. 通过学校教育，贯彻革新主张

徐悲鸿绝对了解东西方绘画属于不同的两大艺术造型体系，它们都是在不同的历史文化、哲学思想背景下产生的审美结晶，各有优点，不可互相取代，但吸收借鉴是不可少的。

徐悲鸿对中国传统绘画发展到清朝以后产生的弊病有深刻的认识。如何振兴和革新，从何处下手，这些都需要严肃对待，大意不得。

徐悲鸿认为，中国传统绘画发展到清代，其弊病在于缺少创新，在于很少从大自然和生活中摄取生动的形象并加以艺术的创造。唐代张璪的“外师造化，中得心源”“师法自然”的理论，正是中国绘画艺术理论的精华，需要提倡和发扬。这是抓到了问题的根本之处，不是现今有些人所指责徐悲鸿的只是在写实技法上的改良。

徐悲鸿颇为执着地认为：“画之目的，曰‘惟妙惟肖’。妙属于美，肖属于艺。故作物必须凭实写，乃能惟肖。待心手相应之时，或无须凭实写，而下笔未尝违背真实景象。易以浑和生动逸雅之神致。而构成造化偶然一现之新景象，乃至惟妙。然肖或不妙，未有妙而不肖者也。妙之不肖者，乃至肖者也。故妙之肖为尤难。”（《中国画改良论》）他深知“惟肖”易为，而“惟妙”难得。

徐悲鸿要求学国画的学生要有两年极严格的素描训练，以达到观察描写造物之静态，进而捕捉其动态的目的。他又具体规定学生在三年专科学习中，“须学到十种动物、十种翎毛、十种花卉、十种树木以及界画，使一好学深思之士，具有中人以上禀赋，则出学校，定可自觅途径，知所努力，而应付方圆曲直万象之工具已备，对任何人物、风景、动植物及建筑，不感束手。新中国画至少人物必具神情，山水须辨地域……”（《新国画建立之步骤》）

徐悲鸿也要求油画要吸收中国画的精髓。他说，西洋画虽然也用线来表现，但是不如中国人的线，因为中国人从小写字练书法，这是线的基础，是中国人得天独厚的传统功夫。记得有一次他把我们学油画的学生召集到他的办公室，专门谈了中国山水画和西洋风景画的区别。他说，中国山水画的创作是搜集了山脉水络的全貌，不拘一山一水，而是集中其精华，从而画出全局的磅礴气势。他语重心长地告诉学生：中国学油画的人一定要学习中国画。

由此可见，徐悲鸿对待中西绘画的态度是不偏不倚的。

在方法上，徐悲鸿具体强调作画要有“画穷而后工”的磨炼过程。素描教学中要“宁方勿圆，宁拙勿巧，宁脏勿净”。他要求学生描写对象要反复比较，找出准确的轮廓。对光线明暗的掌握，既要找出最亮的高光点又要找出最暗的部位，依此类推，反复比较，抓明暗交界线，使体积感增强，并要增加中间色的层次，以利于丰富变化。

徐悲鸿要求学生下笔准确，心中有数，要练默写功夫。他说，如果不会默写，形象不在脑子里，便不能做到中国传统绘画理论要求——胸有成竹，落笔有神。他提倡随身携带速写本，做到“笔不离手，曲不离口”，只有这样才能走出公式化、概念化的守旧困境。他一再强调写生可以帮助创作，而创作却要摆脱写生。

3. 身体力行，进行艺术创新实践

宣传了主张，又制订了教学措施，如果不身体力行，还将是一句空话。必须拿出示范作品来，而且不只是一种，多多益善，方可有说服力。

徐悲鸿本来就是一位中国画家，他去西方学习八年，就是要找到改革中国画的方法、提高能力。可以说，他日夜苦思冥想寻求着。

意大利传教士郎世宁在中国宫廷画院进行了西画中国化的刻苦努力，也可说是中国画西化的尝试，结果开创了既不是西洋画也不是中国画的先例。郎世宁穷其一生，却以失败而告终。他是徐悲鸿经常挂在嘴边的典型。郎世宁的技法虽然被宫廷奉为珍奇，可惜在中国画的艺术上却成了僵死而无活力的匠人技能。

既要将西方写实的方法糅进去，又要不失中国笔墨技法的特色美感，不管在吸收西方造型的立体感和准确性方面，还是线条的生动、非程式化方面，都不是生搬硬套，而是需要在中国笔墨的驾驭下，纳入中国画的艺术审美范畴之中。这并非易事。也就是说，对一位中国画画家而言，对西方写实技能既要打进去，更要努力地打出来才是。

在这一创新的过程中，既不能大刀阔斧，更不能停步不前。徐悲鸿拿出了一系列别开生面的水墨画作品，包括花鸟禽兽、人物以及大型创作。

他对有创新精神的作家和作品，予以表扬和推崇，如任伯年，齐白石，岭南画派的师生，等等；并且对有前途的青年画家予以无私的帮助和提携，如张大千、陈之佛、傅抱石、张书旗、李苦禅、谢稚柳、叶浅予、李可染、田世光、赵少昂、李曼峰等。另一方面，他将跟随自己学习又能理解自己改革中国画主张的人才，纳入教学队伍之中，像吴作人、蒋兆和、李斛、宗其香等。

徐悲鸿深深理解改革中国画不可能是一朝一夕的事，更不可能是一两个人的壮举，而是众人拾柴火焰高、众志成城的大事。徐悲鸿又深知自己不是三头六臂，中国画的改革既要发挥大家的聪明才智，还要经得起时间的考验。

徐悲鸿 《巴人汲水》 中国画 1937年

那么徐悲鸿生前和逝后的几十年里，中国画有没有起色呢？事实可以说明一切。

徐悲鸿对中国绘画改革的功绩，是不应该被抹杀的。

时代在发展，中国画也必然会沿着自己优秀的传统去发展、去变迁，不过那将是新时代的新问题。

（三）专注艺术创作

徐悲鸿由法国归来，在油画和中国画两方面所进行的改革是史无前例的，也是首屈一指的，震撼了沉闷的中国画坛。

中国当时面临苦难，徐悲鸿不去关心残酷的现实和人民的疾苦，逻辑上就说不过去，何况徐悲鸿本来就是一个疾恶如仇的人，还是一个感恩报国的人。

他的作品一幅接着一幅地完成，而且是油画、水墨画并举，小品、巨作兼而有之，其精力和激情都是超人的。

他首先用了近五年时间相继完成了两幅油画巨作《田横五百士》（197 厘米×349 厘米，1928—1930）和《徯我后》（230 厘米×318 厘米，1930—1933），同时完成了大幅水墨画《九方皋》（139 厘米×351 厘米，1931）；1940 年在印度和新加坡又完成了《愚公移山》巨幅国画（144 厘米×421 厘米）和油画（213 厘米×462 厘米）。其间，他进行了无数的油画和国画创作，如《蔡公时济南被难图》（1928）、《广西三杰》、《放下你的鞭子》（1939）和《风尘三侠》，以及为康有为、陈散原、傅增湘、任伯年、李叔同等作的肖像画，还有众多的人物风景写生；国画有《六朝人诗意》《巴人汲水》《孔子讲学》《九歌》《风雨鸡鸣》《逆风》《晨曲》《奔马》《雄狮》《飞鹰》《漓江春雨》，以及《泰戈尔像》《李印泉像》等。

徐悲鸿的多数创作寓意深远，如借古代故事创作的《田横五百士》表现了富贵不能淫、威武不能屈的高风亮节，《徯我后》表现了百姓面

徐悲鸿 《漓江春雨》 中国画 1937年

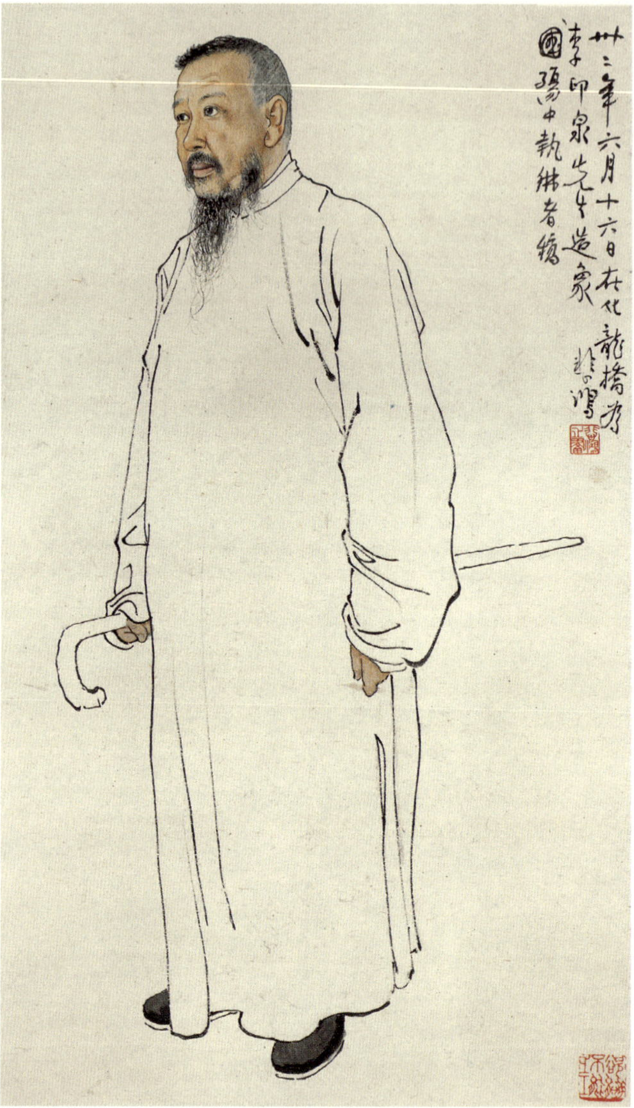

徐悲鸿 《李印泉像》 中国画 1943年

对旱灾渴望解救的情节，《九方皋》表现了对发掘人才的渴望，《愚公移山》表现了坚韧不拔的精神，并能赋予这些作品现实意义，鼓舞人们的斗志。他的《风雨鸡鸣》《逆风》《晨曲》《奔马》《雄狮》等，也都象征着不屈不挠的民族精神。

见画如见人，徐悲鸿这样一个对国对民充满了热爱的人，他的艺术怎么可能离开与现实密切相连的主题呢？更不用说他赴国内的香港、福建，以及新加坡等地举办画展，将义卖所得捐款全部献给生死存亡关头的苦难同胞。

这里不是说徐悲鸿每幅作品都是精品、每幅画都完美无缺。但是事实证明，在他有限的生命中，他以惊人的努力创作出大量有影响的力作，并献给了国家。徐悲鸿在这方面有许多感人肺腑的事迹。

徐悲鸿是个谦虚的人，他从来没有认为自己画得最好。我亲耳听他说过："人们都喜欢我画的马，其实我并不都满意，我还要好好对着马画速写。"（他画马的速写已达一千幅）这是 1948 年我刚入国立北平艺专不久，一位校长与初学艺的学生的对话。他如果没有一颗谦虚的心，如何能在一生里做到以"有教无类"的精神去教书育人，又如何能团结众多优秀人才共事教育，又怎么能在一生中爱画、敬画、育人、爱才呢？

徐悲鸿用自己的心血，为自己的民族和国家所进行的大量艺术创作，都是"精诚所至，金石为开"的精神孕育的结果。这样的成就在中国不是太多，而是太少太少。

（四）为国识才与收藏

徐悲鸿是一位大公无私、心地善良、胸怀坦荡的艺术家。他深知自己走到这一步，遇到许多贵人相助，他是不能忘记的。因此，他也知道社会上有许多需要帮助的人。

他深深体会到，要干一番事业，一个人单枪匹马是不可能成功的，要众人相扶才能有力量。

我们都知道，徐悲鸿在世只有短短的五十八年。可是就在这短短的几十年中，受他帮助和提携的人太多了。这方面的佳话数不胜数，在中国美术界传颂不息。

已故西方美术史论家吴甲丰教授曾对我说：“徐悲鸿对他的学生很爱惜和提拔，因为他爱才。不像有的人，学生不少，可是他根本不认识，只关心自己。”吴甲丰不是徐悲鸿的学生，他的话是比较客观公正的。

但是，徐悲鸿又是疾恶如仇的坦率之人，爱憎分明，绝不掩饰，因此难免得罪人。谁都知道，美术界有他反感的人，这不会是无缘无故的，也绝不是个人恩怨。他曾对自己的学生在抗战时期与日伪有染而心中不满，可是当解释清楚后，他依然与之相交。

谁都知道，他不愿将20世纪初在欧洲出现的现代主义艺术介绍到中国来，他不喜欢，更不会在教学中推荐，为此他将马蒂斯译成“马蹄死”，这表现得有些意气用事了。其实他曾一再指出，毕加索和马蒂斯是下过苦功夫才取得了成功。他反对的是一些青年人只追求时髦、追求标新立异，不想扎扎实实下苦功夫去磨炼技艺。因而在1949年他代表中国出席第一届世界保卫和平大会时，亲自将毕加索为大会绘制的宣传画《和平鸽》带回国内并热情加以赞扬。

徐悲鸿因为自己的修养练就了一双慧眼，他表彰过的人，有不相识的过世者、忘年之交、初相识者，有学生、朋友、同事、工匠和艺人，更有十一二岁爱画画的小学生。被他帮助和表扬过的人，后来确实大都成为中国美术界某一方面的栋梁。

徐悲鸿育人爱才，更爱画敬画。

徐悲鸿买画和不使国宝文物流向海外而倾囊购下的故事，既生动又感人，不仅反映了他爱画如命的真挚感情，也表现出他对民族文化的热爱与敬仰。

徐悲鸿一生在粗茶淡饭、清贫廉洁中度过，不懂“浪费”二字为何物。与蒋碧微初次的情感裂痕便是由此而起，暴露出他们之间价值观

徐悲鸿 《群马》 中国画 1940年

的不同。

一个并不富裕的艺术家，偏偏又不会理财，一辈子以感情为先导，在收藏文物的过程中，他表现得慷慨无比。

不过，先要说明的是，徐悲鸿的收藏绝不是为了个人，或者说为了自己变成收藏家而致富。他是为了日后的教学而收藏，为建美术馆而收藏，比如购买让他差一点丧命的《八十七神仙卷》。据我所知，中央美术学院国画系的师生没有谁没临摹过这幅画。锻炼线条造型，它是最佳范本。我虽然是油画专业的学生，也曾临摹过，受益匪浅。

在徐悲鸿留学法国期间，因为国内时局混乱，公费供给时断时续，徐悲鸿又是偕夫人前往，一份钱两人用，日子过得分外拮据。为了获得些许收入，徐悲鸿经常为出版社画插图，蒋碧微也为百货公司做过临时刺绣工作。就在这种有时连饭都吃不饱的情况下，徐悲鸿竟然决定筹巨款购买他老师达仰所画的一幅根据莎士比亚名著创作的作品，而画店标价两万法郎。像这种异想天开的事，徐悲鸿都能做得出。

由于经济上常处于困境之中，1925 年，驻法总领事赵颂南将新加坡名士黄孟圭先生介绍给徐悲鸿，并建议他去新加坡举办画展筹措学费，最后成行了。在新加坡又有黄孟圭的弟弟黄曼士之助，画展成功，同时又为当地商贾名人画像，收入颇丰，徐悲鸿终于买下了达仰的画。虽然其间寄了一部分钱给在巴黎等候的妻子，但其余大部分被徐悲鸿在上海购买了金石字画，当他回到法国后，两手又是空空如也，气得蒋碧微无可奈何。

徐悲鸿确实是一位爱画如命、爱艺术入骨髓的人，我们从他捐给国家的作品清单上即可看出：“由唐至近代中国名画二百七十二幅，外国绘画一百二十八幅。”

徐悲鸿的人生饱经坎坷，身体状况与实际年龄应达到的健康标准相差甚远。在我受教于他的年月里，看到五十多岁的他，从背后望去却颇感苍老。

现在不妨看看在徐悲鸿之前和之后以及同时留洋学习绘画艺术的艺术家（每个人在中国美术事业中都产生过一定的影响，建立过一定的功勋，但徐悲鸿却独领一时之风骚）。在徐悲鸿之前留学的有：李铁夫（1869—1952），1887 年入英属加拿大阿灵顿美术学院，1912 年入美国纽约艺术大学，与孙中山、黄兴结下深厚友谊，30 年代归国居香港；陈师曾（1876—1923），1902 年东渡日本，先攻博物科，后学绘画，1909 年回国；李叔同（1880—1942），1906 年入日本东京美术学校，1918 年出家；李毅士（1886—1942），1907 年留学英国，毕业后回国执教；李超士（1893—1971），1911 年留学法国，1919 年法国巴黎美术学院毕业后回国；还有吴法鼎、严开智、周湘、冯钢百、郑锦等学者。与徐悲鸿同时期留学欧洲习美术者有：林风眠、常玉、廖新学、张道藩、潘玉良、方君璧、邵洵美、孙佩苍等。之后者无数，可以说各有各的作为和成就。与他们相比，徐悲鸿的成就和影响之大是显而易见的。而徐悲鸿除了自身的努力，还有天时、地利、人和的条件，造就了他在中国美术史上的位置，这是时代的赋予、中华民族的骄傲。

纵观徐悲鸿一生，如果从他在家乡宜兴执教图画课算起，加上 1918 年任北京大学画法研究会的导师，可以说他是鞠躬尽瘁、死而后已，一生战斗在中国美术教育战线上。

我们常为他过世太早而遗憾——1953 年徐悲鸿逝世时方五十有八，但是以他个人的不朽业绩而论，他已经成功了。

第二章 感恩报国

常言道，一个人是否善良，从他在世间对国对民的感恩程度，即可看出。徐悲鸿的一生贯穿着一系列对国对民报恩的动人事迹。

徐悲鸿在欧洲留学八年，可以说是钻进西方艺术的天地，卖命地探索、取经、苦练，只为自己国家美术事业的向前发展。用他自己的话说：“我到欧洲学西方的绘画艺术，是为了改革中国画而寻求方法的。”何况他还有个朴素的概念：拿了国家资助来学习，就要为国家的利益着想，否则就没有出国留学的必要。

他在家乡学艺时，就对西方的艺术有所向往，他想探个究竟，他想揭开人家与我们的差别所在，从而跑到上海，企图寻觅一条出国学习之路。他经历着痛苦的磨炼，他投考震旦大学攻读法语，他在上海这十里洋场探究由西方引进的各种艺术现象。后来从康有为、哈同那里看到一些西方艺术资料，并从康有为那里获得艺术观的启示，又有机会去日本考察明治维新后的绘画，达到从感性到理性上的升华。在北京，徐悲鸿从蔡元培那里得到艺术见解上的共鸣，与陈师曾交流切磋中国美术道路发展的意见。此时的徐悲鸿，在实践与理论上对当时中国美术的弊病，以及如何改革并有所建树，思想准备已成熟。因而他对自己前往西方学画的要求，就更加迫切了。

徐悲鸿向蔡元培提出，希望得到政府掌管教育的负责人傅增湘的资助出国留学。他衡量自己的年龄、技艺程度、学习目的以及个人经济实力等条件，认为必须走公派出国留学之路。机不可失，时不再来。他一心一意做出国学习的准备。

然而，第一次世界大战期间不能外派留学生，徐悲鸿耐心地等待着。当听说有了两个名额却给了朱家骅和刘半农时，他不顾一切写信指责傅增湘言而无信，惹恼了傅氏。幸亏蔡元培和罗瘿公出面说情，后来终于在 1918 年年底获准留学。

徐悲鸿深知留学机会来之不易，时时抱着“终身感戴其德不忘者”的信念加倍努力。

这就是徐悲鸿在国外的使命重担，他怎敢偷懒懈怠，他常说：“懒惰是索价极高的奢侈品，一旦到期清付，必定偿还不起。”

他体谅国内因时局动荡而致使公费中断，节衣缩食，病倒了爬起来继续作画苦练。我们从他在一幅习作上的题词，即可理解当年他那感人的坚强意志：“人览吾画，焉知吾之为此，乃痛不可支也。”最后盖“自强不息”印章。

徐悲鸿在国内一再呼吁中国传统绘画因代代相袭而走向不振，因摹古而脱离师法自然的优秀传统，尤其是人物画的衰败，使他痛心疾首。他希望中国绘画艺术能有复兴的一天，而这种复兴，首先要从人物画方面倡导革新。

徐悲鸿带着这些迫切需要解决的疑难问题来到欧洲。他看到西方的绘画艺术自文艺复兴后，在刻画人物方面惟妙惟肖，虽然派别林立，但人家有一系列的科学理论与训练方法作为后盾。同时他也发现，西方的绘画艺术正在从自己深厚的写实传统向东方的写意抽象方向转移。恰恰相反，中国的绘画却要由几百年来的写意抽象，向师造化的形神兼备的写实艺术方向转化。这正是东西方艺术逆向发展的特殊规律所在。

这里必须说清，所谓中西艺术的反方向发展，都应该有个适当的分寸。从当时西方的情况看，他们走得有些过头，这可能与其容易走极端的民族个性有关。而中国在这里是取其造型的写实来纠正自己人物绘画上不求形似的不足。中国人的民族性恰恰体现在中庸上，不走极端，把握那适可而止的分寸。徐悲鸿在后来改革中国画的实践中，就是采取十分慎重的态度。他重视西方造型的素描写生方法，但他也知道不能以素描技法代替中国画的笔墨艺术。西方在造型的光与色领域里的表现技法十分有特点，徐悲鸿绝对谨慎，不敢轻易借鉴。他牢牢地掌握中国画在线的造型上发挥，在色彩上求雅，求以一代十的简练，讲究墨分五色的变化。徐悲鸿对西方绘画在光线和色彩方面的写实处理是十分推崇的，但是如何应用到中国画上去，真是慎重又慎重，他十分清醒地认识到那是两个完全不同的造型艺术体系。徐悲鸿在素描写生上讲究抓明暗交界线的准确处理，以加强物象的光感和立体感；他在色彩写生上找冷暖色调的变化。可是他在中国画的实践上决不生搬硬套，而是充分尊重中国传统绘画在笔墨渲染上的特殊艺术语言。总之，徐悲鸿学习西方绘画造型艺术，是有充分的思想准备、经过反复比较的。

因此，徐悲鸿集中精力、义无反顾地向西方绘画技艺堡垒进攻。他每天所付出的劳动是惊人的，在经济紧迫之时，常以水代食，以勤奋忘我地作画充饥，终于取得了超群的成就。

徐悲鸿满载自己的成绩和收集的资料，准备回国大干一场了。他首先急于检验自己所学对中国美术教育的作用，要以自己新的创作证实所学的方向正确。

1926 年，徐悲鸿由新加坡回上海，除了探亲访友外，同时认识了以戏剧救国的田汉和欧阳予倩、以诗歌救国的郭沫若以及吴仲熊等文艺界人士，并举办了一个汇报画展，展示自己所学的成绩。不出所料，首先获得康有为的赞赏。展览后，将自己的画作拿给康有为过目。如果说，1917 年康有为赠徐悲鸿东渡日本题词“写生入神，悲鸿仁弟于画天才也”为预祝，那么这次看到徐悲鸿学有所成，兴奋之情可想而知。他又欣然致词：“徐生悲鸿十年前为我及相国瞿鸿机、尚书沈子培画像，惟妙惟肖，其于画盖天才也，后游日本，又学画于法国七年，工力深造，今出所作示我，精深华妙，隐秀雄奇；独步中国，无与为偶。”

1927 年，徐悲鸿结束了八年留学欧洲的生活，进入以自己所学为国为民效力的时期。

徐悲鸿 《老妇》 油画 1922年

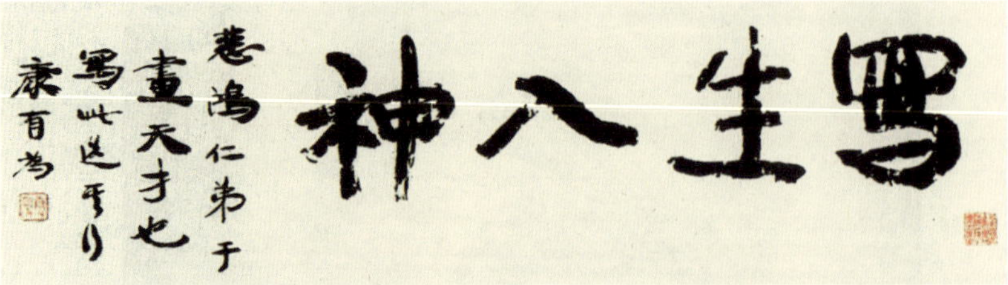

1917年徐悲鸿东渡日本，康有为赠字送行

在那个时代，中国一批优秀知识分子，可以说肩上大都背负着振兴国家的使命。尤其当他们真正经过亲身比较感受之后，看到自己国家的地位，无法抑制他们心中那悲天悯人的思想和对国家富强的责任心，他们真是民族悲怆的一代。徐悲鸿即是其中一员，他满脑子所思所想绝非个人的前途，他一切行为的前提只有一个，就是民族文化艺术的兴旺。

首先为了回报国家，徐悲鸿毫无保留地投入南国艺术学院和中央大学艺术系的教学中。

徐悲鸿深深感到中国美术教育的落后，他立志从教育入手振兴中国美术事业。他认为一个画家画得再好、成就再大，只不过是他一个人的努力成果，如果培养一大批画家，那就是国家的成就和荣誉。

徐悲鸿在教学上那种对学生的认真热情和倾注精力的负责精神，是很少有人可与之相比的。他常以教室和学校为家，指导与示范相结合，身教言传并进，并用鼓励为主的方法启发学生刻苦勤奋的学习精神。他十分注意学生个人风格的形成，甚至经常因为学生的作业优异而题词奖励或以画交换的方式收藏之。

因为徐悲鸿太清楚自己成长的过程了，如果没有父亲的循序诱导，康有为的真诚教诲，蔡元培、傅增湘的信任和相助，以及导师达仰严格诚挚的教导，怎么会有今天自己掌握的技艺呢？

徐悲鸿对同事、对学生都是以诚相见，处处表现了他那爱才护艺的品德。对培养人才，他几十年如一日，从未改变过自己的初衷。他走到哪里，对美术教育的倡导就播送到哪里。福建、云南、广西、北平、广州、重庆、上海、南京、苏州，以及新加坡、印度乃至欧洲各国，都有他的学生。如果不是太平洋战争的阻挡，说不定他也会在美国撒下对美术教育的热情的种子。

徐悲鸿在教学上坚持的方针是中国传统师法造化与西方传统的写实主义相结合的原则，教学的具体方法，就是采取素描写生的步骤，去掌握科学造型的真谛。素描不是目的，而是手段。教学的目的是面向中国的现实，发挥美术教育人启发人的审美能力的功能，而绝不是形成为艺术而艺术的学院派。他自己的艺术实践就是一面镜子，他需要培养出更多的榜样，来一起带动中国的美术教育事业。

徐悲鸿在教育战线上，既坚持新的教学方针，又向保守势力作说服和斗争。因此，他不可能一帆风顺，挫折与困难在所难免。他由法国兴致勃勃地归来就是要报效国家，但是阻碍重重，有的甚至来自于亲人，徐悲鸿要拿出极大的毅力与勇气来面对。

1928 年 7 月，他在福建创作完成反映“五三惨案”的《蔡公时济南被难图》油画，刚回到上海即接到李石曾聘请他担任北平大学艺术学院院长的通知。

北平依然是十年前的情况，美术界陈陈相因的旧势力有增无减，徐悲鸿又是单枪匹马上阵，颇有势单力薄、孤军作战的不利形势。

结果徐悲鸿的教学改革计划遭到了强烈的阻挠，其中包括聘请齐白石任教授一事。流言蜚语、明枪暗箭，三个月里，他孤掌难鸣，只好拂袖而去。

这场败下阵来的惨痛教训，使徐悲鸿感慨万千。关键所在不是主张方针欠佳，更不是方法措施不对，而是志同道合者寡，是人力不够。要培养新生代，要寻找为中国美术事业共同奋战的人，这才是千真万确的真理和方向。

徐悲鸿回到南京，尚未安静下来，美术界即开始了另一场向形形色色的“新派”的进攻。这是中国美术界举着复古旧旗的北方和举着摩登新旗的南方，向着以徐悲鸿为首的现实主义革新力量的挑战。

徐悲鸿旗帜鲜明，以战斗的姿态向形式主义的艺术思潮和保守主义者左右开弓。通过 1929 年和 1946 年两次大的论战，可以说是捍卫了中国现实主义美术教育体系，意义重大。

下面我们简要介绍中国现代美术史上 1929 年和 1946 年以徐悲鸿为首的两次论战。

20 世纪 20 年代前后，中国受“五四”新文化运动影响，在美术领域已有西风东渐之势。不少艺林前辈赴欧洲、渡东洋留学，学成后归国执教，其中既有倡导写实者，也有引进现代诸派者，在中国艺坛上掀起一股反常样式，使青年学子无所适从，难免出现盲目追随时髦的现象。

1929 年 4 月的上海，正值经过筹备的第一届全国美展开幕之时。徐悲鸿看到参展作品有不少是缺少训练的标新立异者，美其名曰“新派”。徐悲鸿万分痛心，他不得已拒绝参展，并就此与他的好友、新月派诗人徐志摩展开笔战，曰“二徐交战”。三十五岁的徐悲鸿正是血气方刚之年，为了捍卫自己的艺术主张，他既疾言厉色，又语重心长。

徐悲鸿不能不再三考虑中国的现实——国内人民贫困，举国待兴。在这种状况下，中国的音乐、美术、戏剧、诗歌应负的责任是什么，这对每个有使命感的艺术家来说，都是推卸不了的首要问题。

徐悲鸿指出：“欲矫情立异，变换万象，易以非象；改撺造物，易以非物；昧其良知，纵其丑恶，宣其佞辩……侈然标榜、令人齿冷……作不伦不类人物，诩为独创，媲美新派，怡然自乐。狂瞽满地……吾国艺事日衰，又欲从而效之。夫饥渴者虽不择饮食，必不服毒。”他恳切地希望：“弟惟希望我亲爱之艺人，细心体会造物，精密观察之……造物为人公有，美术自有大道，人人上得去。”

当时在上海的鲁迅先生对美术界的茫然状况也寄予恳切言语：“青年向来有一恶习，即厌恶科学，便作文学家，不能作文，便作美术家，留长头发……较好者，则好大喜功，喜看‘未来派’‘立方派’作品，而不肯作正正经经的画，刻苦用功。人面必歪，脸色多绿……譬之孩子，就是只能翻筋斗而不能跨正步……”

油画家李毅士也及时撰文支持了徐悲鸿的主张：“我想悲鸿先生的态度，是真正艺术家的态度……我研究了二十多年的洋画，实在还有点不懂（指诸新派）。假若说：我儿子要学他们的画风，我简直要把他重重地打一顿。”

事隔八十多年的今天，一部分倾向现代主义的艺术家，痛指徐悲鸿在这场论战中的无知与偏见，而称其为阻挡中国美术发展潮流的“罪人”。

即使事隔近一个世纪，让我们来重新认识和评定徐悲鸿的历史功过，也绝不可能得出他是罪人的结论。徐悲鸿的主张就是拿到今天来看，依然与国情相吻合。何况事物都在发展之中，国内外的形势也在转化着，今天的尺度不可能与往日尺度完全相同，但大体一致已经是很不易了。那是他出于一个中国艺术家和教育家的良知而发出的肺腑之言，能够经得起历史的检验。

中国历来在文化艺术上的消化量可谓大矣。总之，中国历史上虽然不断经历苦难，其文化艺术也常经受困扰，但中华民族的元气没有受伤害。中国人会以我为主走出自己的路，中国人更会重视民族气节，而且也会对历史予以公正的评判。徐悲鸿当年所表现出的骨气，今天不是更加可贵吗?

1947 年在北平掀起了另一场“新旧国画论战”。徐悲鸿针锋相对地向一批保守的北平复古势力进行挑战。这次，他不会像 1929 年那样孤军作战，而是团结了一批思想一致的美术界精英作为后盾。他站在国家民族利益的高度，勇敢地面对一片“倒徐”“驱徐”“徐悲鸿是摧残国画、毁灭中国艺术的阴谋罪人”“分裂北平美术界的罪魁祸首”的呼声。

当时北平社会上和学校内日伪时期遗留下的保守势力连通一气，并利用党派和政府向徐悲鸿施加压力，此时张道藩就在控制和指画着“倒徐”活动的发展。徐悲鸿横眉冷对，他大刀阔斧地对学校的体制和人事予以改革，不称职者免，有学术者留。他力主艺术的创新，痛斥美术界因循守旧的弊病，陈述培养能担当文艺复兴重担人才的途径与方法。他提出学生要摹写人民的生活，而不是以模仿古人为自足。他在《新国画建立之步骤》中诚恳地提出：“建立新中国画，既非改良，亦非中西合璧，仅直接师法造化而已。但所谓造化为师者，非一空言即能兑现，而诬注重素描便会像郎世宁或日本画者，乃是一套模仿古人之成见。试看新兴作家如不佞及叶浅予、宗其香、蒋兆和等诸人之作，便可证此中成见之谬误，并感觉到中国画可开展之途径甚多，有待于豪杰之士发扬光大。”在文中，徐悲鸿列举了自己尊崇的中国历代画家，从王维、吴道子、周昉、荆浩、董源、范宽、李成，直至宋徽宗、夏圭，还有陈老莲、石涛、金农、任伯年、吴友如等，说明中国绘画的优秀传统在于师法自然和艺术创新。他对当代的齐白石、黄宾虹、陈师曾、傅抱石、张大千、陈之佛、李苦禅、李可染、蒋兆和、李斛、宗其香、田世光等人及其作品，都是倍加爱护和称赞的。

其实，保守派何尝不称自己为卫护国家民族的文化艺术呢？历史却是最无情的审判者，什么是真正有利于民族的文化艺术，事实胜于雄辩。

当然，今天也有人说徐悲鸿是以西洋画的素描代替中国画。这是曲解，因为徐悲鸿一贯主张实践，从来也没有将素描当笔墨，相反，那是他最忌讳的。徐悲鸿重视素描写生，更重视记忆默写。素描写生是取其造型的手段，是一种能力，是方法，而不是目的。

恰恰经过这场论战，徐悲鸿的中国画改革理论更加走向成熟，他所建立的美术教育体系也趋于完备。

要复兴中国的绘画艺术事业，重要的不是个人以创作几幅作品为满足，而是要培养众多为之奋斗的专业人才，这就是徐悲鸿通过教育为民族国家效力的动因。

可以看出，徐悲鸿当年对美术教育和对中国绘画艺术改革的观点，是同蔡元培的美育教育与陈独秀、康有为提出的向西方探索的主张和陈师曾对中国画提出的推陈出新理论完全一致的，他们是中华民族在艺术观方面的先进代表，这是被历史证实了的。

当今全国各大美术院校和科系（包括徐悲鸿当年支持建立美术附属中学教育）奉行的几乎都是徐悲鸿的教育体系，并且培养出新一代的画家，改变了中国画界陈旧的局面。在人物画方面，一代主流画风几乎全是徐悲鸿的教育理论所形成的。究其原因，是他为人的准则，是他在美术教育战线上献出一生的心血，是他在艺术创造上划时代的突破，是他在艺术上提倡的写实主义逢上中国抗战救亡时局。

徐悲鸿颇有感触地说过："吾国因抗战而使写实主义抬头""战争兼能扫荡艺魔，诚为可喜"。

徐悲鸿倾其一生为中国美术事业而奋斗，这是何等感人！我们还可以从两段他于不同时期发出的肺腑之言，看到一位爱国主义艺术家的成功原因。

1935 年时他说："艺术家即是革命家。救国不论用什么方式，如果能提高文化、改造社会，就是充实国力了。欧洲哪一个复兴的国家，不是先从文艺复兴着手呢？我们不能把自己的责任看得过小，一定要刻苦地从本分上实干。"（《与王少陵谈艺术》）

1947 年他写道："若此时再不振奋，起而师法造化，寻求真理，则中国虽不亡，而艺术必亡。艺术若亡，则文化顿黯无光彩，起而代之者，将为吾敌国之日本人在世界上代表东方艺术。诸位想想，倘不幸如果是，我们将有何颜面以对祖宗。"（《当前中国之艺术问题》）

总而言之，徐悲鸿的成功，正是俗语说的，得之缺一不可的天时、地利、人和之利，是符合了历史潮流，是主观的努力与客观的需要的统一，因此是时代赋予。

在此，补加三则例子：

一、庞薰琹1925年赴法留学，1930年回国，后来与徐悲鸿合作办教育。他是一位极有才华和成就的艺术家，与林风眠相同，对西方现代派艺术有吸收借鉴并予以创造。他曾积极组织“决澜社”，希望在中国美术界能出现一个各派繁荣的局面，这应该是无可非议的。

抗战时期，美术界人士纷纷投入宣传队伍，画海报、画宣传画、画壁画。庞薰琹深感写实艺术有用武之地，而对现代艺术颇感不合时宜、难以发挥。

二、1947年北平针对徐悲鸿掀起新旧中国画之争，徐燕荪（1899—1961）是一方主将之一，专攻古装仕女人物画。1951年人民美术出版社在北京成立，由于连环画、年画、宣传画是最易普及的出版物，出版社需要一批固定的创作力量，于是成立了一个创作室，由老版画家沃渣领导。社会上的一些人物画家也被吸收了进来，有徐燕荪及他的一些弟子，如卜孝怀、墨浪、任率英、王叔晖。创作室成员还有刘继卣、盛此君、方菁、白炎、沙兵、徐兢辞、林楷、沙更思，以及我的同班同学费声福和张汝济。1956年我也调了进来。

徐燕荪当时在北京中国画协会担有一定职务，颇有长者之风。1957年，北京中国画协会发起创作一幅长卷《红军长征》，由徐燕荪主持组织工作，强调要有新意，因为是革命题材，作为向党献礼的作品，意义非同小可。

山水画家有了用武之地，可以表现万水千山，可是苦了人物画家。因为大部分人物画家专画古装人物，如果画出来的红军不像现代人，弄不好会有丑化红军之嫌。这时徐燕荪找到我和解放军美术组的林凡。

林凡与我同龄，当时二十六七岁，都是画西洋画的。他让我们帮助起草人物场面，最后勾线着墨色由他们去完成。分给我起草红军过彝族地区，红军将领刘伯承与彝族首领誓饮鸡血酒的群众场面，以及红军过雪山等情节。我们是利用业余时间回家创作完成的。记得在观摩会上，徐燕荪与大家十分满意我们的配合。后来这幅长卷被军事博物馆收藏并展出，还给了一定的报酬。

一天，徐燕荪来到创作室，把我悄悄叫到院子里，交给我一笔钱，可能有三四百元（我当时工资是七十元左右）。他拍着我的肩膀说了不少感谢话，其中最难忘的是："还是徐悲鸿教育有方，佩服佩服。"此话听来真是不易。那是因为我是由徐悲鸿院长领导的中央美术学院培养出来的吧。

三、当年徐悲鸿设置学习中国画的课程，首先都要进行两年的素描写生课，并安排对物对景写生、默写，还具体指出男女老幼人物特点，禽兽、花树需强记多少等等。这完全是为了继承中国画"师法自然"的优秀传统，反对长期的食古不化的复古局面；反对只临摹古人，手持一本《芥子园画谱》就变成画家的模式。这里也绝不是不向传统学习，而是提倡面向生活的创新宗旨。学素描写生是手段，不是目的，它不能取代中国画的笔墨意境，那是获得艺术借鉴上的一种优势。

其实艺术创新也绝不是一个简单的过程，提倡素描写生也并不是一剂简单的"药方"，不等于画了素描写生就会在中国画创作中立竿见影。这里还有个"化"的演变，那需要艺术上的悟性和勤奋的磨炼。正如他常说的：写生可以帮助创作，创作又要摆脱写生。国画家掌握了西画写实技巧，那只是让你在造型天地中有了一个借鉴的优势，你还必须从西方造型体系中走出来，再进入到中国画的造型体系中去融化。那不可能是生硬简单的加法，而是自然而然的巧妙创造。也正如李可染先生曾说过的，学习外来的艺术和学习中国传统的艺术，都作二语自励，一曰"用最大的功力打进去"，二曰"用最大勇气打出来"。

同样，徐悲鸿提倡学西画的要学中国传统绘画，因为艺术上的借鉴对创新来说是极其重要的。

在中央美院我们有幸目睹了蒋兆和、李苦禅、叶浅予、李可染先生们的中国画创新历程，他们都不愧是徐悲鸿的学生或挑选来的教授。

这四位教授都是从学西画入手（当然李斛、宗其香也是）。叶浅予数量惊人的人物写生，是他后来进入独具风格的中国人物画创作的有利因素。他于抗战时期（1944）在重庆举办画展，画展中一批用中国画笔墨创作的人物画作品，使徐悲鸿赞赏有加，更不用说1948年2月徐悲鸿在天津《益世报》上发表《叶浅予之国画》，文中说道："中国此时倘有十个叶浅予，便是文艺复兴大时代之来临了！"

蒋兆和对油画、素描、雕塑都精通。1950年我在中央美院读二年级时，素描教员就是蒋兆和先生，而他的中国人物画创作更是划时代的了。

李苦禅、李可染也是由学西画入门的。1949年李可染还教我们班水彩课，并带我们到太庙去写生。他们很多精彩的水彩风景写生和人物色彩肖像作品，都收藏在北京画院。他们前后都拜师于齐白石，又都跟随徐悲鸿所倡导的创新之路，从而在写意花鸟和山水画领域取得惊人成就。尤其是李可染后来的山水画创新，如果徐悲鸿在世时看到将不知兴奋到何种程度。

中国画艺术创新之路漫长，捷径是没有的，借鉴是有益的，先辈的成就是荣耀也是接力。不必怨天尤人，学点素描写生以发扬中国传统绘画"师法自然"的道理，依然道路宽广。

中国画教学安排素描写生课，是徐悲鸿针对中国画教育改革的重要举措，是无可非议的。1943年，徐悲鸿在文章中写道："写实主义，足以治疗空洞浮泛之病，今已渐渐稳定。此风格再延长二十年，则新艺术基础乃固。尔时将有各派挺起，大放灿烂之花。"

二、戴德图报

徐悲鸿主张："吾国古哲所云尊德性、崇文学、致广大、尽精微、极高明、道中庸者，其百世艺人之准则乎?"他主张一生就严格遵守之。

一个人生在社会上，只靠个人奋斗努力，而无人相助，是不可能走向成功之路的。在徐悲鸿的人生旅途上，如果没有朋友多方相助，他绝不会有今天名留青史的地位。

徐悲鸿念念不忘对自己的恩人要"滴水之恩，涌泉相报"。因而在徐悲鸿的一生里，充满了报恩的美好事迹。

他在海外留学，永记国家在困难中支五千余金资助的恩德，要找机会图报之。他站在国家利益的角度，在教育阵地上育人，对中国画的改革行动，都是他报国思想的体现。

徐悲鸿在贫苦中长大，在艰苦奋斗中成就了事业。他的"神州少年""江南贫侠""江南布衣""黄扶""悲鸿"等名，都表现了他做人的一种气概。

他父亲的遗言："一个人到了山穷水尽的地步而能自拔，才不算懦夫。"他的第一知己张祖芬先生临别赠言："人不可无傲骨，但不可有傲气。"都是陪伴徐悲鸿一生的格言和座右铭。

徐悲鸿怎么能忘记当年在上海走投无路时，前后向他伸出救援之手的黄警顽和黄震之两位恩人，他曾以"黄扶"之名去投考震旦大学，为的是对他们的纪念。后来在巴黎因经济来源断绝，而得到新加坡黄孟圭和黄曼士两兄弟的无私帮助，

徐悲鸿印“江南贫侠”

徐悲鸿印“悲鸿”

徐悲鸿印“江南布衣”

他称自己是“平生遇黄，逢凶化吉”的人。这说明了徐悲鸿的知恩。

“受恩”“知恩”“感恩”“报恩”，是四个有着微妙差异的概念，是意识在时间和空间上的流动过程，并不是四个必然的联系体。因为有人受恩并不一定知恩，更说不上去感恩进而去报恩了。可能有人受恩也知恩，但是不感恩更不会去报恩。当然，那受恩不报、恩将仇报，或者只可我负人、不能人负我者，就是另一回事了。可见，感恩、报恩并非容易的事，一是要有那个感恩、报恩的心，还要有（创造）能够去感恩、报恩的条件，并且在以后的年月里，自己再去帮助人。可以说，徐悲鸿在这些方面是个完整的实现者，在他的思想深处，时时刻刻都在为报恩努力。

徐悲鸿最理解自己在极困难时人家给予支援帮助的目的，是要自己发愤图强，是要自己以加倍的努力和行动去接受恩惠，只有这样方不愧对友人的一片心。这是徐悲鸿知恩、感恩的初步体现。

那么，当经过努力达到帮助者所希望的目标时，也就是具备条件报答恩人之时，这将是人间最美好的情感境界。历史上有多少可歌可颂的感恩、报恩的篇章，就是如此铸就的。

再说，一个真正懂得知恩、感恩的人，他既然处在受恩的地位上，必然怀着一颗谦卑之心，否则他无法受恩，也不会知恩，更不会在今后的生活里去诚心诚意地帮助需要帮助的人。

让我们看看徐悲鸿在这方面的几个故事。

1915 年，徐悲鸿来到上海，为了找一官半职，经过几次周折也无济于事，他灰心至极，走向黄浦江畔企图了此一生。是商务印书馆职员黄警顽先生挽救了他，不仅给了徐悲鸿以安慰和鼓励，还带他住在自己的宿舍中，像亲人一样关照他，直至以后的年月里。抗战胜利后，徐悲鸿由重庆回到上海，了解到黄警顽处境不佳——为掩护抗日地下工作者，被日本宪兵队逮捕入狱，受尽苦刑，心身受到极大摧残。徐悲鸿就带他同往国立北平艺专谋职，逢年过节还必接黄来家团聚。

我 1948 年入学国立北平艺专，住北平贡院宿舍。黄警顽先生住楼上，给了我很多照顾。那时他孑身一人，未老先衰，走路驼背，能叫出全校师生的名字来。可惜在徐悲鸿逝世后，1957 年被错划为右派，“文革”后去世。

富商黄震之先生，也是徐悲鸿在上海正处于当衣度日生活无着之时，在一个十分偶然的机会，发现了徐悲鸿的才艺并及时给予无私的支持。后来黄破产，人也因吸鸦片而多病。1926 年初，徐悲鸿由新加坡回上海，在沪逗留了三个月。徐悲鸿一面举办汇报画展、与文艺界人士交往，一面抽时间用自己所学的西方绘画技巧来回报恩人。他首先为黄震之、康有为、陈散原画像，画了素描画油画，最后再画国画。其心之诚、情之真，流露笔墨色彩间。

这里表现了中华民族传统文人尊师敬业的崇高精神，那是人间最纯洁的情谊。徐悲鸿身上报国感恩的思想，是一有机会和条件就要实践履行的。这体现了一种人格品质，人生喜乐其实也在其中。

我们从徐悲鸿现存的作品中可以看到，黄震之的油画像和中国画肖像，作者创作时用心之良苦。遗憾的是，由于黄震之先生年迈体弱、消瘦不堪，将肖像描绘得再精神饱满也无济于事。对于写实画家来说，都难为了画者与被画者双方。徐悲鸿抱着满腔感激之情去塑造自己的恩人，为世界留下了宝贵的作品。

为康有为作的唯一一幅油画半身坐像，是前几年在上海发现的。康有为于 1927 年 3 月 31 日在青岛逝世，否则徐悲鸿留学归来，一定还会继续为恩师画像的。

遗存下来的老诗人陈散原的油画像和素描像都属精品。陈散原不愧为清末新法的维护者，抗日时期坚决不与日伪政权合作，更不惧怕其逼迫，最后以断食献身于国家，可歌可泣。

廖静文师母曾亲口对我说起收藏陈散原油画像的往事：“1953 年悲鸿刚过世不久，一个寒冷天气，有一男子带了陈散原油画像来，要价

1926年，徐悲鸿及为康有为所画坐像

二百元。悲鸿生前曾对我讲过很满意自己为陈散原老先生画的油画像，还告诉我老人为拒绝日寇诱劝出任而绝食一周身亡，精神感人至深。我当时工资不到百元，未还价买了下来捐给纪念馆。现在每看到这幅作品，就想流泪。”

其实徐悲鸿以油画作像报答恩人，第一次是1924年在巴黎，为曾帮助过他的中国驻法总领事赵颂南和夫人画肖像。那是因为他在巴黎求学时，因公费断绝又遇冰雹之灾，正在如此窘迫之际，赵总领事由于爱才和同乡之谊，及时送来五百法郎解围。后来赵先生又介绍新加坡侨界名人黄孟圭先生与徐悲鸿相识，建议徐悲鸿去新加坡卖画集资。当时作为持公费留学的徐悲鸿，只能以自己所学的技艺为赵先生夫妇作像为纪念，也是一种最佳的报答方式。

徐悲鸿一生受到贵人相助可谓多矣，黄孟圭和黄曼士兄弟即是其一直称为大哥、二哥的亲如手足之人。

黄氏兄弟为福建望族，也是新加坡侨界巨商。黄孟圭毕业于美国哥伦比亚大学，获硕士学位，受陈嘉庚之邀任厦门大学校长，后任福建教育厅厅长。其弟黄曼士任新加坡南洋兄弟烟草公司总经理，为人豁达，疏财仗义，交游广阔，喜爱书画艺术。他们都成为徐悲鸿终生密友。抗战时期，徐悲鸿数次下南洋义卖为国募捐，如果没有黄曼士帮助推荐，徐悲鸿是难以完成一次次的为国募捐重任的。

当时的南洋，真正懂艺术的人不多，也没有艺术氛围。黄曼士家设“百扇园”，又善收藏，以他的名声、地位以及人品雅趣为背景，是向当地名流推荐徐悲鸿的最佳人选，交际环境也是最佳，一切由他出面主持，影响可观。

例如黄曼士向当地商贾士绅做过如下生动的宣传：“有钱人百年后无人知晓，唯有生前请名家画像，借作者之名传诸后世，方可与名画同千古。”自此求画者纷至沓来，包括陈嘉庚和驻地总督，等等。

数年来，经过徐悲鸿作画办展并亲自辅导教育，新加坡及马来西亚艺坛获得极大发展。

下面着重记述徐悲鸿第一次（1925）赴新加坡和最后一次（1941）离开新加坡所发生的故事，从中可以感受到徐、黄之间的深厚情谊。

1925 年深秋，徐悲鸿第一次赴新加坡，住黄曼士家。黄家为解除徐孤身在外之旅愁，备了一桌极丰盛的酒席相待。未料徐悲鸿入座后，双目迷离，痴呆地坐在那里久久不动。主人劝他下筷，只见他泪流不止，竟情不自禁地痛哭起来，最后说：“你们待我情逾骨肉，又备了这么丰盛的酒席，我本不该如此失态，可是人非草木，我与碧微是患难夫妻，一想到她远在巴黎的困境，怕连面包钱也用完了，我纵有铁石心肠也难下咽……”黄曼士一面安慰一面带他去银行，即汇八百法郎给蒋碧微。从这里我们可以看出他们之间“言忠信，行笃敬”的君子之交，其情谊贯穿一生。

可是此时此刻，徐悲鸿无论如何也不能料到，蒋碧微正与张道藩

徐悲鸿在新加坡与黄孟圭和黄曼士合影

开始了罗曼蒂克的热恋。据蒋碧微在她的回忆录中说："悲鸿在新加坡埋头作画筹款期间，我常常请道藩充任我的男伴，我对他寄予无比信任。"详情待后面章节论述。

1939 年，徐悲鸿遇上在南洋宣传抗日演出的著名电影演员王莹，画了油画《放下你的鞭子》和王莹肖像，在侨界掀起一场爱国抗日热潮。

郁达夫 1939 年 2 月在新加坡写道：

徐悲鸿的笔触沉着，色调和谐，轮廓匀称，是我们同时代的许多画家所不及……他的名字已经与世界各国的大画师共垂宇宙……他举办赈灾救亡义卖画展共得叻币一万五千三百九十八元九角五分，由星华筹赈会汇交广西，作为第五路军抗日阵亡将士遗孤抚养之用……

1941年，徐悲鸿结束了最后一次对诗圣泰戈尔的访问，带着自己所有的代表作和藏品由印度回国，经新加坡时又开始了紧张的义卖捐款工作。此时正是日军疯狂蹂躏中国之时，也是太平洋战争爆发之前夜。

徐悲鸿说："战士为国不怕牺牲，我徐悲鸿只能用自己的画笔去战斗了。"又说："尽其所能，贡献国家，尽国民一分子之义务。"他马不停蹄地从新加坡赴吉隆坡、怡保、槟榔屿三地举办画展，筹集赈灾款，不断地作画奔波。累病了，留下一个久治不愈的腰痛病根儿。

接林语堂通知，说由美国罗斯福第一夫人主持的美援华联合会邀请，1941年8月中旬在美国举办中国美术展览，将售画所得捐助中国抗战及赈灾。

徐悲鸿将自己和其他画家的优秀作品装箱，一切就绪、只等启程之时，忽然发生珍珠港事件，太平洋战争爆发。日军向东南亚如利剑切入，南洋诸列岛相继陷落，新加坡战火迫在眉睫。侨民纷纷逃难离城他去，各路船只陷入断绝状态。

黄曼士首先考虑的是徐悲鸿和他那一批箱子，里面装的艺术珍品坚决不能落入敌人之手。黄家对徐悲鸿的安危保护超过了对自己。经过周密计划，最后决定将数十个箱子分头运到位于远郊的崇文中学和韩槐准先生家的"愚趣园"花园内，而且不能惊动周围，秘密地将一部分箱子藏在一枯井内，并用水泥封口；另一部分装在水缸中挖坑埋好，伪装起来并做上记号。紧接着想办法交涉船只，仓促送徐悲鸿（他随身带了几箱书画与收藏品）登船——这是最后一艘离开新加坡驶向缅甸的货轮，然后黄曼士一家方设法疏散逃离。时值1942年1月下旬。

据当时的报道，前一艘轮船被日军击沉，徐悲鸿辗转仰光，经滇缅

徐悲鸿　《放下你的鞭子》　油画　1939年

公路抵达内地，可谓九死一生。黄孟圭后来逃往印尼，再转澳洲。而郁达夫却惨死于日军枪刀之下。

可想，徐悲鸿只身匆匆回国，路途艰难且不说，他的心时刻挂念着新加坡朋友的安危，以及那密藏在地下和枯井中的心血。这对一个重友情和视艺术为生命的人来说，对其身心的摧残和折磨，是无法估量的。

有人说，如果徐悲鸿当时走不出新加坡，必死无疑，从此中国现代美术史将要改写，徐悲鸿的成就也要另论了。

抗战时期，全国人民都处在家破人亡、流离失所的状况下，徐悲鸿也是东奔西跑，有家难归。面对国破家碎的情景，他一直与自己的艺术品共存，走到哪里带到哪里，否则安放在哪里呢？放在哪里都不能使他放心，尤其是自己那个“家”中。徐悲鸿肩上的担子比任何人都沉重，他只能忍受，只能眼看身体垮下来。

我们看看牵动徐悲鸿心的、留在日军占领下的新加坡枯井中和地下的那数十箱艺术品都是些什么：由南京到重庆、由桂林到新加坡一千多件代表作，包括在法国留学时期的素描、油画和临摹作品。收集的古画、陶瓷等古董及珍本印拓书籍（《八十七神仙卷》由他随身带回国）。他一生中顶峰时期的三年里，在新加坡、马来半岛和印度创作的数百幅作品。收集的近现代画家任伯年、齐白石、高氏兄弟、陈树人、赵少昂、张大千、吴作人、黄君璧、溥雪斋等的数百幅作品，其中仅任伯年和齐白石的就有二百多件，包括黄曼士赠送给徐悲鸿的十二幅任伯年画作。此外，还有当时准备赴美国举办画展的作品。

这是徐悲鸿计划筹建“中国美术学院”和中国第一座美术馆的全部资产，怎么能不牵动他的心呢？多少个夜晚他从梦中惊醒，多少个不眠之夜使他魂飞心冷。

徐悲鸿孤身在国外，既举办画展义卖支援抗战救亡工作，又赴印度讲学办展，最后如虎口脱险般辗转回到重庆。在中央大学艺术系为

徐悲鸿 《泰戈尔像》 国画 1940年

他举办的欢迎会上，他热泪盈眶地说了一句："今天又回到我家了。"这个"家"，他指的是中国，是大后方，是学校，而没有包括他的那个"家"。他的辛酸，是错综复杂、一言难尽的。

终于盼到了1945年的抗战胜利，新加坡的黄氏兄弟从魔掌中脱险。抗战期间，黄孟圭被捕入狱。从狱中出来时，人财受损惨重，最后抱病落脚澳洲。1946年3月函告徐悲鸿，徐悲鸿寄了不少画以示慰问。

黄曼士留在新加坡"监视"着徐悲鸿的珍宝，最后与韩槐准先生将藏品挖了出来。四十幅油画在枯井中受潮全部毁坏，这是徐悲鸿一生永远无法弥补的损失。

当1949年5月徐悲鸿的学生陈晓南由美国途经新加坡，将他残余的书画带回北京时，已阔别八年之久，徐悲鸿悲喜交加。这里凝聚着人间的崇高友谊，记述着爱国、爱民、爱艺术的血泪经历。

1948年中国时局正处于大动荡时期，战火蔓延至北平城下。徐悲鸿身挑一校之长重担，日夜繁忙。正当此时，新加坡一位朋友却来信求画，为难之至。事情是这样的：

新加坡华侨陈延谦（1881—1943）善诗文，日军侵入时，家破人亡。其后人陈笃山于残壁断墙间，找到当年徐悲鸿为其父作的一幅《寒江独钓图》的照片，原作已遗失。为了纪念，他将照片寄给徐悲鸿，请求依样重作一幅，润笔费随后寄上。徐悲鸿哪里有心思和时间弄墨作画，身体也不好，但看求者的一片孝心，再思已逝友人的音貌，于是在百忙中抽时间完成了。

也不知拖了多长时间，徐悲鸿终于完成了另一幅《寒江垂钓图》。他将"独"改为"垂"，并题词纪念。徐悲鸿在信中嘱咐请将润笔费叻币四百转寄澳洲黄孟圭，作治病之用。时间是1948年11月10日，北平正处在天翻地覆之时。

下面我们再说说徐悲鸿对傅增湘（号沅叔，四川人）的感恩事迹。

前面说过徐悲鸿1918年在北京时，去欧洲留学心切，曾得罪当时教育部长傅增湘，后来经蔡元培和罗瘿公帮助疏通，终于获得了公费赴法留学的资格。徐悲鸿曾记述曰："余飘零十载，转走千里，求学之难，难至如此。吾于黄震之、傅沅叔两先生，皆终身感戴其德，不忘者也。"

1935年春节前夕，徐悲鸿旅欧办画展，最后一站在苏联圆满结束，途经西伯利亚回国。徐悲鸿到北平小住，实践傅增湘之约，特为他画像以报恩情（此油画肖像现存放于中国国家图书馆）。同时举办小型画展，由王青芳主持，齐白石亲临祝贺。后来齐白石曾表示自己如果晚生二十年，一定跟徐悲鸿学习素描、学习西画。（傅增湘孙子傅延年提供的傅增湘1935年记述徐悲鸿为自己作画日记复印件，记有傅增湘设家宴招待徐悲鸿，蒋梦麟、胡适作陪。）

徐悲鸿这次在北平，还为胡适、周作人作画，画徐志摩之猫以寄情思。

抗战胜利后的1946年，徐悲鸿任国立北平艺专校长。到北平后他首先看望两个人，一是傅增湘，一是齐白石。每年过春节，大年初一，徐悲鸿总是早早起身与夫人廖静文一起先给傅增湘和齐白石拜年贺节，年年如此。

廖静文告诉我说："赶早去拜年为了能赶早回家，不误别人来给悲鸿拜年。尤其荣宝斋几位裱画工人来拜年，悲鸿都要事先预备几张画放在那里，让他们各人拿一幅回去好补日子用。"其心善极。

有一次徐悲鸿夫妇买了一只鸭子给傅先生拜年，傅先生说："正想吃鸭，你们就送来了。"后来傅夫人曾说："经傅先生手下不知派了多少人出国，没有人像悲鸿这样来看望过他的。"

1930年，田汉写文章批评徐悲鸿只画历史古人不画被压迫者，甚至画闲人遗老，走向衰败没落之境界（大意）……这无疑是田汉对朋友的关心与爱护。但是，田汉是以当时左联极"左"的尺码，对徐悲鸿作不实际的要求。

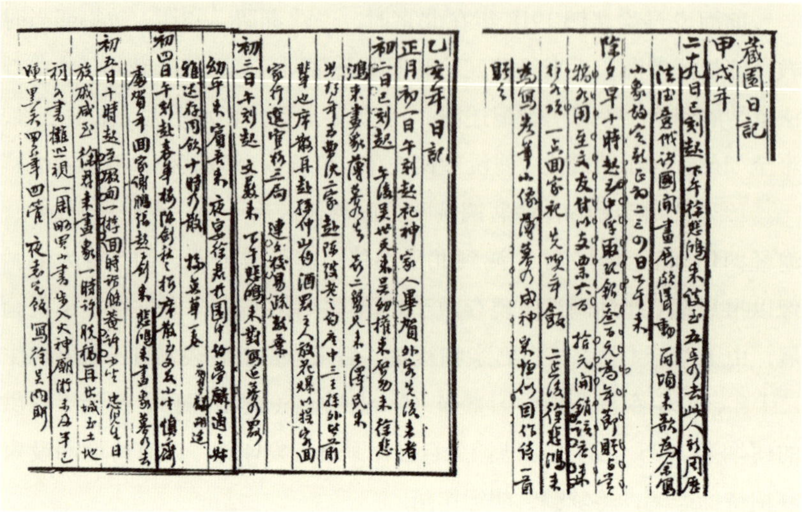

傅增湘1935年初日记（傅延年供）

徐悲鸿很宽容，他深知为自己的恩人作画，是感情使然。关于他如何以自己的艺术去为国为民奋斗，他有自己的方式，正如徐悲鸿在抗日战争时期所说：“天灾战祸，民不聊生，是谁的罪过，我是一个中国人，不能沉默，我要以我的画笔，发出我的吼声。”

朋友田汉的批评，好比当年徐悲鸿与好友徐志摩论战一样，毫不影响他们之间的友谊。不是吗？徐悲鸿依然为徐志摩的爱妻陆小曼女士作像。在1935年田汉被捕入狱时，徐悲鸿依然到处奔波，营救田汉出狱，不顾妻子反对，接其一家人住进自己的家中。古道热肠，世所少有。

三、一生爱才

一个视艺术为整个民族、国家甚至于人类之大事而不只是个人事业的人，绝不会在艺术上存有嫉妒之心，因为他站得高。相反，一个将艺术看成是个人事业的人，必然走向嫉贤妒能、压制他人，甚至做出不择手段、沽名钓誉的恶行。

徐悲鸿是一个爱艺术深入骨髓、将艺术视为生命的人。他将自己的一切与感恩报国，与复兴、改革美术事业牢牢地连在一起。只要是真正的艺术，只要是于国于民有利的艺术，不管你是学院的民间的、国内的国外的、南方的北方的、重庆的延安的，他都爱惜，他都为之保护、为之赞扬。他不愧是中国现代美术事业上高瞻远瞩、走在前面的人。他身上时时处处体现着崇高的责任感，他爱才育人没有门户之见。

本来嘛，将复兴中国美术事业的重担放在肩上的徐悲鸿，怎么会去搞孤家寡人的小天地呢？他必须去进行五湖四海的大事业。学校教育是为了培育人才，而社会上现有的人才也需要去发现、去团结，这是一个问题的两个方面。当然，对已故艺术家的作品进行收藏，又是一个不可或缺的方面。在徐悲鸿身上所发生的事，大都与中国美术事业的发展关联着。

我们且不提徐悲鸿对国内外古代艺术品的热爱，单从徐悲鸿对任伯年的推崇就可见一斑。

徐悲鸿少年时期在家乡即见过任伯年的真迹，并为之倾倒。可惜任伯年的卒年正是徐悲鸿的生年。这样一位以卖画为生的海派代表人物的真迹，徐悲鸿后来在上海的市面上，在黄震之、哈同、康有为、陈三立以及蒋梅笙等处又都见过，从而有机会进一步认识任伯年的艺术才华。但此时他无力购买收藏。

当他于1926年由新加坡黄曼士先生那里获十二幅任伯年册页，回巴黎并展示给老师达仰先生时，得到如下赞赏（法文译文）：

> 多么活泼的天机，在这些鲜明的水彩画里。多么微妙的和谐，在这些如此密致的彩色中。由于一种如此清新的趣味，一种意到笔随的手法——并且只用最简单的方术——那样从容地表现了许多的物事，难道不是一位大艺术家的作品吗？任伯年真是一位大师。
>
> 达仰
>
> 巴黎 1926年

一向持论严格的近代法国大画家达仰先生对任伯年的评论是公正的，是与徐悲鸿相一致的。

1927年，徐悲鸿结束八年留学生涯回国后，又从王一亭、吴仲熊、任堇叔、章敬夫之子等人那里见到数量可观的任氏原作，并开始收藏，又通过讲学和著文宣传任伯年。徐悲鸿甚至将任氏与世界同时代名家相提并论，认为任伯年是李白式的抒情诗人，是元明以来中国画家第一人。他根据任氏后人那里仅存的一张小照片，作了一幅油画肖像，以表尊敬与纪念，甚至称誉任伯年为“画圣”。

徐悲鸿之所以如此肯定任伯年，不只是因为他出身贫寒、有刻苦求知的精神，更重要的是认为任伯年实在属于难能可贵的全才：人物、肖像、山水、花鸟以及亭台楼阁的界画，工笔、写意俱能，尤其人物画继承陈老莲法并发展之，青出于蓝。在中国当时复古抄袭之风盛行下，任伯年的功力和艺术成就实为罕见。当年在上海的任伯年只被认为是以画为生的职业画家而已，经过徐悲鸿的大力宣扬，方有在今世艺坛上崇高的声誉与地位。

而徐悲鸿与齐白石之间终生不渝的莫逆之交，更是中国现代美术界传颂的佳话。

1928 年，徐悲鸿受李石曾之聘，任北平大学艺术学院院长一职。他只身赴北平上任。虽然大刀阔斧的改革受阻，在一场教育战线上的新旧势力斗争中趋向失败，但是他与齐白石亲密而纯真的友谊，却是从此延续了一生。

齐白石 1917 年进京，得到陈师曾赤胆相识与鼓励，后被介绍给徐悲鸿。但是徐齐之间真正的友谊是十年之后开始的。这段情谊续写了举国闻名的徐悲鸿亲自三次去西城跨车胡同聘请齐白石任教授一事，可谓美术界“三顾茅庐”求贤的佳话。

他们俩相差三十多岁，可是对艺术见解却是十分投机。关于聘请任教授一事，齐白石开始思之再三不敢答应，因自己年岁已高，无奈挨不过徐悲鸿再三诚意邀请，答应授课时相伴在旁。

在此期间，他们互相支持、互相了解。徐悲鸿深感沉寂守旧的北平有齐白石的创新突破，犹如石抛死潭之中激起一阵波澜，更如一枝奇葩独领风骚。

当徐悲鸿辞别北平南下时，齐白石恋恋不舍，画了一幅《月下寻归图》相赠为念，并题诗两首：

（一）

草庐三顾不容辞，何况雕虫老画师。
海上清风明月满，杖藜扶梦访徐熙。

悲鸿先生辞余出燕，余问南归何所？答：月满在上海，缺，在南京。

（二）

一朝不见令人思，重聚陶然未有期。
深信人间神鬼力，白皮松外暗风吹。

齐白石还在给徐悲鸿画的另一幅山水画上题诗：

少年为写山水照，自娱岂欲世人称。
我法何辞万口骂，江南倾胆独徐君。
谓我心手出怪异，鬼神使之非人能。
最怜一口反万众，使我衰颜满汗淋。

诗中，齐白石对徐悲鸿在自己孤立处境下，能“一口反万众”地支持和赞扬表达了感激之情。

一个出自乡间，经过自己刻苦努力奋斗，走上艰难的艺术之路的齐白石，遇到对自己艺术真诚重视和支持的大艺术家徐悲鸿，内心的感激是难以形容的。

从此他们书信往返不断，齐白石每有佳作必寄徐悲鸿。此时的齐白石正处精力旺盛、艺术成熟的时期，徐悲鸿必按齐白石的笔单寄上稿酬。

不久，徐悲鸿在上海说服中华书局负责人之一舒新城先生，正式出版了齐白石的画集，并亲自编辑和写序言。后来寄稿费给齐白石时，老先生竟奇怪为什么为自己出版了画册，还要给他寄钱来（因为齐白石曾自费用石印出过一本画册）。

从此，齐白石对徐悲鸿进一步增加了信任和感激。

1933 年至 1940 年间，徐悲鸿赴西欧、苏联、印度和新加坡举办中国绘画展，其中着重介绍了齐白石及其艺术。1943 年和 1946 年，徐悲鸿两次在重庆举办齐白石画展。

徐悲鸿与齐白石一别十几年，互相惦记是难免的，徐悲鸿作了许多怀念他的诗，例如：

乱离阻我不相见，屈指翁年已八旬。
犹是壮年时盛气，必当八十始为春。

1946 年，徐悲鸿回北平与齐白石重逢，不久后聘请齐白石为国立艺专名誉教授。

1948 年，我在国立艺专读书，曾不止一次见到白石老人由叶浅予扶上楼，为国画科学生作画示范，由徐悲鸿校长搀扶着在礼堂观看画展。1952 年我毕业，被分配在北京人民美术出版社任编辑，为出版画册拍照或取稿事宜，又不止一次前往齐白石老人和徐院长家中，第一次见到他们的合影挂在墙上。我们也都知道，齐白石老人只要遇到疑难都要找徐悲鸿，事无大小，只要徐悲鸿说了他就信服，因为他对徐悲鸿是言听计从的。所以他有言“生我者父母，知我者徐君也”。

在美国费城，我曾听当年原中央大学校长顾毓琇老教授说过：“1948 年在北平，我想买齐白石老人三幅画和刻两方印章，因为急着要回南方，只有请求你们的徐悲鸿校长了。他就请齐白石一星期‘交卷’，果然不误。”

遗憾的是，1953 年徐悲鸿先齐白石而逝了。当时谁也不敢告诉他老人家实情，说开会去了、出差了、又出国了……瞒着他。日久天长，过年过节也不见徐悲鸿。每年徐悲鸿院子里的桃树果熟，都要相聚摘桃雅兴一番，后来也取消了，只有廖静文亲自送来一篮桃子了事。吴作人来为老人画像，他说：“我一生最知己的朋友就是悲鸿先生。”

齐白石老人感到不妙：自己被授予 1955 年“国际和平奖”，为什么 1956 年举办的授奖的盛大仪式上没有徐悲鸿？

齐白石老人总不见徐悲鸿，再看看前后左右人们的行事言语，以及那些回避的眼神，尤其徐悲鸿夫人廖静文那凄楚的、有时强作笑容的神色，他预感到了一切。这对近百岁的老人在精神上无疑是很大的打击，对他的过世不能说没有影响。

齐白石知道自己失去了共话衷肠、肝胆相照的知心人。他不止一次梦见徐悲鸿来了，可醒来便一片茫然。他长吁短叹、闷闷不乐，终于在 1957 年 9 月 15 日晨精神恍惚，呼吸急促，16 日下午辞别了人间。

1946年徐悲鸿与齐白石在北平

不知人间是否还会有像这样两位大师所谱出的感人肺腑的友情篇章。写到此，我为自己两位师长间的交情感动，禁不住泪湿稿纸。

是的，徐悲鸿尊重齐白石老人是为了中国的美术事业，更是为了国家。

还有一件事情，也能体现出徐悲鸿的爱才惜才。

1946 年，裱画工刘金涛年刚二十三岁，人聪明，手艺尚能拿得起来。为了培养与支援刘金涛，也是为了中国绘画事业，当刘金涛想自立门面开业而无本钱时，徐悲鸿自己捐了许多幅画，并在他的画家朋友间挑头发起，从齐白石老人开始每人出一幅作品，办展义卖集资。徐悲鸿支援刘金涛的小裱画店开了张，还为他题匾“金涛斋裱画”。

这对一个穷手艺人来说，谢天谢地遇上大恩人了。从此刘金涛为裱托画事，经常进出徐悲鸿和齐白石家。

我们也都知道，当年刘金涛常陪徐悲鸿逛琉璃厂文物店，由于人缘不错，工作之间没少讨画作存留。而今刘金涛可能因为上了年岁，只要一提起徐悲鸿，他就滔滔不绝，声音也越说越大，最后说得泣不成声方告休。

1947 年除夕夜，刘金涛因裱画事到徐校长家，赶上晚饭不会客气，照吃不误，吃罢说话聊天，或帮助干点小活计。他见徐悲鸿精神尚佳，便开口讨画，徐悲鸿欣然答应。他即勤快地铺纸、上水、磨墨，侍候周到。那天徐悲鸿情绪也饱满，下笔顺畅，两只公鸡顷刻跃然纸上。正在兴头上，电灯灭了——停电了。一时也找不到蜡烛，刘金涛又不想等到来日，因为他太清楚夜长梦多的坏处，过了今天这张画还不知落于谁人之手呢！徐悲鸿也知道其心思，便摸黑提笔为他落了款，刘马上取章盖上。他心想过两天再来请求徐悲鸿继续补画完成，就将画卷好带走了，谁料拖了几年徐悲鸿突然病逝一去不回了。

刘金涛在徐悲鸿灵堂上和墓前哭声盖群。一个穷学徒，能得到徐悲鸿厚爱，真是三生有幸。

而今手中这幅未完成的两只雄鸡，总不能没有个支撑呀！可是谁来补画，谁又敢来补墨呢？这可真费了刘金涛不少心思。刘金涛不笨，他抱上画卷来到齐白石老人家，好言好语不待说，反正老人高兴了。待刘金涛打开那幅未完成的画卷一看，徐悲鸿笔下的两只公鸡又像在对话，真不知此时老人的心情。他蘸浓墨补上了石与兰，题了款，最后那两方印章大概是刘金涛代盖上去的。这幅合成之作，成了两位大师的绝响，现存徐悲鸿纪念馆中。

刘金涛是心满意足了，他怎么能知道老人的心是多么悲楚怅惘（另一说，齐白石补石兰是在悲鸿生前）。

很巧，1999 年我回北京为写书搜集资料。一天，我和两位美国客人一同参观徐悲鸿纪念馆并访问廖静文师母，正一起走出徐悲鸿纪念馆门口，要过街一同去饭馆吃午餐，迎面遇上刘金涛。他大老远地就喊叫我的名字：“杨先让，杨先让请客。”平时师母决不让我付饭钱，这次例外，五人吃的烤鸭，剩菜和鸭架刘金涛带回家去了。我心中感到欣慰，就对师母说：“金涛不错，将画送纪念馆。”廖静文师母说：“哪里，是我买下捐给纪念馆的。”这是 1999 年 4 月 27 日的事。

长期以来，我一直有个疑问，在中国现代美术界，以徐悲鸿为轴心，他与同行年长者尊重相交，对年轻者提携有加，他怀着建树民族美术的使命感，爱才护才，这方面的事例数不胜数，可是唯独不见他与李铁夫的交往记载。李铁夫那高超的油画技艺难道未引起一贯爱才如命的徐悲鸿注意吗？

最近有幸读到陈继春君的《徐悲鸿港澳留痕》一文，其中记述徐悲鸿与李铁夫之交，心中长期的疑问终于获释了，深感那才合乎徐悲鸿艺术人生的逻辑。

1928 年，即徐悲鸿返国第二年，应时任福建省教育厅厅长黄孟圭之邀，绘制“五三惨案”蔡公时被日寇杀死的油画。此时由黄孟圭介绍世交郑健卢（1893—1980，子健）、郑家聪（1904—1971，子展）兄

徐悲鸿、齐白石 《双鸡》（徐悲鸿画鸡，齐白石补石兰） 国画 1947年

弟与徐悲鸿相识。郑氏兄弟祖籍广州，二人又是教育界和出版界的学者，又善结交文化艺术界人士，从而与徐悲鸿结缘一生。郑健卢比徐悲鸿长两岁，在家排行第四，被徐悲鸿称为大哥。郑家聪小徐九岁，在家排第六，被徐称为六弟。后来交往密切，书信不断，情同手足。他们之间的友谊并不止于礼节性的，而是有思想上、艺术创作上的磋商，徐悲鸿创作《九方皋》的构思和在印度大吉岭创作的《愚公移山》，他们在信中都有意见交流。

徐悲鸿几度南下，在广州均住在中华书局贵宾室（郑家聪任广州中华书局经理），在香港则住在郑氏跑马地山村道的住宅，在澳门下榻沙嘉都喇贾伯丽街郑大哥的寓所。

20 世纪 30 年代，由于交通不发达，北方人士往广西桂林，一般都先到香港，然后乘船去梧州，再转乘木船经阳朔抵桂林。1935 年 11 月 22 日，徐悲鸿再抵香港，两天后，由郑氏兄弟安排，前去拜访仰慕已久的李铁夫先生。徐悲鸿为李铁夫油画肖像技巧造诣之高超所倾倒，推崇备至，认为："这样的好作品，只有在西方才能看到。"

1937 年 5 月初，徐悲鸿应香港大学之邀再抵香港，亲自筹划了在冯平山图书馆举办的个人画展。徐悲鸿接受了记者访问，纵论我国近代艺术时说："艺术是与生活的表现有关联的，研究艺术不能离开生活不管，从古昔到现在我国画家都忽略了表现生活的描写，只专注于山水、人物、鸟兽、花卉等，抽象理想，或模仿古人的作品，只是专讲唯美主义。当然艺术最重要的原质是美，可是不能单独讲求美而忽略了真和善，这恐怕是中国艺术界犯的通病吧。广东自明代始，艺术已经是十分地发展，不过也是犯了这通病，忽略了生活的表现。只是有一位去世多年的苏六朋作家，所作的画有些是以生活为题材的，他绘的瞎子或乞丐，都是表现生活的作品。不过他死后，以生活为题材的作家简直可以算没有，都是些花草鸟兽人物等抽象理想的作品，与实际生活毫没关系，而流为贵族化，而从来没有一位作家能把广东精神描摹出来过。广东人民的坚忍、勇敢、刻苦的种种美德也从没有人把它在画上表现过……”（《对中国近代艺术的意见》）徐悲鸿的画展只有八天，可是，他的言论却引起了广东画人的不满。

翌日（5月12日），香港《工商日报》发表了徐悲鸿谈艺术的报道后，香港青年画家、《珠江日报》的校对员任真汉（1907—1991）在广州美术界的支持下，于《珠江日报》撰文批评徐悲鸿的作品。同时，徐悲鸿的油画作品，也受到比自己大二十六岁的李铁夫的批评。

徐悲鸿没有对李铁夫和在报刊上撰文批评自己的任真汉产生情感的隔阂，而是十分尊重李铁夫的意见。5月18日徐悲鸿乘“泰山号”去广州前致六弟郑子展一函，内中对李铁夫的油画成就倍加称赞，更对李铁夫的生活关怀备至，并附上港币一千元，托人将款分期接济近七旬的李铁夫，叮嘱：“勿道出款的来源……为国惜才，大家应善视之。”

1937年10月，徐悲鸿邀请李铁夫和早年学画于加拿大的余本，还有王少陵，同游桂林。其后，徐悲鸿与任真汉也有进一步的交往。这就是一代大师的崇高风格。

近代中国画坛上两块“大石头”——齐白石和傅抱石，都经过徐悲鸿的搬动，一个说：“生我者父母，知我者徐君也。”一个说：“没有徐悲鸿就没有我傅抱石。”

1930年7月，徐悲鸿应江西省著名画家孙墨千先生之邀游庐山，慕名者纷纷求见。此间他看到正在失业的傅抱石的作品，感到他大有发展前途，尤其得知傅抱石的自学精神，从他身上看到自己学艺的影子，进而感动了，决定亲自走访贫穷的傅家。这让傅抱石夫妇受宠若惊。

徐悲鸿建议傅抱石出国留学开阔眼界，在艺术上更上一层楼，中国画坛需要创新人才。这对常为柴米发愁的傅抱石来说，简直是梦呓狂想。于是徐悲鸿由时任江西省教育厅厅长蒋笈（大川）先生引见，见到了江西省政府主席熊式辉——徐悲鸿一向厌烦奔走权贵，可是为了中国美术界多增加力量，也只好不顾其他了。

熊式辉彬彬有礼地接待了他。徐悲鸿开门见山、直述来意，向他推荐江西一位难得的人才，要送他出国留学，说这个人才将来会成为鼎鼎大名的画家，能对中国做出不平凡的贡献。熊式辉为难了，开始推辞留学名额太少。徐悲鸿就告诉他说：“像傅抱石这样的人才就更少，又是你们江西省的人才。”一个政客对利弊的权衡比任何人都敏锐。熊式辉不作直接回答，却转而恭维起徐悲鸿了，又进而表示渴慕徐的画名，接着提出第二天备席相待，最后干脆求一幅奔马拱璧了。徐悲鸿也摸清了对方的心思，即痛快答应，因时间紧迫，吃饭就不必了。熊式辉高兴得亲自派车送徐悲鸿回旅馆。

次日，徐悲鸿将带在身边一幅裱好了的奔马图，派人送到熊府，并附一信，请熊式辉赠给傅抱石一千元，助他赴日本留学。

傅抱石终于实现了留学日本的梦想，这对他未来的成就起了重大作用。

1935年，傅抱石学成归国，曾与徐悲鸿一同任中央大学艺术系教授，后来果然成为名扬国内外的中国画大师。

1959年，傅抱石进京为人民大会堂创作《江山如此多娇》一画时，见到裱画工刘金涛，傅抱石说：“刘金涛，你是徐悲鸿先生提拔起来的穷人出身的裱画工。你知道我吗，我以前也是经徐先生器重和帮助才有今天的啊！徐先生去世以后，你常去看望徐夫人吗？你见着徐夫人廖静文请先代我问个好吧！”

徐悲鸿帮助其学生吴作人、滑田友、王临乙、吕斯百、张安治、陈晓南出国留学，更是无私，只要是他看准了、认为值得去帮助的，根本不去考虑个人的恩报，完全是为了给国家培养人才。事实证明，他们留学归来，几乎都成了中国一流的艺术家和教育家，并成为徐悲鸿的得力助手，共同战斗在民族美术教育的阵线上，并且为此献出了一生。

1930 年，吴作人是中央大学艺术系的旁听生，由于他接触了一些左派人物而被学校怀疑，被取消了旁听资格。他找到了徐悲鸿。吴作人是徐悲鸿在南国艺术学院看准了有特殊才气的学生。徐悲鸿让这个贫寒出身的学生到家中亲自教授，成了自己的得意门生。

经过向学校交涉无望之后，徐悲鸿决定让吴作人出国学习。可是申办出国留学护照必须有大学毕业文凭。徐悲鸿让他去找田汉，请他帮助办理一张南国艺术学院的毕业文凭。徐悲鸿又帮他买了一张便宜的船票，让他由上海起航了。

吴作人先在巴黎国立高等美术学院就读，慢慢地由于经济无着落难以维持下去，只好写信给恩师徐悲鸿求援了。徐悲鸿立即托人设法办理比利时皇家美术学院的奖学金，从而使吴作人以优异成绩顺利完成了在国外的学习。不出所料，吴作人后来成为举世闻名的艺术家和教育家，继徐悲鸿、江丰后接任中央美术学院院长，担任中国美术家协会主席之职务，是徐悲鸿艺术坚贞不渝的继承者。

滑田友的留学经历更是特殊。一个贫困的农村青年，喜欢雕塑，刻了一个木雕男童头像，写信给徐悲鸿。然后就来到了徐悲鸿身边，得到徐悲鸿的推荐，到著名雕塑家江小鹣的工作室当助手，参与塑造过孙中山先生雕像。

徐悲鸿观察到滑田友确有献身雕塑事业的决心，于是借 1933 年率团赴西欧举办中国画展之机，出路费带滑田友去了巴黎，帮助他开始半工半读的学习生涯。滑田友与我国著名的音乐家冼星海同住一间小阁楼里，互相支持鼓励，终于都学成回国，为国争光。

我们再说一下徐悲鸿在中央大学艺术系教学期间，对两位高足王临乙和吕斯百出国深造的帮助。

王临乙与吕斯百二人均属江苏籍，按理说出国留学只能在江苏省申请名额。可是当时江苏省名额已满。1928 年，徐悲鸿受福建教育厅厅长黄孟圭之约，前往创作《蔡公时济南被难图》大幅油画。完成后，省政府要付酬金，徐悲鸿不要，提出给一出国留学名额，省政府即刻答应。为此名额吕斯百与王临乙互相谦让，他们的行为深深打动了黄孟圭先生，毅然决定给两个名额，让吕、王二人都去留学，一个学油画，一个学雕塑。此举是破全国各省之常规的。

这让我们深切体会到黄孟圭爱才与徐悲鸿诱掖后进的诚心，他们都是站在国家利益之上为中国美术事业输送人才的功臣。

王临乙后来成为徐悲鸿在教育界的得力助手，又是一位著名雕塑家；吕斯百则一生献给了中国的教育事业。

现在要说说徐悲鸿对蒋兆和的帮助，以及抗战期间因蒋兆和一段在思想深处的错综复杂关系所引起的难以分辨的评论。（蒋兆和先生是我的老师，1949 年底至 1950 年底于中央美术学院亲自教过我。作为后生学子，我来评说这一段历史实在落笔不易，可是这一环节又是回避不了的。）

蒋兆和（1904—1986），生于四川泸州，幼时随父学字读书、学习国画，十六岁后沿江东下，流落至上海滩。在上海经常处于失业状态，生活艰难却发愤苦学，自学素描、油画、雕塑、图案、水墨写生，以及广告、服装设计等，并教学，从而练就了一身本领。

1927 年，徐悲鸿从法国返回抵沪，蒋兆和慕名相投。徐悲鸿很器重他的艺术才能，深感他所学之不易，而且与自己成长所走的奋斗路程极其相似，同情之心油然而生。徐悲鸿毫无保留地指导他，启发他，将所藏各种世界名画画册予之翻阅，并对他阐述自己的教育思想和对中国画改革的意见。蒋兆和本来就是一个对艺术极其敏感和有灵性的人，他能够充分理解徐悲鸿的教导，并能进一步去琢磨、去实践。因而他在素描的基本功上，在色彩规律的锻炼上，成绩突飞猛进。1934 年，蒋兆和又得到在徐悲鸿南京寓所长久居住的机会，可以说蒋兆和当时获得了得天独厚的待遇。最后他在国画人物创作上，完全沿着徐悲鸿

徐悲鸿　《蔡公时济南被难图》　画稿　1928年

的艺术道路向前发展了一步，真可谓青出于蓝而胜于蓝了，意义重大。

以前我从未见过蒋先生的油画。1988 年在北京期间，朱乃正教授让我看他正在修补的一幅油画。画着一个青年学徒的半身写生，我脱口而出说是徐悲鸿老院长的，结果错了，是蒋兆和 30 年代在南方的作品。从笔法到色彩的组织，完全是徐悲鸿的技巧表现，可见蒋兆和当年的钻研精神，是何等忠实于徐悲鸿的指导，简直达到乱真的地步。

抗战爆发后，徐悲鸿去了大后方，而蒋兆和却留在了北方，最后定居北平。他画了大量下层社会的人物水墨画，其倾向性是明朗的。然而，他于 1941 年开始构思、1943 年完成的巨幅长卷水墨人物群像《流民图》（原称《群像图》），1943 年 9 月底参加了由伪政府的“中国生活文化协会”、华北政委会情报局及新民会中央总会主办的展览，于北平太庙展出。刚展出一天即被日本宪兵勒令禁展，声称展地太暗。事隔数月，作品在上海展出，之后又去了日本展览。

怎料创作《流民图》期间，蒋兆和却得到伪官员殷同的支持与鼓励（大作未完成，殷同已故），《流民图》迎合了日寇提出的“大东亚共荣圈”的阴谋要求，因而获殷同、储小石和金璧辉的妹妹金默玉等前后资助三万元。事实上，蒋兆和对国家、对民族充满忧患意识，这就构成了一个复杂费解的局面。

《流民图》里所表现出的铁一般的事实证实了蒋兆和的艺术倾向性：流离失所、无家可归的逃荒人群，躲避空袭的惊慌失措，卖儿卖女、妻离子散的苦难，知识分子的穷途末路……这都是艺术家笔下无法掺假的创造。

蒋兆和万万料想不到，正当国家被外族侵略之时，他自己政治上的幼稚妥协、社会生活的压力以及艺术的纯真等种种因素，形成了一种千言万语解释不清的复杂的艺术现象。

抗战胜利后，他肩上就背起了这副既伟大又麻烦的艺术的重担，人更瘦了，背也开始弯了。在徐悲鸿先生面前说不清，在1949年后的历次政治运动中更说不清。虽然人们站在《流民图》前都会被感动，包括徐悲鸿曾骄傲地将《流民图》图片带到苏联去给那里的艺术家宣传。可是另一面，对这件艺术品产生的复杂过程，谁也不敢说话了，矛盾至极，不可理解至极，现实又是真真切切地存在着。

为此，蒋兆和去世时，留下遗嘱不开追悼会，他知道自己留给世上一件“谜”——《流民图》，连他自己也不愿去解释、去辩白、去说清。

再说抗战胜利后，蒋兆和穷困潦倒，一家大小等米下锅。1946年他见到老师徐悲鸿了——老师虽然支援过他，但只能救急而不能补穷呀！

这样，不可避免地有人会将蒋兆和在日伪时与汉奸们的来往告诉徐悲鸿，何况徐悲鸿又是个疾恶如仇的人，是个民族感情极重的人，尤其在抗战胜利之初。

徐悲鸿曾为蒋兆和的处境痛心至极，同时他又善良宽容，常常在生活上救济他，当面不给他难堪。

当时的蒋兆和就像他所创作的《流民图》中的人物一样，是从那幅画上走下来的一个贫困无望的知识分子。一天，他无精打采地从胡同里走过，迎面走过来黄警顽先生。他看到蒋兆和的样子，叫住了他，建议他带《流民图》去见徐悲鸿。当他鼓起了勇气将《流民图》在徐悲鸿先生眼前展开时，徐悲鸿震惊了。一位热爱艺术如生命的人，一眼看出蒋兆和没有失去作为一个中国人的民族感情，蒋兆和另一面的真实情感是可信的。他更惊喜于蒋兆和在中国人物画的笔墨上，巧妙结合西画造型的水乳交融的功夫。徐悲鸿控制不住自己的喜悦。但是徐悲鸿思考再三，还是没有聘请蒋兆和到国立艺专任教——其实蒋兆和是徐悲鸿心中在中国人物画教学上最理想的人选。徐悲鸿和蒋兆和都是有苦难言，无奈至极。

因为此时正遇上徐悲鸿大刀阔斧改建国立艺专，一场改革与反改革的殊死斗争如火如荼地展开了。有人正操纵掀起“倒徐”“驱徐”事件，加上中国画界的保守力量向徐悲鸿投出“摧残国画的罪人”的明枪暗箭，此时，徐悲鸿不能再在蒋兆和身上招惹是非。徐悲鸿只有等待在那场论战中旗开得胜之时，方敢决定蒋兆和的去留。

最后只能让蒋兆和到艺专兼课。直到 1950 年初中央美术学院成立时，才正式聘请蒋兆和为教授。那正是我受教于他之时。他温和，他枯瘦又吸纸烟，他言语少、声音低，只顾教学。

世界上的事物，有的黑白分明，有的就是不分明，甚至像掺入不少灰色让你难解难辨。现代中国美术史上蒋兆和的《流民图》就使人们难解了几十年。虽然画册出版了，叫好的文章也写了，但是至今依然是个悬案。

《流民图》成就了蒋兆和，也差点害了我的老师蒋兆和。

关于对平民画家赵望云的支持，是从1936年在南京举办“赵望云旅行印象画展”开始的。徐悲鸿不只为画集题签，并特写一篇评论文章《专写民瘼之赵望云》，发表于1936年2月14日北平《华北日报·艺术周刊》第23期上。徐悲鸿勉励赵望云关注民生，选取有意义者描绘；称其作品笔法生动，无八股气，对赵望云日后的艺术创作产生积极影响。

未料想在1947年间，竟生发出一件可赞的故事。徐悲鸿由重庆到北平主持国立艺术专科学校，有一位赵望云的穷学徒韦江凡，持赵望云写给徐悲鸿的介绍信，由西安来北平，要投考国立艺专，可惜招生考期已过。徐悲鸿看了韦江凡带来的一卷画，又看到这位衣衫不整、远途孤身为艺而来的青年人，心生怜悯，便留他在教具组做刻蜡版工作。

此时，正处在徐悲鸿夫人廖静文接近生产期间，急需购一居所，更需款项。

徐悲鸿思考再三，决定将一批水墨作品包好，嘱韦江凡回西安交赵望云，想办法尽快出手，再将款带回北平。重责压身，韦江凡担惊受怕抱着那批画卷（80幅），挤在人群中，乘火车不敢合眼，两天一宿，终于回到西安，将徐悲鸿校长的重托交给了老师赵望云。

这种不言而喻的情谊和信任，对赵望云说来是义不容辞的责任，他利用在当地的名望和交际，千方百计将这批作品尽量高价出手。时局动荡，物价飞涨，赵望云督促韦江凡不要让买主延缓付款。他们可谓神速而顺利地完成了这一重任。

可怜韦江凡带着这笔不轻的钱财——数千万法币，抱着舍命的决心，在兵荒马乱、时局不安中，顶着天大的风险，终于平安回到了徐校长身边。

当年北平东受禄街徐悲鸿故居的购置，肯定得益于西安这笔收入。

后来赵望云成为长安画派创始人。韦江凡成为绘马著名画家。

每想到此，深感其中有一股浓浓的恩情。

徐悲鸿在 1942 年对延安青年、版画家古元的评价，更表现出他尊艺爱才的性格。

1942 年秋，徐悲鸿在重庆参观“全国木刻展”后，发表了一篇评论。他说：“毫无疑义，右倾的人，决不弄木刻（此乃中国特有之怪现象）。但爱好木刻者，决不限于左倾的人。我在中华民国三十一年十月十五日下午三时，发现中国艺术界中一卓绝之天才，乃中国共产党中之大艺术家古元。我自认不是一个思想有了狭隘问题之国家主义者，我惟对于还没有二十年历史的中国新版画界，已诞生一巨星，不禁深自庆贺。古元乃是他日国际比赛中之一位选手，而他必将为中国取得光荣的。”接着，他表扬以李桦为首的二十名木刻作者后说：“古元之《割草》，可称中国近代美术史上最成功作品之一。”

当时，这篇短评对重庆的国民政府，简直像一把刀子迎面刺来。谁敢在虎口拔牙，谁又愿意去捅马蜂窝？徐悲鸿心里也应该清楚当时的形势，何必冒这个风险，文章又何必那么刺激。

当然徐悲鸿自己也说过：“人家往往批评我誉人太过，但是我心中却有个分寸。如一人或一物不值得赞美，我就不响；如有一人怀一艺，达到前无古人，我便喜欢加重语气赞扬他，像二十年前我写过天津泥人张一例。”又说：“我讨厌温吞开水式的评奖，反正我的言论我自己负责。”

果然，这次招来了国民党宣传部张道藩组织文章攻击，之前劝徐悲鸿屈从，可是徐悲鸿毫不理睬，决不舍弃真理而去屈服权势。只要在中国是真正好的艺术，他是不管哪个党派，必照样赞赏之。

从这里我们看到了徐悲鸿为艺术不顾一切的精神，同时我们不能不佩服他慧眼识英雄的准确和大胆。那时古元真正的代表作尚未出世，《割草》等只是初期作品。

1950 年古元进京，徐悲鸿即刻请他到家中，又不容分说地邀请古元到学校任教。

正是此时，学院有一次填表格，内中有一栏“个人专长”。徐悲鸿犹豫了半天，最后填上“能鉴别中外古今艺术之优劣”，多么朴素的一句话。

徐悲鸿胸怀五湖四海，具有超人的凝聚力。在中央大学艺术系任教期间，他团结了大批艺术家，他们互相交流、互相支持。徐悲鸿为大家的画册写序言、为画展写评论，张书旂为了来中央大学与徐悲鸿共事而放弃福建厦门集美学校的任职，徐悲鸿尊他为“画伯”；而对女画家潘玉良，徐悲鸿则著文称之为“巾帼英雄潘玉良夫人”。颜文樑、高剑父、陈之佛、张聿光、张大千、李瑞年、黄君璧、秦宣夫、陈树人、常书鸿、庞薰琹、常任侠、谢稚柳、傅抱石、赵少昂、唐一禾，还有汪亚尘，等等，都是徐悲鸿诚心的朋友和合作者。

抗战胜利后，徐悲鸿再也不重蹈1928年单枪匹马赴北平的覆辙了。1946年，徐悲鸿与一批中国画界的精英和生力军一起回到了北平，与以齐白石、李苦禅、王青芳为首的志同道合者会师。再加上1949年后由延安鲁艺合并的精华，可以说全国美术界的主要力量都团结在徐悲鸿的周围。当时在中央美院执教的中国画家有齐白石、黄宾虹、李苦禅、李可染、蒋兆和、叶浅予、王森然、王青芳、于非闇、刘凌仓、李斛、宗其香、萧淑芳、罗铭、何海霞、田世光、寿石工、黄均、陆鸿年、李琦、黄养辉、卢光照、刘力上、康寿山、韦江凡等；油画家有吴作人、李瑞年、冯法祀、艾中信、倪贻德、孙宗慰、李宗津、董希文、文金扬、宋步云、王式廓、罗工柳、胡一川、齐人、戴泽、韦启美、梁玉龙、林岗、冯真、邓澍、矢崎千代二以及吴冠中（1947年留学法国，1950年回国，在美院任教，1952年院系调整调清华大学建筑系）；雕塑家有王临乙、滑田友、曾竹韶、王丙照、王合内、邹佩珠、傅天仇、王静远、司徒杰；实用美术方面有庞薰琹、雷圭元、吴劳、梅健鹰、孙昌璜、徐振鹏、周令钊、陈碧茵、高立芳、叶麟趾、叶麟祥、郑乃衡、张光宇、张仃、高庄；版画家有李桦、陈晓南、夏同光、古元、彦涵、黄永玉、王琦、伍必端等；

美术史论家有常任侠、王逊、蔡仪、王朝闻、艾青、朱光潜、沈叔羊、丁井文、金维诺等；另外有法文教师沈宝基，英文教师范志超和 Simos 女士，俄语教师毕慎夫，还有陶瓷科一些教授专家。教学队伍可谓壮观，可想徐悲鸿在当时的心情是多么兴奋。这也是我们经常怀念的中央美术学院的“黄金时代”。

在徐悲鸿一生中体现的伯乐精神，是难以一一述说的，而且他对其他艺术家甚至包括曾反对过他的画家的尊重与爱护也是说不完的。

1931 年，李苦禅作了一幅《豆荚》大写意，获得他的老师齐白石赞赏。有一天，正遇上徐悲鸿来访，齐白石老人将其展示出来。徐悲鸿惊叹其用笔之有力、意境之高超、设色之妙雅，誉为神品而求收藏。之后十几年这幅画一直伴随在身边。后来徐悲鸿陆续收藏他的作品多幅，并预言“白石翁之后笔墨运用当推李苦禅为最”。

1950 年以后，由于文艺政策的狭隘，花鸟写意被视为不能反映现实斗争生活，学校不予李苦禅教授排课，使他一家人生活困顿。徐悲鸿看在眼里，却难以扭转局面。他知道李苦禅夫人李惠文学过医科，即建议在学校医务室安排工作，以解燃眉之急。

1937 年，冯法祀按照老师徐悲鸿的旨意，从南京国立中央大学艺术系毕业后，即跟随演剧队奔赴抗日前线，去表现广大劳苦大众的生活和抗战军民奋战的事迹，因而获得徐悲鸿的赞扬。1942 年，徐悲鸿在重庆成立中国美术学院，冯法祀被聘为副研究员，后来他继续深入抗战第一线。

1946 年，冯法祀在昆明举办抗战写生画展，未料闻一多、楚图南、赵沨、洪深、陈白尘前来参观，闻一多主动为画展主持座谈会，他说：“很多画家多半画画静物，真正到前线去画的凤毛麟角。冯先生的画反映了生活，难能可贵。”接着洪深说：“戏剧往往是第三幕才进入高潮，而他的画一下子进入了高潮。”会后闻一多让冯去他家，谈知识分子与人民的关系等。未料，7月冯法祀在重庆举办画展时，忽然听说闻一多被害。

徐悲鸿对冯法祀的器重，恐怕也在于此，因而冯法祀一直跟随老师左右，直到老师逝世。

抗战结束徐悲鸿来北平重新建校时，见年轻教员田世光的工笔花鸟很有新意，喜在心头。他不只收购其作品，与之合作，当见他衣衫单薄，便将自己的毛衣脱下给田世光，并聘请他教学。这给田世光莫大的鼓舞与支持。果然在工笔花鸟艺术领域里，不愧徐悲鸿的眼力，继于非闇之后，非田世光莫属了。

1942年在重庆一个画展上，一些程式化的山水花鸟画被人订购贴了红条子。徐悲鸿来了，也订了四幅，选择的是表现生活、有人物的作品：梅健鹰的《嘉陵江纤夫》、谭勇的《忍看孤小对凄怆》和《征衣密密缝》以及李可染的《牧童》。当这四幅画挂上徐悲鸿订购的红条子后，引起观众强烈反应，不少人要求复制这四幅作品。这里完全能看出徐悲鸿的心意，并非这几幅人物画在艺术上如何成熟，也不是徐悲鸿多么富裕，而是表现了鼓励与提倡人物画这一崇高的目的。

徐悲鸿对中国新兴木刻版画一直是关心的。在这支队伍里，尊李桦为首，徐悲鸿不止一次著文评论。抗战胜利后赴北平重组学校，他马上给李桦去信，欲聘请同往。在他的思想深处，未来的美术教育阵地上，版画是要建系的，这与后来江丰的思想不谋而合。

1947年，李桦在北平画了一组《天桥人物》写生，被徐悲鸿看到，他拍案叫绝，爱不释手，写文赞扬：

李桦《天桥人物》跋

几个南腔北调人，各呈薄技度余生。
无端落入画家眼，便有千秋不朽情。

这是我们当时人人皆知的传闻，并且在礼堂的教师画展上，徐悲鸿也亲自在李桦的画前指教过我们。据说，最后徐悲鸿还收藏了其中几幅《天桥人物》画，现藏于徐悲鸿纪念馆。

日本一位色粉画家矢畸千代二，曾走遍全球，晚年旅居北平。抗战胜利后，他痛恨日本军阀，更痛恨日本令邻国遭殃，尤其对中国的侵略使他无比悔恨，因而他不愿返回本土。徐悲鸿怜其为人之正直，一生又宗印象派色彩，并对自己的教育主张极为赞成与敬佩，决定留用于国立北平艺专任教。不幸因年老多病，矢畸千代二 1947 年卒于北平市第三医院，终年七十七岁。徐悲鸿以诗挽之：

粉笔斑斓数百枝，纵横世界搜瑰奇。
天教终古和平地，吸得和平作者依。
莫奈毕沙罗光彩，启秘东亚亦有人。
飘零未负百身年，留得精灵千纸在。

矢畸千代二的色粉作品全部捐学校保存。“文革”后，国内尚没有出售作品意识，中央美术学院将这批遗作全部无偿地赠送日本。

李可染曾对我的师兄骆拓说过：“我不是徐悲鸿先生直接的学生，我是杭州艺专毕业的，但是悲鸿先生给我的教育和影响比我所有的老师都深刻动人，我敬他若师长。我有今天，和悲鸿先生的关怀提携是分不开的。”

抗战时期，在重庆的李可染还是画西洋画的青年画家。有一次举行水彩画个人展，竟想不到闻名遐迩的大师徐悲鸿先生亲自跑来观看，买了他的画，还提出来以自己的画和李可染的画进行交换。李可染说："我简直不敢相信自己的耳朵了。"惊喜之余不知所措。这种鼓励和鞭策是难能可贵的。果然，第二天徐悲鸿亲自带着自己的画来跟李可染交换了。

另一次在重庆专为几位青年画家办展，其中也有李可染的画，徐悲鸿亲自将他的画挂在进门处，并在画上贴了一个大红条，写着"徐悲鸿定"。徐悲鸿这种诲人不倦、体贴入微地关怀青年一代的精神深深地感动着李可染。

因此李可染说："抗战胜利后，当时杭州艺专给我发了聘书。悲鸿先生要去国立北平艺专任校长，也给我发了聘书，我当然毫不犹豫地随悲鸿先生去北平了。因为我看到悲鸿先生爱惜人才，胸怀宽阔，善于理解人、体贴人、团结人，为复兴中国的美术事业兢兢业业、不辞辛苦、披荆斩棘的崇高精神，所以钦佩他，愿意和他同舟共济、共同奋斗，贡献自己的力量。"

李可染先生这一番言谈，是很有代表意义的，言简意赅，非常可信。这正如吴甲丰先生曾说过的：徐悲鸿没有宗派，他爱才，把人团结在他的周围，是一种艺术上的凝聚力。

1995 年我在美国休斯敦，接朋友电话，说叶浅予去世于北京，一时控制不住自己的眼泪，哽咽得说不出话来。十年前，我在北京中国画研究院参加一个座谈会，叶浅予先生走了过来，拉着我的手坐在我旁边，好像有话要对我说。我们虽然都住在北京，但很少见面。可是散会后我们匆匆分手离去，从此再也没有见面。

下面说说徐悲鸿与叶浅予的关系。

早在 20 世纪 30 年代初，叶浅予和几位朋友一起去苏州和南京旅游，在南京由邵洵美建议去南京中央大学艺术系拜访在那里任系主任的徐悲鸿。

未料，初次见面，徐悲鸿给叶浅予留下了狂傲自大的印象。由于话题谈到了素描，徐悲鸿认为中国画的革新必须舍弃代代相袭的临摹，而要从素描写实入手……叶浅予听了很不舒服，心想徐悲鸿未免把中国画看得太简单了，自己虽然不是中国画画家，对素描也未能掌握，但不见得就走不出一条路来。总之，这次相遇，徐悲鸿给叶浅予印象不佳。而徐悲鸿是说者无意，还蒙在鼓里，毫无察觉。

他们再次相见是 1944 年 5 月 4 日在重庆中印协会举办的叶浅予“旅印画展”上。当时，叶浅予用中国笔墨从速写入手画了一批印度人物和舞蹈作品。徐悲鸿应邀参加了开幕式，与叶浅予一见如故，表示祝贺，并当场订购了两幅舞蹈作品。不久徐悲鸿又请叶浅予到家中看画，并说：“你喜欢什么画可任选一幅。”叶浅予高兴地选了一幅《烈马图》。这些使叶浅予十分感动。

从年龄上说，徐悲鸿比叶浅予年长十二岁；从资历上说，徐悲鸿留学法国巴黎高等美术学院，又是中国美术教育界的头面人物，而叶浅予从未进过美术学院，是个自学成才的“海派”画家。徐悲鸿于 1946 年重返北平组建国立北平艺专教学班子时，竟破格邀请叶浅予任教授。尽管有人嘲笑他是“王先生当教授”（叶浅予曾创作漫画《王先生》），但是叶浅予走上了讲坛，并在这所全国最高美术学府中任教了三十六年，成了名副其实的教授、一代国画大师。

在以后的年月里，叶浅予与徐悲鸿之间也出现过误会。如在 1947 年轰动京城的新旧国画论战中，由于叶浅予自己与北平一些老画家早就相识，让他站出来批评某一方是绝对不可能的。他也以自己刚由美国归来为由，谢绝了双方的劝战，更没有写文章表态。这引起了双方的不满。

后来，叶浅予在国画科任教一年即被调图案科任主任。这使叶浅予苦不堪言，因为他对图案既不精通又不感兴趣，于是他不由得暗暗埋怨徐悲鸿“乱点鸳鸯谱”（后来叶浅予一直是中国画系主任）。

但是叶浅予与徐悲鸿又有相投的机缘。1948 年因平津战役，南京政府命令南迁，徐悲鸿在学校里召开了校务紧急会议。叶浅予出席了这次会议，并在会上对徐悲鸿说：“作为一个艺术教育家来说，应该以艺术教育为主，国立艺专需要你，你不能走，你可以以这个理由来拒绝南京政府的南迁令。”这使徐悲鸿深感意外——叶浅予竟如此坚决地为自己出谋划策。

后来，徐悲鸿任中国美术家协会主席，叶浅予被任命为副主席兼秘书长；中央美术学院成立，徐悲鸿任院长，叶浅予任国画系主任。无论从哪方面讲，徐悲鸿都是叶浅予的顶头上司，叶浅予不能不赞叹徐悲鸿是现代美术教育史上的一位杰出教育家。在中国美术事业中，徐悲鸿爱才，也善于发现人才、培养人才和提拔人才，这个功劳无论如何不能抹杀。

当然，使叶浅予尤其不能忘记的是 1948 年 2 月 13 日，徐悲鸿发表在天津《益世报》上的《叶浅予之国画》，赞扬之词充满全篇。徐悲鸿分析了叶浅予由漫画步入国画之重要成因，肯定了叶浅予长期以漫画家视角捕捉物象之特殊性格并予夸张的能力，又具备能扼要地对物象取精华、弃糟粕的手段，加上叶浅予千万幅生动的速写，从而造就了他。最后，徐悲鸿在文章结尾语重心长地写道：“中国此时倘有十个叶浅予，便是文艺复兴大时代之来临了！”

其实徐悲鸿重视叶浅予，主要是因为他大量的速写作品。速写，即快速写生，是属于素描写生范畴之内的事。这完全符合徐悲鸿的艺术主张。叶浅予在熟练掌握中国画笔墨后，加上自己超人的速写技艺，必然创造出一批具有特色的作品，徐悲鸿不兴奋、不赞扬是不可能的。

徐悲鸿最善于团结画家，而且都是发自内心的，因为中国的美术事业不是少数人所能肩负得了的。甚至曾经反对过他、与他论战的一些画家，他也从来不记恨在心。

1949 年前，徐悲鸿只要接到各位画家举办画展的请柬，必前往参观，他非常尊重艺术家的艺术劳动。一次，吴幻荪画展在中山公园举行。可能因为时间关系，徐悲鸿担心误期，就抓紧时间赶去参观，顺便由刘金涛一起陪着。在车上徐悲鸿对他说："金涛，今天你请客。"刘金涛连声回答"好，好好"。可是他心里发慌了，身上只有几个钱，这顿饭怎么请呀。到了中山公园门口，徐悲鸿说："那里不是有卖烤白薯的吗，你去买它几个，咱们吃就行了。"就这样，他们两个人坐在公园走廊的长凳子上吃了起来，吃完了去看画展，而且那次徐悲鸿还订了数张画。这是多么平易近人的画面，又展现了多么感人的胸怀。

徐悲鸿接到胡佩衡先生的画展请帖，也照样前往参观。有人对他说："人家反对你，为什么还一接到请帖就去呢，还订购人家的画?"徐悲鸿是这样回答的："不能那样看问题，观点是观点，同行是同行。"

徐悲鸿对穷苦画家非常关心。王青芳先生 1949 年后生活更加困难。他既以刀代笔刻了不少木版画，又画一手大写意。可是人太纯真，生活一直处于清贫之中。徐悲鸿不止一次亲自带上自己的画，都不落款，到北池子七十八号王青芳家里去探望。见了面问长问短，再极其耐心地观看王青芳拿出来的一叠一包的画，他心中为一位多才多艺的画家走向潦倒而惋惜。时代的冲击，一时使中国花鸟画家处于无出路的茫然状态，徐悲鸿也很无奈。他着急，他痛心，可又无能为力。

寿石工是位有成就的金石家、古典文学专家。在 1947 年轰动一时的国画论战中，寿石工是名副其实的反徐派。但是徐悲鸿宽宏大量、气度非凡，请他到艺专教篆刻和古典文学课。在当时的教师队伍里，反徐派不止一二人，徐悲鸿绝对将观点差异与学术高下相区分，只要不误教学授业，依然以诚相待。

我们也都亲身感受到徐悲鸿爱艺术是由衷的，是控制不住自己感情的。

1949 年，学院里第一次展览延安鲁艺师生创作的艺术作品。当徐悲鸿在古元、彦涵等人的木刻版画前，向我们讲解其艺术性的高超时，那种兴奋而天真的表情，真是半点架子也没有，完全与我们一批青年学子一同分享了。我永记不忘他站在王式廓那幅极小尺寸的套色木刻《改造二流子》前，向我们分析构图、人物巧妙的处理、色彩的精练搭配，竟将其与西班牙古典大师的作品相比较；同时，将彦涵的一幅木刻《审讯》赞扬为“经典”。

1949 年末，国立北平艺专与从解放区来的华北大学三部美术系合并，成立国立美术学院。1950 年 1 月，正式定名为中央美术学院。徐悲鸿任院长，党组代表由胡一川、罗工柳、王式廓、王朝闻、张仃五人组成。徐悲鸿与他们接洽后，根据对来者的交谈印象，最后定王式廓为正教授，胡一川、王朝闻、张仃为副教授，却对罗工柳只定了个讲师。虽然当时大家对职称并不在意，但是将罗工柳定为讲师，无论如何有点诧异。文化部领导周扬担心罗工柳为此与徐悲鸿合作不好，询问罗工柳是否有意见，罗工柳一再表示不会影响今后的工作。

1951 年，美术学院教师分工创作革命历史画，罗工柳首先创作完成了《地道战》和《整风会议》两幅大型油画。罗工柳绘制期间，徐悲鸿由艾中信教授陪同前往观摩。徐悲鸿站在画前惊讶了。他赞扬《地道战》中人物的布局和准确生动的神情刻画，尤其是那穿红色衣服的女民兵，在画面中倍加突出。他赞不绝口。事后，罗工柳的职称被提升为副教授。

1952 年罗工柳随代表团赴朝鲜前线。徐悲鸿由于重病在身，教学又需要加强，便请求罗工柳从朝鲜调回学院，负责绘画系的组织工作。很明显，徐悲鸿逐步地对罗工柳重视起来了。后来我们这些学子淘气到一看谁的画面上出现红色，就学着徐院长大叫：“好，好，这块红摆得很好。”

美术理论权威王朝闻先生，直到九十多岁时，一提起徐悲鸿，就竖大拇指。他曾一口四川乡音地告诉我说：“徐悲鸿爱才呀！1950 年我刚出版了那本《新艺术论》，送给他一册请指教，他高兴得马上要给我提为正教授。”

1952 年，徐悲鸿看到赵望云先生的学生、青年军人画家黄胄，看到一小幅彩墨作品《爹爹去打仗》，便一眼看出了作者的才气，马上要求学校负责人事的丁井文想办法调他来当教授。据丁井文亲口告诉我说：“徐院长不断地催我去办理，我打了无数报告，直到中宣部。结果你越要调，部队上越当成宝贝了，就是不给。”不出徐悲鸿所料，黄胄成了现代中国美术界一位耀眼的且闻名海外的大画家。

徐悲鸿在重庆时，看到自己的学生李斛、宗其香将西画的光色技法注入中国水墨画中进行探索，倍加赞扬与喜悦，最后将二人留校任教。

在福建第一届全省美展上，徐悲鸿发现陈子奋的篆刻艺术，所给予的表扬与指导，都充满了为国树人才的赤诚之心。后来他们之间的友谊一直延续到徐悲鸿生命终了。

广东杨善深到星洲办画展，正值徐悲鸿在新加坡。徐悲鸿为画展作序，并给予大力宣传，使画展获得成功。

徐悲鸿对民间艺术的支持与弘扬，更是前无古人的。他在天津走寻泥人张，在江西南昌走访民间雕塑艺人范振华，都不只是一种偏爱，而是为了中华民族整体的文化艺术。

20世纪80年代，我在中央美术学院带头创办了一个史无前例的“民间美术系”，奔波很久，终于学院通过了，文化部也批准了。谁料想当我退休后，即被改为“民间美术研究室”，而今也都消失了。我想如果徐悲鸿在世，他一定会热情支持我的，因为他的得意继承人吴作人院长就支持我建民间美术系，并主动为我题词：“从无到有，积少成多。”而今他已谢世了。

那么让我介绍一下，徐悲鸿是怎么赞扬剪纸艺术家陈志农的吧。

可能是1950年，比我高一级的同学王怀杰，山东人，大嗓门儿，大眼睛，山东人性格，谁见了他都会怕他三分。他的素描、速写受到过徐悲鸿、李桦和叶浅予先生的夸奖。他遵守徐悲鸿“笔不离手，曲不离口”的教导，口袋里总有一个速写本，走到哪里画哪里。记得在中央美术学院的文艺宣传队，他的“拉洋片”最突出。那是他在天桥画速写时听来的，学得颇有味道。中央美院文艺宣传屡次获大专院校文艺头等奖，很可能与他的“拉洋片”这个有特色的宣传形式分不开。

是王怀杰带着陈志农去徐悲鸿家的。王怀杰与陈志农相识，很可能是在天桥，因为陈志农的剪纸内容大部分是市民生活，包括天桥的各行卖艺把式。

徐悲鸿看了陈志农的剪纸，惊讶、赞赏、鼓励，亲自带到国外去宣传，又著文表扬，说：

> 陈志农先生的剪纸，寻常人以为平淡无奇，我却以为陈先生是今日中国艺术界代表人之一。因为他用民间艺术形式的剪纸工具，表现一个高级造型艺术的心灵，这在世界上任何地区也是少有的。

陈先生的剪纸题材，极其广泛，但以劳动人民为主；我所见的就有一百多种！去年我乘出国之便，带出五六十种，以示捷克、苏联的朋友，人人赞美，“有目共赏”是不虚的。

剪纸当然是一种小型艺术，但是陈志农先生的造诣，达到一大艺术家的程度，所以我极愿替他表扬。又陈先生蒙古血统，所以希望他可能将来成一新型的曹雪芹！

陈志农被引荐给徐悲鸿的这一情节，是1985年我出差西安，偶然遇见王怀杰时他告诉我的。

云南艺术学院吴德铭教授写有一篇《徐悲鸿与云南的美术教育》，文章中提到20世纪30年代到40年代初徐悲鸿对云南美术事业开拓者廖新学和袁晓岑的指导与培养事迹。

廖新学是云南富民县永定镇一位贫苦农家子弟，于1932年考入了南京国立中央大学艺术系，受业于徐悲鸿，从而打下了坚实的素描和油画创作基础。1934年，在廖新学赴法国求学前，徐悲鸿向他建议：去法国，最好学雕塑，中国很需要雕塑人才。

廖新学遵照恩师意见，于1936年2月以优异成绩考入巴黎高等美术学院雕塑专业。在以后的十年间，他的雕塑创作多次获巴黎沙龙金质奖、“沙龙之友”金奖、世界博览会银质奖，他被《巴黎报》英法文版赞誉为“欧洲最有影响的中国雕塑家之一”“中国美术家中的奇才”。

1948年2月廖新学回国，对云南美术教育事业起着龙头马首的作用。

袁晓岑也出身于农民家庭，喜爱美术，自学成才。1938年考入云南大学文史系，以卖画收入供给自己求学。1942年，二十七岁的袁晓岑闻知他仰慕已久的徐悲鸿来到昆明，就由朋友陪同带上自己的画作登门拜访了徐悲鸿。徐悲鸿鼓励他多画速写，多对实物写生，最好能画出雕塑感来，并将自己的速写本借给袁晓岑，让他带回家去慢慢琢磨体会。

有时徐悲鸿带袁晓岑一起出外写生，或者当面作画示范，使袁晓岑得以耳濡目染、心领神会。

袁晓岑后来成为一位国画家兼雕塑家、教授，是与徐悲鸿的直接指引和教导分不开的。这在他 1994 年出版的《袁晓岑国画雕塑选集》的自序中，有更详细而具体的叙述。

当然，徐悲鸿在云南，到大学去做讲座，对当地年轻画家进行辅导，举办画展，为抗日战争义卖捐款等活动，都是他责无旁贷的事情。

康寿山，一位湖南女学生，1937 年考入南京中央大学美术系。不久学校迁往重庆。康寿山赶去不久，南京遭日寇大屠杀。1941 年，康寿山毕业留校任助教，同时协助系主任吕斯百，任秘书。她当时是班上唯一女生。她曾对我说："徐悲鸿常常将纸和颜料送给大家，因为当时学生都穷，而他自己作画节省之极。他指导我写《张黑女碑》，还收藏了我临的一幅字，以示鼓励。他爱才。1942 年，徐悲鸿从桂林带廖静文来重庆，将她安排在我的宿舍住了四五天。我们是湖南同乡，我比廖大六七岁。1950 年我到北京找徐悲鸿院长，他让我在中央美院帮助王临乙干出纳组长。未料 1951 年至 1952 年'三反五反'，我与王临乙都被隔离审查。王临乙差点自杀，其实是想查出徐院长通过自己的学生有无贪污弄钱的事。结果没有。后来为我们平反道歉了。1952 年底院系调整，我调清华建筑系教学了。我感激徐悲鸿，在以后的日子里，我常去廖静文家帮助她料理家务。因为廖不善理家，孩子又小，她顾不过来……"最后她说："徐悲鸿在中国艺术神坛上，站住了。"

1948 年，国立北平艺专时期，教员齐振杞（齐人）被医院误诊身亡。徐悲鸿校长抱病与医院打官司。我们做学生的当时也都前往陪审，亲眼见到徐院长为自己的教师伸张正义的行动，感人至深。

也是康寿山教授亲口对我说的:“在重庆，我第一次看到徐悲鸿大发脾气，是因为陈立夫发了一个审查教师资格的表。他对自己的学生教师太爱护。那时我在系里任秘书，1942 年亲眼见齐振杞带了一卷牛皮纸画的画给徐悲鸿看。当初他们互不认识，徐悲鸿看了很高兴，让他再来。后来就留他在中国美术学院了。抗战后带他来北平艺专任教。徐悲鸿对不是自己的学生，只要画得好，就喜欢、爱护。”

徐悲鸿对我们这一代穷学生在生活上和学习上的爱护与关怀，事例太多了——曾善庆、卢开祥、刘小岑、刘士铭、周光玠、呼延夜泊、杨之光、马萧萧、韦江凡，等等，有说不完的恩情。他为了鼓励后学，甚至给江西一个爱画马的小学生刘勃舒写长信画图解，加以耐心指导，以求为国育才。

1939 年，徐悲鸿在新加坡举办画展赈灾之际，弘一法师（李叔同）的弟子广洽法师，为庆祝弘一法师六十寿辰，请求徐悲鸿为弘一法师造一油画像，徐悲鸿欣然从命。

徐悲鸿从陈师曾那里听到过对李叔同才艺的介绍，崇敬之心早已有之。徐悲鸿曾遗憾自己在福州时无缘与法师相见。这次要创作法师肖像只能根据一张正面小照，再靠着当时也住在新加坡、1936 年与弘一法师在福州只有一面之交的郁达夫的一些感性的描述。本来弘一法师曾有计划越洋来星洲弘法，但遗憾的是由于种种原因未能成行。

徐悲鸿在百忙之中为弘一法师造像是诚心诚意的，灵性相契地赶制完成了，虽然尚感不够尽善。1947 年，徐悲鸿又为此画像亲补题记，进一步表达他对弘一法师的敬仰之情。

这幅肖像真迹，1965 年广洽法师回国时捐赠给福建泉州弘一法师纪念馆，成为永久之纪念。

徐悲鸿 《弘一法师像》 油画 1939年

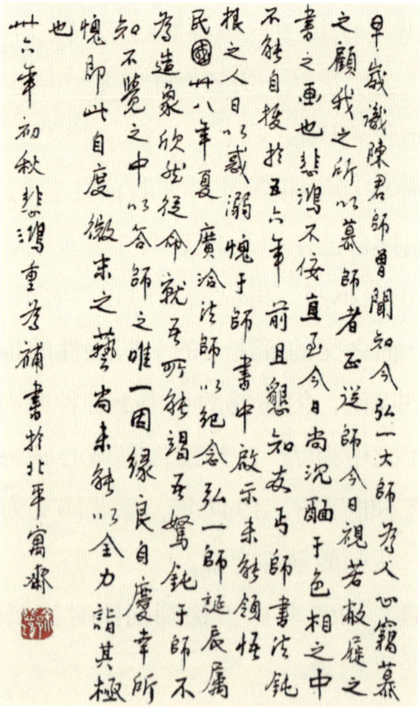

徐悲鸿 《弘一法师造像题跋》 书法 1947年

下面再追述一段徐悲鸿提携学生杨建侯的小故事，从中我们可以看到徐悲鸿长年在教育阵地上对学生的帮助，是随时随地、每时每刻、年复一年、自始至终的，直到他生命最后一息为止。

无锡乡村的一个失学青年杨建侯，热爱美术，久闻徐悲鸿大名，渴慕一见，终于在中央大学艺术系学生顾了然的引荐下拜见了徐悲鸿。杨建侯先旁听，1930 年正式入学。

1934 年 10 月，正是秋色迷人的时候，徐悲鸿由国外办展览归来，即带三年级学生赴浙江天目山旅行写生。先在杭州住一夜，次日出发。清晨，杨建侯感觉时间尚早，便先去清波门访一友人，未料走错路误了半小时。大家等得不耐烦，有人建议留个条子先走，徐悲鸿不同意。当等到杨建侯跑来上了车，徐悲鸿说道："要你当兵，江山必失。"杨建侯深感内疚。到达目的地，徐又和颜悦色地逗趣："不舒服吧，磨墨，给你画张画吧。"画即《睡猫图》，这幅画从此成了杨建侯"处事三思而行"的座右铭了。

1935 年 7 月，杨建侯结婚，徐悲鸿赠四尺《奔马》，并题"琴瑟在御，在乐且耽"对联。

1936 年 2 月，杨建侯陪徐悲鸿同赴上海青年会，参观苏联版画展，并参加座谈。继鲁迅先生发言之后，徐悲鸿盛赞苏联版画对中国木刻艺术之影响。

1937 年"七七事变"后不久，上海沦陷，杨建侯携家眷避难至汉口。徐悲鸿得知后，立即汇款五十元，并嘱杨奔赴重庆为安；听到所藏自己手迹被劫遗失，徐悲鸿作《立马》补赠，成为杨建侯唯一珍藏。

重庆期间，杨建侯儿女成群，度日更显艰难。徐悲鸿选购杨建侯画作，以解燃眉之急，同时予以鼓励。

1944 年，杨建侯在重庆国立艺专执教，暑假随陈之佛校长同被免职。杨建侯原本家累繁重，而今更是雪上加霜。徐悲鸿正卧病在床，得知消息十分焦急，又无法帮助杨建侯谋生。思考再三，徐悲鸿决定

徐悲鸿　《颟顸》　中国画　1934年

分别致函中央大学校长顾毓琇和艺术系主任吕斯百，表示自己辞职，推荐杨建侯补缺。

徐悲鸿牺牲自己的生活来源去帮助自己的学生，何况他自己也正处于医疗费增加、极端清贫之中，真乃恩重似海。

1953 年，杨建侯至南京金陵大学执教，想念老师，预想专程赴京探望。接徐悲鸿来信说：“即将南下，可在南京叙谈。”未料此书成了绝笔。

这里通过徐悲鸿与林风眠之间的一件事情，也可以看出徐悲鸿是一位心胸宽阔、通情达理的人。

1925 年冬，徐悲鸿由新加坡回上海，在船上遇到留法归国的林风眠。原来北京艺专闹学潮，要求原校长辞职，听说林风眠学成回国，便发生了学生请愿，要求林风眠任校长的行动。

1943 年在重庆，林风眠离徐悲鸿住处不算近。一天李可染去看望林风眠，说起徐悲鸿，两人决定前往访问。徐悲鸿亲自出来开门，惊喜异常，留下他们吃了便饭。徐悲鸿再约日期，到一餐馆相聚畅谈。事后李可染回忆说：两位大师谈起中国美术事业，兴致极大，难舍难分。

总之，徐悲鸿站得高、心胸宽、眼界广、情感真，人品艺德皆优，方能毫无保留、毫无顾忌地坚持真理，为国家民族去发掘艺术人才。他身上体现的惊人的识才和伯乐精神，在中国美术界是无人可比的。因而他成了中国美术事业的首领、当之无愧的导师。以他为首的艺术家群体中，相辅相成地促成了一个时代的美术潮流和学派。从法国到印度，从新加坡到昆明，从广州到贵州，从南昌到天津，从广西到重庆，从福建到南京，从上海到北京，美术教育皆延续着徐悲鸿的教育精神和体系。

了解了这些，我们才会对徐悲鸿 1931 年完成的大幅中国人物画《九方皋》有较深刻的理解。那是他对在中国寻觅发现人才的渴望，在艺术创作上的反映。

中华民族的文艺复兴需要人才，这就是徐悲鸿排除一切阻碍、毫无门户之见、不惜付出血汗和生命去奋斗的动因。

徐悲鸿属于能团结人的人。关于刘海粟，按理说这位比徐悲鸿小一岁，又是小同乡，和徐悲鸿都是美术的同道者，他们应该能走到一起。然而并非如此。

1953 年 6 月 5 日、7 月 8 日，徐悲鸿上书时任文化部常务副部长周扬，直陈对华东艺专的人事安排以及刘海粟的看法。信的收藏者还写出了一部专著《世纪恩怨——徐悲鸿与刘海粟》，将两封珍贵信札公开展示出来……

两封书札原件确是徐悲鸿的手迹。当时徐悲鸿任中国美术家协会主席、中央美术学院院长，他关心全国的美术教育事业，因此他明确向文化部提出对刘海粟任华东艺专校长一事的反对理由，而且据理力争，完全出于公心。

四、创作报国

徐悲鸿是中国划时代的中国画家和西洋画家的合成体，他具备国学修养，对西方文化的深入研究也是独有的。他时时不忘自己是一个中国艺术家，尤其国难当头时，他义无反顾地以画笔为武器投入战斗。怎么能说他是“学院派”，又怎么能说他是“落伍者”呢？那是与他风马牛不相及的无稽之谈。徐悲鸿是位超前的艺术斗士和导师。对他所有的艺术创作，如果不是顺着他的思想情感与现实相结合的脉络去把握，是分析不出其深刻含义的。

徐悲鸿的大量艺术创作，都是坦然明了、可圈可点的。其画如其人，不需要拐弯抹角。

中国传统绘画的发展，在当时有三个十分明显的前提：一是千百年来文人写意画使得人物画创作减弱了，走向玄而抽象、似是而非的纯笔墨游戏，又偏重了山水花鸟画领域的发展。二是从明清以来脱离造化，以只摹古人替代了创造。徐悲鸿认为这样发展下去是十分危险的，颇有艺亡的可能性，因此他提出要师造化，要反映现实生活。三是中国贫穷落后的现实，尤其是抗战救亡运动的兴起，使艺术的功能突显了。艺术要为人生，艺术需要作为武器起教化作用，于国于民有利。因此中国的绘画艺术必须走向现实、走向复兴，这是时代的需要——不同于西方，西方画家们愿意从自己优秀的写实传统中背叛，借东方的抽象走向再抽象。

这就产生了东西方文化艺术反方向发展的客

观条件。

徐悲鸿不能脱离现实，他是中国的艺术家，他要做出有益于中国现实的行动。如果中国现实不是这样，那么徐悲鸿的一切行动，将不会是今天我们所认识的徐悲鸿的了。这就是人们常说的时势造英雄——英雄不能脱离现实。

徐悲鸿的创作活动和他的教育活动一样，都离不开他的思想，离不开他的世界观和人生观。他学画的目的十分明确，艺术救国的思想一直贯穿他的一生。

他大量的习作是为了这一目的，他的大量创作亦然。徐悲鸿的创作分两部分：西画部分与中国画部分。一个是以油色和严格的造型为特点，一个是以水墨和笔上的造型功力为特点。要认识徐悲鸿，也必须从这两个不同的艺术造型领域去作整体的认识，不能偏重哪一方。

有一年徐悲鸿的作品在加拿大展出，可惜只展出了中国画部分，这必然大大影响对徐悲鸿全面的评价，何况西方对中国绘画的了解又处在极表面的层次上。

现在我们先从徐悲鸿的西画造诣说起。

首先是他大量的素描。不同于后来学习苏联的素描，素描练习幅面大，作业时间长，重理性分析，一个班上的作业千篇一律，缺少个人特点，徐悲鸿的素描尺寸都不大，注重感性上的整体把握，强调光色和体积感。他有意识地加进了中国画里线的表现，艺术性很强，素描本身就注入了艺术性的处理与要求，而且画出了个人的风格，这是很不容易的。我们常常看到其他人的一些素描练习，习作以技术性为主，缺少艺术性，更谈不上风格了。

徐悲鸿的素描男女裸体甚至石膏像，都求精到，抓艺术效果，抓生动，抓新鲜感，不呆板，这是徐悲鸿素描的一大特色。必须下苦功夫，否则达不到如此境界。甚至在徐悲鸿逝世前两年，眼力减弱的情况下，他画的一些人物头像素描，如《戎冠秀》《田桂英》以及军人、农民等，

徐悲鸿　《钟馗》　国画　1939年

都是那么简练，富于艺术性。这方面，我们很难在中国找到第二位画家，能有他那么多艺术性极强的素描作品留传于世。

徐悲鸿的油画习作写生，也是用功颇深。他用色来表现形体，抓住了色的丰富变化，又照顾了形的坚实。因为油画是用色彩去塑造形象，往往容易注意了色彩的丰富而忽略了形的塑造，或者抓住了形的塑造，而色彩贫乏了，变成了单色素描。这是徐悲鸿创作和教学中最引以为戒的。徐悲鸿在色彩处理上，注意冷暖调子；要求笔触变化，不是涂抹，而是比较冷静地一笔一笔将调准确了的油色摆在画布上，或用刮刀代笔，讲究笔触的细致效果。

徐悲鸿的素描与油画写生，都善于在暗部寻找色彩的微妙变化，都强调技巧的表现，而不是技术的处理。

在油画技法上，他喜欢鲁本斯、伦勃朗、委拉斯贵支，也喜欢浪漫主义的德拉克洛瓦、写实主义的库尔贝，对印象派的色彩很热衷。但是徐悲鸿的油画又谁的都不像，就是他自己的特点。

他主张多画勤练、熟能生巧，除了室外写生画景物外，室内作业更不能放弃。不可能总有模特儿画，他就想办法去画亲友，实在找不到可画的对象就画自己——自己是最忠实的模特儿。这就是我们看到徐悲鸿大量自画像的原因了。这说明他太用功，太抓紧时间练本领。他是只要有机会就画，决不放松。

在徐悲鸿的教育下，学生们都知道以自画像补充模特儿的不足，就是说课堂上画模特儿，课下就画自画像。教室里都准备了大镜子，但学生多，不够用，因此，学生们又大都自备一面小镜子挂在床头，闲下来时就照着镜子画自己。

徐悲鸿的油画写生，包括人物像，很多都属于创作，也就是注入了创作构思的因素，而不是单纯的写生习作。关于他为一些名人、恩人作像，可以说完全属于创作范畴，如《赵夫人像》、《陈散原像》、《坐在躺椅上的少女》、《少妇》（陆运涛夫人）、《廖静文像》和《抚猫的女人》，等等。

徐悲鸿　《少妇》　油画　1939年

徐悲鸿　《狮吼》　油画　1922年

徐悲鸿　《奴隶与狮》　油画　1924年

徐悲鸿在法国留学期间的油画创作《睡》《箫声》《蜜月》和《湖畔》等，在技法上，完全有意识掺入了中国的审美情调，笔触细致，色调柔和。他也画《马夫》《狮吼》及《奴隶与狮》等创作练习。这一时期的油画，对徐悲鸿来说是个准备阶段。

徐悲鸿是个艺术家，他爱美。他在回国初期创作的《月夜》等，依然是美的旋律的延续。他本来就是一跃而进入南京、上海的上层社会，家庭、社会、学校都属于一个层面，其生活的环境不能不对自己的创作有所影响。

但是另一面，那悲天悯人的人道主义和民主主义思想，却渐渐融入他的创作意识。他一面画肖像、写生，一面将主要的精力集中到创作反映民族精神的《田横五百士》和《徯我后》之中，而且幅面之大在中国又是超前的。况且他还置身繁忙的教学工作中，其艺术劳动量也不是其他人所能承担得起的。

当时，徐悲鸿没有条件深入到劳动大众的生活中去寻找创作素材，他又不可能生活在真空之中，他的出身、气质以及品格，决定了他的正义感和他那疾恶如仇的性格。

徐悲鸿看不惯周围的腐败现象是肯定的。他在回国初期，即投入左派文艺圈子里，得到思想和兴趣上的共鸣。他这个时期的创作，多借鉴中国历史题材，从中寻求表现艺术家自己的倾向性和可颂扬的民族精神。

中国是一个历史悠久的国家，人民最懂历史，男女老幼都受过历史故事的熏陶，因而选择历史故事作为创作题材，对徐悲鸿来说是极其自然的事情。

取材于《史记·田儋列传》故事进行巨幅油画《田横五百士》的创作，绝非一日之念。儿时父亲的教导，对富贵不淫、威武不屈的感受，跟着父亲走江湖奔波的所见所闻，以及自己要以“江南贫侠”“江南布衣”为名的动机……这样，历史上一些坚贞不屈的英烈事迹，就成了徐

徐悲鸿 《田横五百士》 油画 1928—1930年

悲鸿习艺后不断思索以求表现的题材。他回国后选择齐国田横与五百壮士刚烈牺牲的历史故事作为第一幅油画巨作的题材，所要表现的内涵是经过深思熟虑的。这一主题——“威武不屈”的精神，对现实是有教育作用的，何况中国当时正处于外族侵略时期，对宁死不屈和不同流合污精神的颂扬，是十分及时且有意义的。

就是这样一个主题，却被敏感的当局当作是徐悲鸿不合作的自白，惊恐甚至企图阻挠。对徐悲鸿接着创作的《徯我后》，当局更加惊慌失措。

《徯我后》，又是一件巨幅油画创作，取材于《尚书》上“徯我后，后来其苏”。原意是“等待解救我们的人来”，指夏代的暴君桀统治下的人民，渴望商汤带兵来解救。徐悲鸿选择这一主题加以表现，无疑是

徐悲鸿　《徯我后》　油画　1930—1933年

对当时的政治表示不满。无怪乎张道藩（在CC派陈立夫、陈果夫手下任要职）跑到徐悲鸿家中对蒋碧微说：快让他不要画这种画，太危险、太露骨、太刺激……

徐悲鸿的思想倾向性太明显，他一口气花费将近五年的时间，迫不及待地创作出这样两幅大型油画作品，那是需要集中精力及大无畏的精神，实非人人所能。

这两幅大型油画创作，是徐悲鸿最重要的代表作。

《田横五百士》整幅画面，统一在大丈夫立足天下、视死如归的悲壮气氛之中。身着红袍的田横拱手对众父老壮士，备马待行于村头——壮士此去凶多吉少。油画刻画出了人们在生离死别之际复杂的情感，背景陪衬着乌云翻滚的天空。动与静和色彩的对比，竖线与横线的交叉，都构成了一种将要发生的悲剧前奏。中国绘画界在 20 世纪 20 年代末、30 年代初，出现这样一幅史诗般的油画作品，是破天荒的，也是极为可贵的。

《徯我后》巨幅油画的诞生，表现了徐悲鸿代民喊冤、悲天悯人的感情，他借题发挥以泄胸中的不平，不满现实是肯定的。骨瘦如柴的农民，在干旱的田间渴望、企盼能够解救自己的人，盼雨露降临。整幅画面的色调是低沉的，灰暗而不明朗，枯树弱牛增强了主题内容的表现，一目了然，突出了一个“盼”字。

徐悲鸿需要拿出很大的毅力，一面排除来自官方的压力与干扰，另一面要克服如此大的画面、人物众多等技术上的难点。

在这里，徐悲鸿作为一个爱国的有良知的艺术家，站在人民的一边为民代言，这是需要勇气的。他毫不畏惧，自动地、发自内心地进行着艺术创作。

徐悲鸿作起画来废寝忘食、全身心投入。他作画在学校，有时住宿也在学校。朋友们实在不忍心，筹款在南京傅厚岗为他盖了一所新居。徐悲鸿起名为“危巢”，并题记曰：“古人有居安思危之训，抑于灾祸丧乱之际，卧薪尝胆之秋，敢忘其危？是取名之义也。”这是 1932 年的事。古语亦云：“覆巢之下，焉有完卵？”其忧国忧民之心极重，命“危巢”之名，原意即在于此。

1931 年，徐悲鸿又完成了大型彩墨画《九方皋》。《九方皋》取材于《列子·说符》中一个春秋时代的辨识好马的故事。秦穆公欲求良马，伯乐好友九方皋善识别好马，伯乐将九方皋介绍给秦穆公。九方皋花了三个月终于找到一匹马。秦穆公询问马的雌雄与颜色，九方皋说是一匹黄色的雌马。等取过来，秦穆公一看，却是匹黑色的雄马，大失所望，就对伯乐说：“此人连马的雌雄颜色都看不清，岂能识别马的好坏？”伯乐说：“九方皋观察马是见其精忘其粗，在其内而忘其外，见其所见，而不见其所不见。”就是说，九方皋不重视马的皮毛而重视马的内在精

徐悲鸿 《九方皋》 中国画 1931年

神优劣。后来秦穆公经过试验，果然承认九方皋为他找到了天下最好的千里马。因此，我国自古以来将伯乐和九方皋比作善于发现人才的人。这就是故事的主题，也是徐悲鸿创作《九方皋》的主题——善于发现人才，还反映了徐悲鸿对人才寻求的迫切心情。以伯乐精神为国寻找和培养人才，国家才能强盛，中国的美术事业也才会复兴。

《九方皋》是徐悲鸿创作《田横五百士》和《徯我后》之间的又一力作，而这幅作品在技法上难度比较大。徐悲鸿不能沿袭古法而要有所创新，既要在刻画形象上生动准确，又要在中国画的笔墨技法上有所突破，做到大胆落笔，细心收拾，顾全整幅画的气势，才能不失其作为中国画“骨法用笔”的特色。他反复构图和推敲，此画竟经过七次修改方定本。

徐悲鸿是一位作画不断的艺术家，是一位勤奋的艺术家，正如他曾在一幅画上所题：“一个画家的生活、生命和绘画是相终始的，画停止了，画家的生命和生活也停止了。”

徐悲鸿很少住进他那座“危巢”，尤其是当日寇侵占我东三省时，他义愤填膺不停作画，表达中华民族坚定抗争的信心。他看到当权者的腐败和丧权辱国行为，愤然离南京去广西，并著文抨击当政者，创作大幅油画《广西三杰》，颂扬抗战将领。

抗战救亡，是全国人民的大事。徐悲鸿心急如焚，将很大精力投入到举办赈灾画展中，以支援前线。用他的话说：“国难当头，战士流血捐躯，我只能用自己的画做武器了。”

这个时期的徐悲鸿，处于精力最旺盛的时期，也是艺术上最成熟的时期。他放下油画调色板，就拿起毛笔，不停地画，病倒了爬起来再画。他不愧是一个彻底的爱国主义画家。

徐悲鸿的画大都注入现实含义，他画马、狮、雄鸡，画山水和草木……既是艺术创新，又赋予了新意。我们从他很多画上的题跋和诗句即可感受到他那颗滚热的心。如一幅《奔马图》上题：“长沙、台儿

徐悲鸿 《前进》 中国画 1941年

徐悲鸿 《风雨鸡鸣》 中国画 1937年

徐悲鸿 《雷霆走精锐，行止关兴衰》 书法 1937年

庄大捷。”另一幅《前进》题：“辛巳八月十日第二次长沙会战，忧心如焚，或者仍有前次之结果也，企予望之。”在一幅《风雨鸡鸣》上题《诗经》中诗句“风雨如晦，鸡鸣不已，既见君子，云胡不喜”，号召人们起来与黑暗势力斗争。画《奔狮》题：“新生命活跃起来。”画《雄鸡葵花》题：“二十六年一月二十八日，距壮烈之民族斗争又五年矣，抚今追昔，曷胜感叹。”又题两幅《奔马》：“直须此世非长夜，漠漠穷荒有尽头”“山河百战归民主，铲尽崎岖大道平。”还有题画云：“为抗日烈士默哀。”画马题句：“哀鸣思战斗，迥立向苍苍。”在一幅《苍松双鹤》上题：“二十七年九月十八倭机轰炸柳州，悲鸿正写此画，未竟。”等等。徐悲鸿很多作品上还题着“危亡之际”“忧心如焚”“危亡益极、愤气塞胸”“痛感民族之不振”等语句。

1937 年 8 月 4 日，白崇禧从广西赴南京抗日。徐悲鸿提笔书写斗大字对联相赠：“雷霆走精锐，行止关兴衰。”笔墨充满了正义凛然之气。

徐悲鸿画马名扬国内外，他选择马画之，寓马以深刻含义。中国历来对马寄托着崇敬之情。徐悲鸿对马的艺术创造，与历代马的艺术造型相区别，既不同于秦汉的马，又区别于唐宋之马。徐悲鸿不满足李公麟和赵孟頫、赵雍父子笔下的马所体现的精神，徐悲鸿的马是写意的，一气呵成的，大笔酣畅，奔放不狂，大胆落墨，细心收拾，既有马的精神刻画又有笔墨情趣，是新时代下马的发展创新。

徐悲鸿的“马”，代表了一个大民族划时代的气概。何曰“创新”？创新就是只有成熟了的“这一个”，且不可代替。

徐悲鸿的“马”，在那个时代是号角，是战斗，是不屈服，是威武，是一个民族觉醒的象征。今日众多画马者，将马解剖得再准确、画得再像，但是在精神上，在艺术风格上，都无法超过徐悲鸿的马。

徐悲鸿的“马”，是中华民族的一个艺术象征，是时代的艺术产品。他的马屡次使赈灾义卖画展成功，是因马的意义重大，马唤起正义感、激发民族自豪感，是抗战必胜的感召。在那个民族救亡图存时期，徐悲

徐悲鸿　《负伤之狮》　中国画　1938年

徐悲鸿　《群狮（会师东京）》　中国画　1943年

鸿的马变成了一个民族奋起战斗的最强音。今日之马有如此威力否？何况他在笔墨趣味上，在造型概括写意上，在中国传统绘画的突破上，都是艺术的创新。在经过了一个时代的审美考验之后，又有谁能不给予承认?!

徐悲鸿的狮子形象，是他在欧洲留学期间，一份公费两人花，经济来源经常中断，处在困苦之中时，跑柏林动物园画速写以抗饥饿袭击的情况下创作的。当时他以“狮”为题，画了数幅作品，如《狮吼》《奴隶与狮》等。

徐悲鸿笔下的狮子，不是东方睡狮，而是愤怒的狮子、吼叫的狮子、醒狮、负伤的狮子。东方的雄狮，依然是代表中华民族威武不屈的精神。1943 年他创作的《群狮》（112.5 厘米 ×215.5 厘米）包括四头雄狮、一头雌狮和两头幼狮，这幅作品是他预言抗日战争必胜的信念：一群生龙活虎的“雄狮”，脚踏“富士山”头，遥望着前方。它原本命名为《会师东京》，“师”与“狮”是谐音，以此象征中华民族的胜利。而且此图是他在抗战胜利前两年创作的。这与他 1940 年创作的《愚公移山》的精神一脉相通，实在可歌可赞。这幅作品与徐悲鸿 1940 年创作的《群马》（109 厘米 ×121 厘米）同为神品。这两幅动物画，都是在抗战时期创作的代表作，我称之为传世的“姊妹篇”。

徐悲鸿笔下的雄鸡，也是号召民族觉醒、通报胜利凯歌的艺术象征。它冲破黑暗，风雨无阻，唤来光明。徐悲鸿取雄鸡为题材反复加以表现，符合中国人民视鸡为趋吉辟邪动物的心理。雄鸡是中国人民喜闻乐见的题材，雅俗共赏，得到肯定。无疑，徐悲鸿的雄鸡艺术作品，在国难当头时期，所起的作用是极富战斗力的。

那么徐悲鸿创作的飞鹰、灵鹫、喜鹊、麻雀、鸽子、鹤，甚至牛、鹅、猫和猪，等等，都不是单单地为审美而作，都是赋予了它们积极的意义。如一群麻雀在枝头欢唱曰《晨曲》（1936），一群小麻雀逆风而飞曰《逆

徐悲鸿　《晨曲》　中国画　1936年

徐悲鸿　《逆风》　中国画　1936年

徐悲鸿 《雀竹》 中国画 1942年

风》(1936)，都是别出心裁的创新，是对胜利的欢呼，比喻人民不怕艰险争取胜利的决心。

总之，徐悲鸿创作的飞禽走兽，大都是他以笔做武器的艺术作品，在抗日战争中起着鼓舞士气的积极作用。

徐悲鸿也画中国画的传统题材——岁寒三友（松、竹、梅）及其他花卉。由于他具备了写实的基础，因而突破了传统表现手法而赋予了画面以时代的新意。尤其是他的梅花、竹子、热带兰花颇有创新，当然还有他那水墨淋漓的山水风景写生。

徐悲鸿的创作，从油画到中国画，从人物到史诗巨作，从走兽到飞禽，从山水风景到花卉树木，题材之广，跨度之大，技法之多，内容含义之深，在中国美术史上难以找出第二位。徐悲鸿在五十八年的岁月里实现如此丰富多彩的创新，而且在美术教育阵线上，将中西两个美术造型体系发扬光大，其功绩也是罕见的。

徐悲鸿提倡写实，是从国情、民情以及中国人的审美要求出发的。一幅好作品要让人看得懂，要达到远看惊心动魄、近观奥妙无穷的境界。

徐悲鸿作为一位教育家，他胸怀抱负、高瞻远瞩，有计划、有步骤地在全国打头阵，脚踏实地地干出了一番事业。

徐悲鸿作为一位艺术家，他的感情最热最真。在民族面临危机之时，他手握两种画笔参与战斗，创作出空前的振奋人心的巨作，献出了自己全部的心血。他不愧是中华民族一名勇敢的战士。

徐悲鸿深刻懂得什么是艺术，艺术要做什么，尤其在国家生死存亡之际，一个艺术家的责任是什么。徐悲鸿在全国、全世界人民面前做出了榜样。他的创作，以及他所选择的题材，都是发自内心的真实情感，不被动、不牵强。

1940 年在印度访问和讲学及举办画展期间，他画世界最高山——喜马拉雅山，画了油画画水墨，画夕照山峰，画晨雾罩山峰，一画再画，是对壮美山河的崇高的颂歌。他充满感情地画大诗人泰戈尔，画了素描速写，又画油画、国画。他画甘地，为印度、为中国、为世界人民留下了宝贵遗产。

徐悲鸿曾到苦战中的滇缅公路工地上写生，画民工。他看到战士和民工艰苦奋斗的场面，感动得哭了。艺术家的良心与全国人民的心连在了一起。要创作、要表现的欲望一直冲击着他的灵魂，是抗战必胜的信念鼓舞着他。

《愚公移山》的场面反复地在徐悲鸿脑海里出现。虽然它是《列子·汤问》中的一个寓言，而且已变成中国人人皆知的一个古老的传说，但其中所体现的坚韧不拔、克服困难的毅力与信心，正与坚持抗战到底的中国人民相一致。徐悲鸿身在喜马拉雅山这边的印度，心却时时刻刻惦记着喜马拉雅山另一边浴血奋战的祖国人民。

徐悲鸿一面将两次在印度举办画展所筹到的一笔款项全部寄回祖国以救济难民，一面赴大吉岭，将酝酿已久的《愚公移山》创作出来。

在这幅《愚公移山》水墨画巨作中，充分展现了徐悲鸿画写实人体的功夫和对动物、山石草木的全面表现能力，淋漓尽致地体现了场面的组织和情节的描述能力。这又是一件划时代的中国画创新之作。

当徐悲鸿结束了这一巨幅水墨画创作后，画兴未了，紧接着又用油画重新画了《愚公移山》，可见徐悲鸿对这幅作品以及这个题材之重视。它对中国全民奋起御外苦战，必须坚持到最后胜利的意志，是最有现实意义的表达。

五年后的1945年，毛泽东在延安，也是以《愚公移山》为题，发出了抗战到底和夺取中国革命最后胜利的号召。

可惜，油画《愚公移山》在“文革”期间收藏于北京故宫博物院内，卷放在库房，由于潮湿，又无人过问，十三年后打开一看，油色像粉末一般地脱落。国内又无修整技术，向国外专家求救，又无经济来源，令人一筹莫展。难道一幅具有历史价值的国宝，眼看着毁掉吗？廖静文呼吁了十几年，后来终于请国外专家修复好了。

徐悲鸿 《愚公移山》 中国画 1940年

徐悲鸿是一位非常懂得艺术风格重要性的人。因为风格的形成是一个人全面修养的体现，有的人一生可能都形不成自己的风格。他的素描，是徐悲鸿的风格；他的中国画，是徐悲鸿的风格；他的书法，是徐悲鸿的风格；他的油画艺术语言，也是徐悲鸿的风格。徐悲鸿的艺术作品无论放在哪里，人们一看就能识别出他的风格。

徐悲鸿说过，自己是教学工作第一、美术创作第二。他还说，他到西方去学绘画的目的，是为了发展国画。毫不夸张，徐悲鸿的抱负都实现了。中国画确实由于徐悲鸿的开路，形成了一代新风，呈现出旺盛的生命力，路越走越宽了。

让我们伏案细想徐悲鸿短短的一生里，为我们遗留下的代表作，油画有《田横五百士》《徯我后》《愚公移山》《箫声》《睡》《湖畔》《少妇》《陈散原像》《庭院》《赵夫人像》《蒋碧微像》《孙多慈像》《廖静文像》等，中国画有《九方皋》《愚公移山》《巴人汲水》《奔马》《群马》《群狮》《风雨鸡鸣》《雄鸡一声天下白》《漓江春雨》《灵鹫》《晨曲》《逆风》《李印泉像》《泰戈尔》《飞鹰》《梅花》《铁锚兰》《鹅》《猫》

《日长如小年》等，还有一部分人体素描，都可作为典范列入中华民族艺术宝库之中。

徐悲鸿也是个普通的人，作为人的力量总是有限的，他已经多能了，但他不是万能者。他创作了一生，并非没有不足和遗憾。正如他桃李满天下、弟子百千，不等于个个是大师，人人是国宝、名家一样。

这里有力不从心处，有不足之处，有败笔，有瑕疵，不可能尽善尽美。尤其一些应酬之作，那些精力与技术达不到之作。不可能一切都在一个人身上完成，因此接力与继承才显得十分重要，众人的智慧创造才显得可贵。只有青出于蓝，后浪推前浪，万事方可发展壮大。

就拿徐悲鸿的马来说，他画了一辈子马，可是他清楚自己不可能张张精品，因而他不停地练习。1948 年，他患病初愈，由夫人廖静文抱着孩子陪同，在我们学校一角，坐着小板凳，对着某个军官送给他的一匹老马写生。我们站在他身后观摩，他对我们说：“人们喜欢我画的马，其实并不每张都好，所以我要多多写生。”

徐悲鸿 《群鹅》 中国画 1939年

徐悲鸿真是谦虚，但是他说得又是十分真切。艺术家不可能每幅画都满意，因此就要笔不离手地多练。

当我们有机会走进徐悲鸿纪念馆，浏览他的众多原作，敬佩之心油然而生。太不容易，他走过的路并不平坦。中国出了徐悲鸿，给中国和世界留下了一笔可观的艺术财富。

1949 年后，徐悲鸿主动留在北平，他期望一个新政体的出现，他期待中国能真正富强。1953 年，在他去世之前，原来社会上一些弊病得到清除，社会确实出现了安定向上的景象。徐悲鸿作为中国文化艺术代表团成员出国开会、访问，他感到一个新中国在世界上站了起来，他兴奋。他参加社会上各种会议。国歌是他提议用《义勇军进行曲》代替并通过，我们当学生的为徐悲鸿高兴。他去山东水利工地，被人山人海的冲天干劲感动，他画速写，准备创作新时代的“愚公”。他画奔马相赠以鼓舞士气。他病倒了，愈后组织和带动教员一起作画。当看到教师创出了新作，他为之兴奋。本来用功了一辈子的他，此时怎么甘心落伍？他想先画酝酿已久的题材《风尘三侠》，又想画《鲁迅与瞿秋白》，为此他找鲁迅夫人许广平、弟弟周建人以及瞿秋白夫人杨之华了解情况。将稿子动手放大在画布上时，他还惦念着水利工地上的素材。

1950年徐悲鸿作《鲁迅与瞿秋白》画稿

徐悲鸿的倾向性太明显了，其实这也是他一贯的作风，谁好就赞扬谁。想当年张道藩三番五次请他画蒋介石，都被他无情地拒绝了。而今他主动要画新中国的新气象、新事物，因为他是一位现实主义的艺术家。

总之，徐悲鸿的艺术创作是超人的，是划时代的，虽然并非幅幅作品都是杰作，但是已经够精彩、够超群了。他的作品中国少有，世界也罕见。徐悲鸿在中国美术史上是一座丰碑，是一道门槛，不研究他就过不去。这是中国美术界一个实实在在的存在，是谁也否定不了的现实。

称徐悲鸿“大师”也好，称他“画圣”也罢，称他是中国现代美术教育的大功臣、新中国画的开路先锋都不为过。但是徐悲鸿自己是绝不会去想这些的，他是一位平凡的、心地善良的、没有架子的中国艺术家和教育家。用他的话说，是个“能分辨好画和坏画”的人罢了。

同时徐悲鸿又十分虔诚地自我反省说：“我虽提倡写实主义二十余年，但未能接近大众”“获得进步之良诀，乃深刻检讨自身之缺点、弱点而勇猛改正之、充实之”。

五、收藏与交流

徐悲鸿不是一个富翁，也不是一个为个人目的而收藏的收藏家，可是他却有着极大的收藏欲望，见了好书画、金石、碑帖就心悦手痒，不惜代价到手为快。因为他的收藏是为了国家民族的艺术事业，这是他最主要的一个目的。

钱与收藏是密切相关的事，而徐悲鸿并不富有，这样就出现了徐悲鸿特殊的收藏方式：一是用自己的收入购买，二是用自己一定数量的作品进行交换，三是用自己的收藏作品进行交换，四是朋友所赠。

徐悲鸿是一个艺术家，自己的作品如何处置，成了他首先必须考虑的问题。

一般来说，西方的画家自己的作品全部可以出售，因为社会本来就是以商品经济运作的市场。在国外，国家和私人的博物馆、美术馆比比皆是，作品如果是好的，最后总会从收藏家的手中流入博物馆与美术馆。可是中国不同，对历代艺术品有癖好的收藏者，往往是作品子子孙孙相传，或因家族没落而转手他人，或是随逝者入墓穴陪葬，化为乌有了事。

中国当时距设立博物馆和美术馆尚遥遥无期，也可以说根本没有条件去考虑建什么博物馆等。在这种情况下，徐悲鸿有个十分明确又与众不同的长远观念，他坚决主张画家的代表作绝对不能出售，无论多少钱也不能出手，这是他经常劝其他画家的（除了为人画肖像或应酬，还有义卖的水墨画）。

1943 年，徐悲鸿在重庆中央图书馆举办画展，一位协助国民政府工作的美国高级将领，看中了一幅非卖品《灵鹫》。抗战胜利后，这位美国将军准备荣归之际，蒋介石为了表示感谢，决定送给他贵重礼品，当询问他喜欢什么时，他说只想要徐悲鸿那幅《灵鹫》。于是政府官员一次一次来请求徐悲鸿出售作品，都遭到徐悲鸿的拒绝。官员一片好心地说："徐先生，我是为你好，你现在也是很困难的。"徐悲鸿说："主任先生，我从小就贫苦，法国留学困苦，现在也苦，已经苦惯了，目前身体也不好，经济困难是真，但是我不能拿这张画回谢你。""这是蒋委员长命令我来的，因为他已答应美国将军了。你要多少钱，委员长都会给的，你也给我一个台阶下下吧。"徐悲鸿决不卖这幅画以求钱，他彻底回绝了。因为徐悲鸿深知一个人的精力有限，创作的能量也有限，一幅满意的作品产生之不易，如果自己的代表作流落他人之手，就难以收回了。

就是这种原因，徐悲鸿在抗战期间东奔西跑。也因为展览的缘故，自己的作品和收藏一直随身携带，除了太平洋战争爆发后（1942）不得已逃离新加坡，一批画藏于枯井之中而毁于一旦（四十多幅油画精品）。

如果他没有这种思想，今天就不会在北京有徐悲鸿纪念馆，也不可能集中地看到他众多的宝贵代表作和收藏品。这是他对国家和人民做出的巨大贡献。

李苦禅先生遵守了他老师徐悲鸿（1918 年北京大学画法研究会时）的意愿，死后将自己重要的作品和收藏全部捐献于国家（济南市万竹园建有李苦禅纪念馆）。

徐悲鸿的收藏，完全区别于一般商业性的交易。他不善于理财，没有经济意识，不懂升值概念，纯粹凭着艺术品格高低行事，只要他认为好的，绝不还价，要多少钱给多少钱，宁可借债也不为惜。他经常是看到好东西，情不自禁叫出好来，这样一来价码就下不去了。他无法改变自己的喜好，更不能隐藏自己的感情。

有人劝徐悲鸿克制点，但是他无可奈何地笑笑。一次廖静文说他：

徐悲鸿 《灵鹫》 中国画 1942年

“你何必当画商面表示那样热烈喜欢这张画，不会冷静一些吗？结果总是被人家要了高价，本来是可以少出一些钱的。”徐悲鸿承认她说得有道理，但是下一次他依然见了好画赞不绝口，最后还是以高价成交。廖静文开始埋怨他，徐悲鸿亲切地作了如下解释：“当一张好画突然出现在我面前时，我怎能装出平静无事的样子呢？我是一个画家，对真正的好画不能不激动，不能无动于衷。”

我们前面谈过他早期两次收藏艺术品的故事。一次是在巴黎求学期间，本来生活已捉襟见肘，一个人官费两个人花，经济来源又经常中断，处在生活无着的贫困状态。可当他在寄卖店看到一幅标价两万法郎、他的老师达仰的作品时，竟要集资借钱订购。他写信回国呼吁，跑中国使馆申诉，说为了今后在中国建一所外国美术陈列馆，结果听者藐藐。就这样，他还是向留法同学宗白华和孟心如寻求帮助，凑了一笔钱买下了达仰两幅油画。另一次是为了留学费用，跑去新加坡卖画集资，由友人黄孟圭、黄曼士帮助，获得一笔可观的费用。他寄一部分给了在巴黎的蒋碧微，大部分用在了买他见到的好画、金石上，回到巴黎两手空空，于是一场不愉快的家庭争吵又免不了。

这就是徐悲鸿，他太纯真，有时常人都会感到他在做傻事，在受骗上当。可他就是这样，在收藏艺术品上，能做出令人难以理解的天真无邪的事情来。

比如后来他竟用一幅北宋董源的巨幅山水《溪岸图》(20世纪50年代，王己千用十二幅古代书画从张大千手中换去。四十二年后的1997年，王己千以百万美金转手卖给了美国纽约大都会博物馆)，与张大千先生交换了一幅清代金农（金冬心）的《风雨归舟图》，并题词：

此乃中国古画中奇迹之一，平生所见，若范中正《溪山行旅图》，周东村《北溟图》，与此幅可谓世界所藏中国山水画中四支柱。古今虽艳称荆关董巨，荆、董画世界尚有之，巨然卑卑，俱难当吾选也。

金农 《风雨归舟图》 中国画 清

一九三八年秋，大千由桂林挟吾画董源巨帧去。一九四四年春，吾居重庆，大千知吾爱其藏中精品冬心此幅，遂托目寒赠吾，吾亦欣然，因吾以画为重，不计名字也。

我们从中看到的是重友情、重艺术而轻金钱的徐悲鸿，他永远是一个热情而诚实的艺术家，而不是交易里手。

徐悲鸿一贯生活俭朴，粗茶淡饭，一双鞋也舍不得到鞋店去买新的，而是到小市上去买双旧鞋穿，有时令人难以置信。他一生没有别的癖好，就是见了好的艺术品便不惜一切。在北平一有空闲，他就到琉璃厂各画店选购文物字画。一些跑小市的劳苦画商，如衣衫褴褛的崔范五和画儿刘，严寒酷暑夹着一大包或一大捆的画往他家去，徐先生总是热情接待，给他们倒茶。他一张张不厌烦地观看，有时念他们辛苦，常不计价钱买两张。这里表现出徐悲鸿仁慈善良的心怀。

徐悲鸿也有过意外的幸运，在小市上曾以极低廉的价格买到一幅谁也没有注意到、霉烂不堪的《罗汉图》，竟是北宋画家的作品，经重新托裱，立即闪耀出惊人光彩。徐悲鸿兴奋题字于上：

此定是北宋高手所作，而霉烂已甚，戊子夏日，为吾发见，因得救出，灿然生辉，不减李公麟巨迹，诚生平快意事之一也。

从中徐悲鸿获得了欣慰。我们深感他不知疲倦、竭尽所能、日积月累地保护我国优秀艺术品所花费的心血，得到了精神上的补偿。

徐悲鸿收藏字画，重视作品本身的艺术价值，而不重视画者之名。在这方面典型例证就是他在北平收藏了一幅北宋佚名的人物故事画——《朱云折槛图》。徐悲鸿极为看重的是我国古代画家竟将一件富于戏剧冲突的历史故事，采用传统技法，生动而准确地表现出来，他为自己祖国优良的传统绘画艺术而骄傲。画面主要人物朱云因上疏皇帝汉成帝，

此定是北宋
高手所作
而霉烂已甚
戊子夏日於
吾发见因
得救出灿然
生辉不减
李公麟巨
迹诚生平
快意事之
一也
卅七年寒冬
悲鸿呵冻
题於北平
静庐

佚名 《罗汉图》 中国画 宋

佚名 《朱云折槛图》 中国画 宋

要求赐尚方宝剑，杀倚仗权势、植党营私、陷汉于颓败、受皇帝厚宠的佞臣张禹，最后触怒了成帝。成帝命力士推朱云斩首，朱云攀住殿槛（栏杆）力争，竟将栏杆折断。画家将朱云那威武不屈、为国除害而死谏的正气；汉成帝的震怒，不可一世的淫威；力士推朱云去斩首的凶相；立于旁边的左将军辛庆忌向皇帝请求赦免朱云的争辩，并愿以死相争的义气，表现得很突出。整幅画面讲述了极为真实的可歌可泣的历史故事，其艺术技巧的表达亦恰如其分。当然，这幅画所歌颂的是民族的正气。后来汉成帝终于醒悟，采纳了左将军的建议，赦免了朱云，并命保留折断的栏杆，以表彰直言敢谏的忠臣。徐悲鸿在这幅感人的图画下方题道：

此幅曾入多种著录，实是北宋人华贵手迹……就画而言，诚为中国艺术品中一奇。其朱云与力士挣扎部分，神情动态之妙，举吾国古今任何高手之任何幅画，俱难与之并论也，不待著录考证，始重其声价也。吾《八十七神仙卷》宣达雍和肃穆韵律，此则传抗争紧张情绪，而此二奇并归吾典守，为吾精神之慰藉，自谓深幸已。

徐悲鸿为阻止中国宝贵文物流落到国外，还做了许多事情。

1949 年初，北平城内垂露胡同方家每月都有一次书画展销。一天傍晚，徐悲鸿开完会回家，十分疲惫，正待休息用晚饭，忽然想起一件事，就叫廖静文一同出去。因为那天是方家当月展销的第一天，他担心有人捷足先登将好画选走。

那是一所普通的四合院，几间屋子里挂满了字画，方先生正与一位和徐悲鸿相识的外国驻华大使交谈。原来大使相中了一幅疑为元朝王振鹏画的《梅妃写真图》长卷，他们正在讨价还价。

徐悲鸿走近一看，原来是描绘宫廷生活的画卷，人物众多，场面宏伟，表现的是宫廷画师正为唐明皇宠爱的梅妃画像的情节，气氛宁静，形象深刻传神。如此一幅技艺精湛的古画，怎可流落到外国人之手？徐悲鸿毫不犹豫地对方先生说："这画照标签上的价格我买了，不少给一分。"其实徐悲鸿往往是钱不足，靠借钱或再以自己的作品补偿，方可买到他所喜欢的，尤其是不能流失海外的精品。

徐悲鸿在《梅妃写真图》一画上题跋曰：

此画以人物树石界画画法而论，可能是仇十洲作品，五百年中惟仇方有此功力。而绢素新洁，虽赖保存之善，但终不能令人想象五百年以上也。昔人有尊古之习，遂以为孤云处士王振鹏，实无根据。余因古人物佳幅难得，工整界画更难得，因借债收之。

下面再说说被视为"悲鸿生命"的、差一点置徐悲鸿于死地的那幅《八十七神仙卷》得而复失、失而复得的过程。

1937年，徐悲鸿在香港举办画展时，作家许地山先生及夫人介绍徐悲鸿去看一位德籍夫人收藏的中国字画。这位夫人的父亲曾在中国任公职数十年，去世后遗留下一批遗产，其中有四箱中国书画。

徐悲鸿一箱一箱看着，顺手挑了一两件。可是当他看到第三箱时，眼睛陡然一亮—— 一幅长卷奇迹般地出现在他面前。展开画卷时，由于兴奋手指颤抖不已，心在激烈跳动，他几乎是在叫喊："下面的画我都不看了！我只要这一幅！"当即商量价格。徐悲鸿因为手边现金不足一万元，提出再加上自己的七件作品作为交换条件。为这件流落于外国人之手的国宝赎身，使之回归祖国，被徐悲鸿视为平生最快意的事。

徐悲鸿为此神魂颠倒，定名为《八十七神仙卷》。他认定，此卷非唐代高手不能为也。

这是一幅白描人物手卷，绢底呈深褐色，画面有八十七位人物，飘飘欲仙，列队而行，体态造型优美生动，线条精练而富有生命力，是我国古代杰出的人物画作品。

我国北宋画家武宗元所作《朝元仙杖图》与此卷构图基本一致，但那显然是个摹本。而《八十七神仙卷》经张大千和谢稚柳两位鉴定，也认为非唐代高手不能为。

显然，徐悲鸿认为这是一件由唐以来中国传统人物绘画的最高古本；中国画技法形成以线描为主的艺术特点，以此为据绝不是虚传。可惜徐悲鸿生前未去山西永济的元代永乐宫（现在芮城）观赏其壁画，若成行，完全可以从中进行比较认识。由唐以降，经五代的《韩熙载夜宴图》，宋代的李公麟诸家大作，再看元代永乐宫壁画，是一条清晰可见的以线为主的优良的人物画传统。《八十七神仙卷》的艺术价值和位置之高显然无疑。

徐悲鸿将其重新装裱，加了题跋，盖了“悲鸿生命”印章，请香港中华书局采用珂罗版精印传播于世。原件伴随徐悲鸿在海内外出生入死游荡十几年。

1941年，徐悲鸿从新加坡带着一部分作品（包括《八十七神仙卷》），逃出入侵东南亚的日寇的魔掌，途经缅甸到达云南。准备回重庆之前，徐悲鸿在昆明暂时得到了休息，即准备劳军画展，将卖画全部收入捐献国家以慰劳前方英勇抗战的将士。

与徐悲鸿同时从新加坡逃难出来的一位“刘将军”，自称曾是抗日将领马占山将军的秘书，又曾被日寇逮捕并逼迫出任伪职。但他严词拒绝，因此受到严刑拷打，后来获得狱中爱国志士帮助逃出虎口。因这样光荣的经历，他一路受到尊敬，徐悲鸿也同样对他另眼看待。世间往往会在一定时期出现一定类型的骗子，不花气力而获得善良人们的同情与信任——因为人们向往英雄，英雄就会平白来到你的面前，这位“刘将军”很可能就是其中之一。

当时徐悲鸿住在云南大学一幢楼上。一天，忽然空袭警报响起，日本轰炸机结队而来，徐悲鸿匆忙与许多人一起跑入防空洞。等警报解除回到住所，他发现门锁被撬，《八十七神仙卷》与自己三十余幅作品被盗。

徐悲鸿像被人当头猛击一棒，眼前一片黑暗，仿佛五脏俱裂。这件被他赎身的“国宝”，又被他视为生命的珍宝，与他历经患难来到昆明，虽然报警查找，可是几天过去了，仍杳无踪影。徐悲鸿心急如焚，吃不下睡不稳，终于病倒了。

他悲伤赋诗自忏：

想象方壶碧海沉，帝心凄切痛何深。
相如能任连城璧，愧此须眉负此身。

他以历史上蔺相如保住价值连城的和氏璧作比较，来谴责自己未能保住同样重要的《八十七神仙卷》。他遗憾，他痛心，他悔恨，他更担心这幅画再流落到国外。

徐悲鸿拖着疲乏的身子回到了重庆。到机场迎接他的只有他的几位学生，没有任何官方的人。尽管他在国外辛苦奔波，没有花国家一分钱，为抗战和中外文化交流做了重大贡献，当政者却视而不见。

一位四十七岁的人，看上去远远超过了他的实际年龄。他为多难多灾的祖国付出太多，他心中的牵挂也更多。

在中央大学艺术系欢迎会上，学生们放鞭炮，他们亲手做的饭菜摆满了简陋的课桌。当他听到学生们说：“徐老师，我们终于把你盼回来了!”“徐老师，我们望眼欲穿啊!”徐悲鸿回答说：“我回到家了。”眼泪便不停地流下来。晚上，他躺在中大宿舍上下铺的木板床上，想到的是国家，是敌人的猖狂，是他为之努力的事业，是藏在新加坡的一批艺术品，是《八十七神仙卷》，还有他的儿女以及将要破碎的家。

两年多过去了，1944 年，一位中大艺术系学生由成都写信给徐悲鸿说，在一位不相识的人家中见到了《八十七神仙卷》。这使徐悲鸿激动不已。他反复思索对策，以避免《八十七神仙卷》再遭厄运而铸成终身大憾。

最后徐悲鸿和廖静文决定找一位干练的人，先去成都与藏画者设法认识，看看是不是那幅《八十七神仙卷》，再商量解决办法，如果需要花钱买回也在所不惜。人选就是那位“刘将军”，他带了一笔费用前往成都了。徐悲鸿的心一直被牵动着，结果来信说要花巨款方可到手。

徐悲鸿便日夜作画筹款，先寄去二十万现款，随后一次一次寄去自己的作品，多达数十幅。最后“刘将军”终于“完璧归赵”，将《八十七神仙卷》带到了徐悲鸿面前。虽然画面上的题跋和“悲鸿生命”印章被割掉挖去，但画中八十七位仙人仿佛没有受过惊扰，依旧安然无恙。徐悲鸿当即赋诗一首：

得见神仙一面难，况与伴侣尽情看。
人生总是葑菲味，换到金丹凡骨安。

看看那位换了崭新装束、气派阔绰、留了短发的“刘将军”，廖静文不免怀疑：那些钱和寄去的画是否都到了藏画者手中呢？她将这个念头向徐悲鸿诉说了，徐悲鸿只是笑笑，不在意地说：“何必计较那些钱与画，只要将这件宝贝弄回来，便是很了不起的功劳了。”

此后，“刘将军”经常来向徐悲鸿要画，有时一次竟达五六幅之多。徐悲鸿感念他，从不拒绝。

后来果然听到消息，成都那位藏画者什么也没有得到，全部的钱和画都落入“刘将军”之手。抗战胜利后，又听说那位“刘将军”口中都是编造出来的谎话。

1948 年，徐悲鸿将《八十七神仙卷》重新装裱，再请张大千和谢稚柳写了跋。1953 年，人民美术出版社出版了《八十七神仙卷》。紧接着，荣宝斋精工刻水印版出版问世。

徐悲鸿在短短的一生中，为国收藏数以千计的中外艺术品，是为了

佚名　《八十七神仙卷》（局部）　国画

建美术馆、陈列馆。他费尽心血所付出的劳动将永远被中国人民纪念。后来虽然由廖静文奔波建成了“徐悲鸿纪念馆”，却因展厅有限，很多收藏尚不能予以充分展出、供人们欣赏，希望寄托于将来了。

这里不能不提到一件令人遗憾的事，就是徐悲鸿为与蒋碧微离婚所付出的古画四十幅、国画一百五十幅。那是蒋碧微点名索取的，但愿都不会流失散落。

一个民族的自信、强盛，不是表现在对他族炫耀武力上，而是表现在对本民族历史文化的充分认识上，以及敢于吸收别的民族文化以丰富自己，又能够向别人展现自己的优势，取得人家的尊重、吸引别人学习。

徐悲鸿既然勇于跑出国门，去虚心学习人家优秀的文化艺术，那么他也敢于将自己国家、民族优秀的文化艺术向世界各国展现。说得白一些，就是我学了你们的好东西——油画技术，现在也请你们看看我们的现代艺术家根据我国传统绘画技法所表现的创新作品；你们与我们在绘画上是不同的体系、不同的审美范畴，互相了解是有益的。

20 世纪 30 年代初，也就是徐悲鸿留学归来后的三四年，他主动在美术界扛起了同欧亚两大洲进行交流的大旗。他的思想高度和行为准则都是超前的。要交流就要拿出好的东西，而且要拿有特色的东西，这是一项极其严肃的、关系到国家民族尊严的大事，马虎不得。

徐悲鸿充分认识到交流的重要性，他身体力行、义无反顾地去组织、去行动。前面我们看到他那么有意识且强烈地将自己和自己的学生送到国外学习，其目的十分明确，是为了提升自己国家、民族的文化艺术而去借鉴。同时，他又积极将自己国家优秀的艺术推向世界去弘扬。他亲自率团前往东南亚国家乃至印度、法国、意大利、德国、比利时、苏联举办展览，兼而演说宣传，并且促成了苏联现代版画展在中国上海开幕（他与鲁迅都亲自参加并在座谈会上发言，之后又著文发表）。对文化艺术交流的工作，他是力所能及地去做。可惜 1941 年正当他准备赴美之时，太平洋战争爆发了，他无比遗憾未能踏上美洲大陆。

有目共睹，徐悲鸿从法国留学八年归来，又遇上日本军国主义入侵，全国掀起抗战救亡运动。他投身教学，又担起改革中国画的重任，同时进行西画与中国画两方面的创作。他一面向国画界守旧保守派作斗争，另一面向走西方现代派的势力宣战。他不断举办义卖，捐献画展收入支援抗战军民，他又赴新加坡、菲律宾、印度等亚洲国家和欧洲各国去举办画展、讲学，进行国际文化艺术交流。

徐悲鸿十分清楚国际交流是国与国的相交，需要互相尊重。当时的政府曾于 1933 年在法国巴黎举办了一个中国画展览，参展作品没有严格审查和选择，组织者也缺乏专业知识，这样一种官方展览是十分不负责任的，起不到真正交流的作用，而且影响恶劣。徐悲鸿极其气愤，在百忙之中，他决定负起真正交流的责任，亲自策划，亲自选择作品，从作者到作品负责到底，以求代表国家水平。按理政府应予以大力支持，但是相反，由官方来的是冷遇，是经费上的刁难。徐悲鸿那一意孤行的性格，要做就要做好的决心，没有把这点困难放在眼里，他将自己南京傅厚岗的房产抵押给银行以贷款，最后到欧洲五国举办了七次画展并获得了空前的成功。

一件事情的成功，带头人的权威性和品德声望至关重要。徐悲鸿自信、有号召力，事实也证明他取得了超群的成就，在交流工作上为国家争得了荣誉。

很多事是相辅相成的，交流固然对两国有益，对个人也可以开阔眼界、增广见闻。徐悲鸿深知其中的道理，因此他一有机会出国访问，即使不办展览，也要带上国内优秀画家的作品，展示给国际友人们。他曾将任伯年、齐白石、蒋兆和等的绘画作品以及陈志农的剪纸随身带出国门，去听取国际友人的评论。更不用说他买了大量印刷品回国，在学校陈列讲解，甚至分送给每个学生，而且还有针对性地送给某某同学这些，送给另一位同学那些。这些都是为了对他们有更直接的启发。

由于徐悲鸿亲自出马前往国外进行文化艺术交流，其影响特殊。他本身去国外学习过，能做到知己知彼。他又是艺术家，言谈合辙。他知道针对性，更知道工作上的取舍。他的身份就给展览、交流带来了吸引力。

印度是一个历史悠久的文化古国，又有大"诗圣"泰戈尔，徐悲鸿如果缺乏艺术与文化上的修养，是难以与印度文化进行交流的。结果是两者水乳交融，情谊绵长。

印度人民倾服徐悲鸿的艺术和人品，泰戈尔对徐悲鸿的喜爱与信任，已不是以贵宾相待，而是朋友和亲人。泰戈尔在病中舍不得徐悲鸿离开，为了出一本画册，他要求徐悲鸿为自己的美术作品集作挑选，徐悲鸿胜任了。至今传世的那本泰戈尔画册，就是经过徐悲鸿之手选辑的。

并且，徐悲鸿与法国、意大利、比利时以及德国当地艺术家的友情，更是借着画展交流更上一层楼。最为突出的表现是他们国家的美术馆，从此开辟了收藏近代中国美术品的陈列专室，这是破天荒的大事。

在苏联，徐悲鸿进一步与艺术家接触交往，收获之大也是难以估量的。

徐悲鸿 《甘地像》 素描 1940年

1940年徐悲鸿与泰戈尔合影

在交流工作中有两条阵线在平行运作，一是通过展览，二是通过与艺术界及其他人士的深入交往，使得交流工作意义加深。今天我们在海外，更深地体会到交流之重要，在交流中会深感国家民族强盛之重要。当年作为一个爱国主义者的徐悲鸿，不是更有切身的体验吗?

更令人感动的是徐悲鸿在病逝前，与日本尾崎清次先生的通信交往。徐悲鸿请求他代购渡边省亭和竹内栖凤画集，又得到油井先生、铃木先生、上野诚及泷平二郎先生的木刻原作。徐悲鸿于病榻上托李桦以木刻作品回赠，并请求中国美术家协会带画给尾崎清次先生致谢，转寄《悲鸿水墨画选》和《悲鸿素描选》各两册以表深切的感谢。

交流是相互尊重与学习，能促进和平与友谊，有益社会与世界。徐悲鸿在六十多年以前，为中国艺术界做出了最为生动的榜样。

第三章 独持卓见

徐悲鸿“独持偏见，一意孤行”的主张，对他来说是性格的真实体现，是一种自由人性的自白，是民主风骨的追求，是出淤泥而不染的祈求，更是一种艺术人生的理想境界，是富有美学价值的。

经友人集资协助，1932年在南京傅厚岗，徐悲鸿建了一所新宅，命名为“危巢”，表现了他忧国忧民的意识，身处安乐心念忧患。我们从他的《危巢小记》中，可以看出其宗旨：“古人有居安思危之训，抑于灾祸丧乱之际，卧薪尝胆之秋，敢忘其危？是取名之义也。”接着他又作了一个极为深刻的比喻：

黄山之松生危崖之上，托根石隙，吸取云露，与风霜战，奇态百出，惊心骇目。好事者命石工凿之，置于庭园，长垣缭绕，灌溉以时，屈者日伸，瘦者日肥，奇态尽失，与常松等。人因好其奇而收之，不知营养充实适宜损其奇也。悲鸿有居，毋乃类是。

徐悲鸿在警示自己于国难深重之时，不敢图取个人安乐而忘记国家危机，他要坚持个性，不同流合污。可惜这些崇高意识没有感染自己的亲人蒋碧微。

徐悲鸿不顾当时的政治环境，公开地在他的画室中悬挂泰山经石峪字集联“独持偏见，一意孤行”，横题为斋名“应毋庸议”。表面看去很容易被误解为徐悲鸿是一个固执任性、不合群的人。无怪乎当年做记者的黄苗子看后惊讶吐舌（谁看了也会为他倒吸一口冷气的）。其实，那是徐悲鸿在人生经历中所形成的性格，是他为人处世的态度，表现了一种“和而不流，有所自守”的精神。我们所认识的徐悲鸿是个心胸宽阔、交友无门户之见、克己待人又通情达理、平易近人的性情中人。

众所周知，他一生严格遵守格言“尊德性，崇文学，致广大，尽精微，极高明，道中庸”。他认为处理事情的最高准则和境界是“中庸”。因此他在出国护照的表格“信仰”一栏中，曾填“崇孔孟，信‘儒教’”字样。我们也可以从他的作品中见到《紫气东来》（孔子拜见老子，1943）、《论语一章》（孔子讲学情节，1943）等，一窥他思想另一面的深度和追求。

可是，身处那种令人不满意的现实生活中，徐悲鸿又常常被误解为偏激，被看成一意孤行。但他在所不惜、我行我素，追求自己的人生目标。如果徐悲鸿没有这份精神和意志，也就是说没有那种性格，就不会有今天我们所认识的徐悲鸿了。

他所以选择“独持偏见，一意孤行”作为自己的座右铭，是因为在他自己的生活里，有干扰和违心，有意志不能通达的阻力。他要表现一种不同流合污、不人云亦云的叛逆精神。这种性格的形成，也可以说是他长期生活经验的总结。

当然，他也曾坦然地回答过廖静文对“偏见和孤行”的质疑，说：“那只是表示我不愿与南京政府当权者合作的态度罢了。”其实这只是问题的一个方面。

关于徐悲鸿性格形成的早期因素，我们可以通过他青少年时期的两件事，看出他未来性格的导向。

徐悲鸿十五岁那年，家中省吃俭用为他做了一件绸料长衫。一次他穿着这件绸衣去参加乡亲的酒宴。一个穷孩子第一次穿绸衫赴宴，心中又喜又拘谨，处处小心翼翼。事情偏偏凑巧，旁座一位喝酒失态的客人，竟用烟将徐悲鸿的绸衫烧了一个洞。这对家境贫困的徐悲鸿刺激极大，他心情痛悔难平，回到家又受到父母的一顿训斥。从此，倔强的徐悲鸿立志终身烟酒不沾，而且也决不再穿绸衣。这就是我们后来见到徐悲鸿时，总是见他身穿布袍或夏布长衫的缘故。这里体现了他的一种性格意志。

再一件事是徐悲鸿十七岁那年，父亲病重，也可能是他父亲想早日抱上孙子，或者为己“冲喜”，全然不顾徐悲鸿的反对，决定让长子徐悲鸿娶乡姑赖氏。身为孝子的徐悲鸿，这次却要违背父命离家逃婚了，结果还是被抓了回来强行从命。

这是终身大事，却极大地违背了当时已具有新观念的徐悲鸿的意愿。后来生一子，徐悲鸿取名为“劫生”，家人改为“吉生”。两年后父亲和妻子相继离世，又过了几年孩子也病逝。这给徐悲鸿身心造成的创伤，是无法弥补和愈合的，这种违背己愿的事情万万不可再出现。失败的婚姻让他从反面增强了自己坚持己见、不做违心事的性格。

因此，我们从徐悲鸿后来坚强的个性下所做的一系列事情看到，只要他认为是正确合理的，便敢作敢为，而且是义无反顾、勇往直前地去做、去完成，甚至于不顾性命安危，其毅力是惊人的。

下面简要列举徐悲鸿一生中“独持偏见，一意孤行”的一些事情，以了解他的为人、他的性格。

20 世纪初，一个乡间青年孤身跑到上海闯天下，而且一心一意探求去欧洲学习绘画艺术之路，表现出了极大的冒险精神，最后终于达到了目的。到欧洲后看准了目标，不怕饥饿困苦，抱病攻读现实主义绘画，体现了学不到手绝不罢休的超人毅力。

徐悲鸿对爱情追求表现出的超俗精神，震动了当时的上海滩。当徐悲鸿在蒋府与蒋碧微相识后，一对青年男女慢慢产生爱慕之心。女方双亲经常表露出的“可惜没有再生一个女儿，否则就可以与悲鸿成亲了”的言语，鼓舞了徐悲鸿，也激发了蒋碧微那不满自己已被许配查家而逃婚的动机。再加上蒋家亲戚，也是徐悲鸿在宜兴的同事朱了洲，和大名鼎鼎的康有为的支持与策划，徐悲鸿竟敢做出与蒋碧微私奔日本的壮举，的确是拿出了为自己的爱情做主的勇气。

1928 年至 1930 年间，徐悲鸿接连创作了两幅油画巨作《田横五百士》和《徯我后》，都是以借古喻今为内容。尤其《徯我后》不满现实的倾向性十分明显，招来了张道藩亲自劝阻，又有蒋碧微干涉阻止。徐悲鸿无动于衷，坦然地进行创作，之后作品展览发表，保存至今。这表现了一个艺术家坚持创作自由的原则以及藐视当权者的精神。

1928年底，南京政府刮起了一股要拆城墙的传闻，墙砖用来修建陆军军事学校校舍。蒋介石当时兼任南京陆军军事学校校长，据说已批准并下发了文件，具体拆除的是从太平门到神策门的一段明代城墙。徐悲鸿此时正在南京国立中央大学艺术系任教，还兼任南京古物保管委员会委员，听到明城墙将被拆的消息，即给北平政治分会发电报，提出坚持反对的理由，并向报界公布。南京政府为此召开了紧急会议。蒋介石动火了，他认为明城墙保存无意义，军校已动工，急需城砖，拆城令不变。徐悲鸿一介书生，他以西湖雷峰塔倒塌为例，指责南京拆城墙是“续貂之举”，文中述：“欲毁世界第一等之巨工，溯其谋乃利其砖，呜呼！刘伯温胡不推算，令朱元璋多制亿兆大砖，埋之于今国民政府所欲建造之地，而使我四万万人拱戴之首都，失其低回咏叹，徜徉登临，忘忧寄慨之乐国也。”许多人为徐悲鸿担心，而徐悲鸿决不让步。他的呼吁获得社会各界的支持，蒋介石于1929年3月下令停拆明城墙。这段故事已保存在南京第二历史档案馆内。这种事民间叫“太岁头上动土，老虎嘴上拔须”。

1929年，徐悲鸿率先带头与具有形式主义倾向的绘画展开论战，在捍卫艺术作为一种有益社会、民族的创造性劳动的斗争中，表现出了不顾私人交情的坚强意志。1947年在北平与中国画界保守的旧势力展开论战，并且无情地回击了由党派参与的攻击和污蔑，甚至恐吓威胁。对“摧残国画的罪人”和发动的“驱徐运动”，徐悲鸿有理有节地予以回击。为了民族艺术健康发展，不顾个人安危去坚持真理，这就是他对“独持偏见，一意孤行”的诠释。

1933年，徐悲鸿得知政府组织了一个到巴黎展出的低水准画展，十分气愤，毅然决定亲自出马组织高水准、有代表性的中国画赴欧洲各国巡回展出。经费受到刁难，他在所不惜，将自己南京傅厚岗的房屋抵押出去，要把真正的文化交流工作办得有始有终、尽善尽美为止。其间，徐悲鸿放弃英国的邀请而去苏联举办画展和访问，回国后协同张西曼教授、张仲钧等创办了民间团体“中苏文化协会”。在当时反苏反共的形势下，这是顶着一番风险的。1936 年春，上海青年会举办苏联版画展览，徐悲鸿由学生杨建侯陪同参观。在座谈会上鲁迅先生发言后，他接着发言，盛赞苏联版画对中国木刻艺术之影响。这些都体现了徐悲鸿“独持偏见，一意孤行”的精神。

1935 年，好友田汉突然被国民党逮捕。徐悲鸿闻讯后一面安慰田汉老母与妻子，一面四处奔走营救，最后无奈找到张道藩。张一口答应，但是有个条件：徐悲鸿可以为田汉担保，但如果田汉再有“越轨”行为，那就国法无情了，包括担保人在内也要被捕入狱。徐悲鸿为救朋友无所顾忌地答应了。田汉出狱后，徐悲鸿不顾蒋碧微的反对，安排他们一家住到自己的傅厚岗“危巢”家中休养。

徐悲鸿看透了当权者丧权辱国的腐败行径，增强了与政局不合作的志向。他愤然离家去广西，在报上著文抨击当局。张道藩派蒋碧微前往广西劝徐悲鸿回南京，被徐毅然拒绝。

张道藩明知田汉出狱后不会沉默，那样一来担保人徐悲鸿就要被捕，离开南京，张道藩可以畅行无阻地与蒋碧微交往。为了掩人耳目，张道藩让蒋碧微辛苦一趟去广西说服徐悲鸿回南京，但张道藩明知徐悲鸿是不会回来的。这样既做了人情又满足了私欲，别人还会感到他张道藩仁至义尽。

徐悲鸿藐视这一切。

1938 年 4 月，为了团结抗战，国共合作，在武汉成立了政治部第三厅，郭沫若任厅长，下设三处九科。第六处掌管艺术宣传，田汉为处长；下设三科，戏剧音乐科由洪深负责，美术科请徐悲鸿负责。既然为了抗战，徐悲鸿兴致勃勃地跑去报到，未料走错了路，跑到陈诚的办公室坐了几个钟头的冷板凳而无人理睬。

这时徐悲鸿大悟：宣传抗战何必跑到这种政府衙门里来呢？他一贯厌烦这种官僚气息，更不想让他们来约束自己的爱国行为。自己也可以组织美术队伍赴前线作画，反映抗敌英雄事迹，更可以办画展为抗战募捐。徐悲鸿拂袖而去。当郭沫若闻讯后赶来，徐已无影无踪了。后来徐悲鸿在给吴作人转田汉的信中表示，他们可以利用自己的名字，也可让倪贻德去做，借此培养青年人。徐悲鸿走自己的路去了。这里再一次表现出徐悲鸿对官场的厌恶，以及独来独往的性格。从此徐悲鸿在国内外成功地举办了十数次募捐义卖画展，全部款项送往前线及灾难深重的民间。

其间最使人惊心的是，他前后五六次拒绝为蒋介石画像（包括为蒋介石五十大寿画像）。蒋碧微在旁助劝，并以戴季陶和朱家骅介绍加入国民党为诱饵，这只能使徐悲鸿更感气愤。他宁可在南京交通部大厦三楼小礼堂画一幅孙中山先生像，决不为蒋介石画一笔，他甚至跑到广西去为李宗仁、白崇禧、黄旭初画像。这就是他的“偏见”和“孤行”所表现出来的正义之气。

1942 年，徐悲鸿在重庆看了全国木刻版画展览后，又不顾自身安危写文章赞扬延安木刻家古元的作品，说：“我在中华民国三十一年十月十五日下午三时，发现中国艺术界一卓越之天才，乃中国共产党的大艺术家古元。”这简直太无所顾忌。人人皆知当时国共关系已十分紧张，徐悲鸿犹如老虎嘴上拔须，自找麻烦。在国民党的新闻舆论控制下，这篇评论只能在重庆一家私营报《新民报》上发表，但还是招来了张道藩的反对，他要组织人写文章攻击徐悲鸿。有人来劝徐悲鸿，不能得罪掌管国民党宣传部的张道藩这种有势力的人，更不能触动国民党的神经。徐悲鸿却坦然地说：“就让他们攻击吧，我行我素，我认为任何

徐悲鸿　《大树双马》　中国画　1938年

时候都要说真话，我在美术界有这个责任，为什么共产党的画家好就不能宣扬？我决不会舍真理而屈从权势的。”

让我们再看看另一件事情。

1945 年 2 月 5 日，郭沫若从重庆市区来探望养病的徐悲鸿，并带来周恩来的问候。他们谈得很默契，然后话锋转到彼此都认为目前急需一个有中国共产党参加的民主联合政府，才能有利于抗战时，郭老立即从衣袋里掏出一份文稿，题目是《陪都文化界对时局进言》。徐悲鸿接过去读后，在《陪都文化界对时局进言》上签了自己的名字。廖静文也一同签了名。大家都清楚这要冒很大的风险。那天郭沫若即席挥毫，作了七言绝句一首：

豪情不让千钟酒，一骑能冲万仞关。
仿佛有人为击筑，磐溪易水古今寒。

1945 年 2 月 22 日，重庆《新华日报》刊登了《陪都文化界对时局进言》全文和三百一十二人的签名，震动了全国文化界和全国人民。蒋介石发怒了，他把国民党中央文化运动委员会主任张道藩找去大骂一顿，责问为什么文化界一些重要人物都被共产党拉走了，并命令他一定查清，另外发表一个声明。

接着张道藩派人来找徐悲鸿，转达蒋介石的意思，请徐悲鸿登受骗声明，否则对徐悲鸿十分不利。又来人逼迫徐悲鸿在一个所谓文化界的宣言上签名，都被徐悲鸿“要关要杀，决不后悔”严词拒绝了。于是侮辱谩骂、威胁恐吓的匿名信接二连三寄来了。对徐悲鸿来说，这些只能使他更看清了现实。

最后张道藩亲自来劝说徐悲鸿，廖静文在《徐悲鸿传》中记录了他们的一段对话：

张：悲鸿兄，你现在是国内国际都闻名的大画家，为什么还把生活搞得这样苦？我在南京时，看见你画室里的墙上挂着一副“独持偏见，一意孤行”的大字对联。如今，你的墙上倒是没有这副对联了，但你对事对人，还是过去那种性格。长此持敌对情绪，怕不妥当吧？比如上次那个《陪都文化界对时局进言》，你又何必那样坚持呢？这样下去是很危险的。

徐：君子有所守，人各有志。我该做什么，不该做什么，我自有选择。为了该做的事，生命也可以付出。而且人总应该明辨是非，推崇真理。生命固属可贵，但古今中外，不少人为了卫护真理，而流血牺牲，我敬重这种品德。至于你们，你们搞的那一套尽是欺骗……

张：老兄，你还是跟当初在巴黎的时候一样。那时候，你年轻，还情有可原；可是，现在已过了二十多年，总该阅世深一些吧？而你，说句不好听的话，是个学究！你老是抱住“真理，真理”。你那个“真理”值几分钱？老兄，一切都应讲求实际才对，识时务者为俊杰，至少也不至于碰得头破血流吧……

徐：你这些话正好表明，你所追逐的只是你个人的利欲，更不必说国家前途了！

张：悲鸿兄，你也太过甚其词了，我一直在为党国鞠躬尽瘁，这是大家有目共睹的。

在徐悲鸿的轻蔑眼神下，张道藩尴尬地灰溜溜地走了。

紧接着 1945 年抗战胜利后，蒋介石要买徐悲鸿的一幅中国画《灵鹫》，想作为欢送美国一将军回国的礼物，但被徐悲鸿拒绝了。可以说这是徐悲鸿的一贯态度，谁也劝阻不了。原来这位美国将军就是帮助中国抗战的陈纳德。徐悲鸿画了《八骏图》相赠，使陈纳德喜出望外——他喜欢《八骏图》远超出喜欢《灵鹫》。他与徐悲鸿成了好朋友，《八骏图》一直在美国陪伴他直到去世。2005 年 3 月陈纳德夫人陈香梅访问上海时，曾对记者谈到徐悲鸿的《八骏图》。她说："陈纳德去世后，我觉得个人保存这张画太可惜，我就将它送给华盛顿弗利尔亚洲博物馆，让所有的人来欣赏。"

1948 年，北平时局紧张，南京政府紧急电令北平一批大专院校南迁，教育部又汇来一笔款作为南迁之用的"应变费"，徐悲鸿被列入"抢救大陆学人计划"的名单中。国民党要员纷纷离开，北平出现一片惊慌与混乱，北大、清华、北师大以及北平研究院的一些教授专家，已携家属相继南去了。徐悲鸿不仅自己不为所动，而且联络他周围的一批美术界重要力量与他站在一起。齐白石受到恐吓，正要订机票去香港，经徐悲鸿动员和说服，跟着徐悲鸿一起留在了北平。徐悲鸿将那笔数目不少的"应变费"，分发给全体教职员工和学生会，作为购粮护校之用。同时，徐悲鸿在傅作义将军邀请的一批学者名流征询意见会议上，第一个打破了沉闷，站起来发言："北平是一座闻名于世界的文化古城，它在世界建筑艺术的宝库中也属罕见的。为了保护我国优秀的古代文化免遭破坏，也为了保护北平人民的生命和财产免受损伤，我希望傅作义将军顾全大局，顺从民意，以使北平免于炮火的摧毁。"之后，会场上沉默空气一扫而光，大家纷纷发表意见支持徐悲鸿。虽然后来徐悲鸿曾接到恐吓电话，但对他的意志毫无影响。当局又以请徐悲鸿出国办画展，应尼赫鲁总理之邀再赴印度为诱饵，徐悲鸿都无所动心。

从以上一些事情可看出，徐悲鸿明显与当局不合作，表现出一副硬骨头精神，令人敬佩。

一个时代结束了，徐悲鸿曾极其厌恶的那个时代过去了，面前迎来了一个新时代。在这个新时代里，有令他钦佩的领袖人物毛泽东，有他的留法同学周恩来，有他文艺界的朋友与伙伴田汉、郭沫若、欧阳予倩等，有曾被他赞扬过的延安木刻家古元、彦涵等，也有他的得意学生冯法祀、侯一民、李天祥等，更有他的女儿。新时代也确确实实给了徐悲鸿荣誉和尊重。

在新时代中，徐悲鸿只生活了四年多，他体会到了一种中国人站起来了的自豪感。在山东沭河改道的工地上，他亲眼看到了工农队伍冲天的干劲。在全国英模大会上，他听到了普通人感人肺腑的发言和事迹。他不顾身体的虚弱奔忙着：各种会议、学校的管理和教学、日常的应酬以及抽时间作画，等等。总之一句话：徐悲鸿对未来的新时代，充满了希望和信任。这是真真实实的。我们当时做学生的，也的确感到徐悲鸿校长年轻了、精神了。

在新时代里，如果一切称心如意，那么徐悲鸿所坚持的颇有挑战意味的“独持偏见，一意孤行”，必然会逐渐在生活中淡化，因为失去了针对性。

我们都为徐悲鸿老院长走得太早而惋惜，否则该有多少业绩可以由他再创造出来，他的早逝真是中华民族的重大损失。

2000 年我接到徐悲鸿生前好友、居美国费城的九十八高龄的顾毓琇老教授来信，信中说：“你写徐悲鸿书为一大事，尊画只能暂搁（养精蓄锐）亦是好事。悲鸿享年五十八（1895—1953）不满花甲，惜哉!”这代表了大多数人的善心好意。

当然，徐悲鸿过去一贯抱着“是非容能颠倒，公道自在人心”的处世态度。他在生活中不是没有遭受到攻击，但他一般很宽容。

比如徐悲鸿生前曾对廖静文说过：“一个人被人反对是常事，只要不是人身攻击、无中生有，都无所谓。在重庆、北平国民党小报上常有的事，看了后一笑了之。我相信绝大多数人民是懂是非的，是善良的，维护真理的，我不会去生气的。”

徐悲鸿举印度老甘地的例子说：“他为了印度的民族利益，反对英国的统治，自己没有武力，用绝食来反抗。他自制衣服穿，过着最平凡朴素的生活，可是还有人拿石头打他……但是公道在人心……”

徐悲鸿“独持偏见，一意孤行”的主张，对他来说是性格的真实体现，是一种自由人性的自白，是民主风骨的追求，是出淤泥而不染的祈求，更是一种艺术人生的理想境界，是富有美学价值的。

“独持偏见，一意孤行”，与一个真正的中国艺术家一起，走完了一生的历程。

达仰是徐悲鸿在法国留学时的老师，柯罗（Corot，1796—1875）又是达仰的老师。达仰十七岁时，柯罗赠言:“真诚与自信。”后来达仰又将“真诚与自信”赠给徐悲鸿。徐悲鸿一生以各种方式坚守着师长的赠言。

总之，那副常被人们误解的“独持偏见，一意孤行”对联，是徐悲鸿对自己性格的一种艺术性的注解，是自尊与傲骨的统一，是要求自由民主、个性解放，是针对专制的宣言。

第四章 情感世界

廖静文曾对我说过：“悲鸿是一位感情十分丰富的人，他爱国家、爱人民，爱艺术如生命，爱朋友、爱自己的学生，爱自己的妻子和儿女。”他是一位感情外露的人，不掩盖、不隐瞒、不虚伪，真切至极。

廖静文曾对我说过："悲鸿是一位感情十分丰富的人，他爱国家、爱人民，爱艺术如生命，爱朋友、爱自己的学生，爱自己的妻子和儿女。"他是一位感情外露的人，不掩盖、不隐瞒、不虚伪，真切至极。因此他的感情世界，尤其对爱情方面的恩恩怨怨很透明。

徐悲鸿也不同于郭沫若，不同于徐志摩和郁达夫的情感纠葛。他真是应了自己名字的含义，像一只悲伤的鸿雁，东西奔波，刚得到了短暂的归宿与幸福又撒手人寰。

在感情世界里，相识相聚的情节，都是以悲剧告终。徐悲鸿的名字选择得实在不够恰当，无怪乎1934年戴季陶请吃饭，席间忽然问徐悲鸿："你有这么一个理想的夫人蒋碧微女士，为什么取悲鸿这个名字呢?"徐悲鸿茫然，只好说取此名是在认识蒋碧微以前的事。可是纵观他的一生，悲鸿的名字对他又是那么贴切。

以中国传统观念来看徐悲鸿，他真可谓清贫一辈子，福气远远不及同代名家，更不用说与张大千相比了。当然，人各有志，徐悲鸿追求的并非如此。在人生价值上，他们也无法相比，虽然他们都是好朋友。张大千在1948年来北平探望徐悲鸿，廖静文端上桌的依然是一大碗大白菜炖豆腐，吃得张大千满口称好。廖静文不止一次用遗憾至极的语气诉说，徐悲鸿离世前脚上穿的那双皮鞋是从北平小市上买来的，夏布长衫也是。廖静文还说过："悲鸿死时，是睁着眼睛的，他是舍不得他的事业，放不下他的小儿女，更不忍心撇下自己心爱的妻子。"

徐悲鸿一生在教育事业上，在艺术创作上，在交友为人方面都是成功的，唯独在爱情婚姻的悲欢离合中，路程极其坎坷，又都是他的真爱与实情编织起来的悲剧，谁也不能埋怨谁。三位聪明睿智的女性，而且又都是善良美丽的佳人，结局却是悲哀的、凄凉的、遗憾终生的。悲鸿啊悲鸿，难道真是上苍在验证你的名字吗?

一年春天，我与廖静文师母在一起时，我说"你们都是悲剧式的人物"。她叹息地说："恐怕我的悲哀比谁都重。"是的，因为她一直在孤独地为徐悲鸿活着。

徐悲鸿在事业和艺术创作中，虽然花费了惊人的劳动心血，但那是有成就补偿的，那是为人又为己、娱人也娱己的平衡效应。成功与胜利能够滋补体力与精神上的劳累付出，总体是愉快的，是兴奋的。然而徐悲鸿的一桩桩爱情际遇，却是真正无法弥补、心力交瘁、伤身伤神、凄惨分离，是没有圆满结局的绵绵忏情。

对徐悲鸿的爱情生涯，无须去指责谁是谁非。虽然有怨有悔，但都是真正的情爱。真正的情爱是无是非的。

既然留给了人间缕缕情话，被评说是难免的。这里我只想对三位女性作些客观分析，因为她们都是徐悲鸿感情世界整体中不可缺少的部分。可以说，蒋碧微和孙多慈是与徐悲鸿在纠葛中伸展，而廖静文与徐悲鸿的相合则是天作之合。三位女性各具特色，蒋碧微属于享乐型的，孙多慈属于事业型的，那么廖静文应该是属于奉献型的了。三位又都具备着不同的、超乎一般人的风度。只可惜在他们之中，徐悲鸿走得最早。

一、蒋碧微

严格地说，蒋碧微并不漂亮，不是那种美人型的相貌。但是她有风度，气质非凡，且留有一双“解放脚”。

蒋碧微身材高挑、五官端正、肤色白皙、性情开朗、举止大方，生长在一个书香门第之家，有教养，懂诗词爱音乐，典型一个大家闺秀。再加上所有女性都具备的那种天生的美感，已经使蒋碧微超群了。尤其经过徐悲鸿的选择与首肯，并受到世界繁华之都法国巴黎的熏陶，蒋碧微爱美的虚荣心和个人魅力更加高涨。

她爱打扮，人又很高傲。她在日本被东洋人夸奖并令他们羡慕得目瞪口呆，在欧洲被西洋人怀疑不是东方人，皮肤柔嫩得让那些妇女望尘莫及。作为一个女人，蒋碧微为什么不骄傲自豪呢！因此，蒋碧微企图永远生活在爱情和热恋之中。她常常梳着妙龄少女的两个抓髻发型，强打精神，自我感觉永远年轻。她浓妆艳抹，甚至像中国戏曲舞台上的一个花旦一般也在所不顾。蒋碧微为人也豪爽，对朋友热情，拿得起放得下。

我的朋友但孟新女士，是当年留法的但荫荪教授的长女，抗战时期与蒋碧微同住重庆“黄桷树”，又是对门邻居，但教授也为蒋碧微介绍过工作。在蒋的回忆录中曾描述过但教授生一女，这一女即但孟新女士，后来她们又在台湾相邻。

据但孟新女士向我介绍，蒋碧微与她父母交往不浅，她祖父过生日，蒋碧微送徐悲鸿 1944 年夏画的一幅《寿星》作为礼品，后来还送过徐悲

少女蒋碧微

鸿的《马》。那幅《寿星》，我在路易斯安那州但孟新女士家见到过，属于徐悲鸿一般应酬的作品。

但孟新女士还说，她的妹妹是蒋碧微亲自动手帮助接生的。1938年8月某一天，但孟新的母亲即将生产，正准备去医院，忽然响起空袭警报。住在重庆“黄桷树”的人们纷纷逃往防空洞，而但女士的母亲根本动不了。正在极其危急之时，蒋碧微不顾一切危险，自己留下来帮助但母，将一个女婴（但孟新女士的妹妹）接生出来了。此后，她们小姐妹俩一直称蒋碧微为“好好姆妈”。从这件事情可以印证，蒋碧微有“天生刚烈，女生男相”的气魄，而且是一位助人为乐的热情人。

留给但孟新女士印象极深的是蒋碧微脸上的红胭脂和扑鼻的香粉、香水气味……

蒋碧微与徐悲鸿是江苏宜兴同乡，但是他们的出身差距悬殊，一位富贵一位贫寒。蒋碧微出生于宜兴城南门大人巷、历代为官的书香名宅蒋家，父亲蒋梅笙在光绪年间乡试和院试皆第一，后来清政府废除科举，从此断了做官念头，便兴办学校，教书著作。母亲亦系名门出身，知书达理，填词作诗、吹箫弄笛，又弹得一手风琴，夫唱妇随。这一切影响陶冶着两个女儿。遗憾的是，蒋家生了三个儿子，两个夭折，只留下一弟。蒋碧微为小女，于光绪二十五年（1899）二月二十九出生。正巧东书院中一棵海棠盛开，祖父为她取名棠珍，字书楣。“碧微”乃是与徐悲鸿结缘后，徐悲鸿给取的名字，称呼至今。

据蒋碧微自己的回忆录，在他们家族兄弟姊妹中，有三个长得较丑，她是其中之一。这是比较中肯的，鼻子大了点。但是世界上任何女孩子，当发育到青春期时，必然发生生理的变化，而且都有一种天然美的魅力。蒋碧微也不例外，何况又经过其父母的疼爱与调教，内里与外在的秀丽与日俱增。

徐悲鸿家住宜兴屺亭桥，虽然守着几亩薄田维生，可是周围山水风景却如诗如画。父亲徐达章，放情山水，醉心书画，不理俗务，卖画鬻字贴补家用，生活虽然清苦却也勉强过得去。徐悲鸿从小从父学习，聪明过人；稍大随父避灾走游江湖，饱尝人间冷暖滋味；后来竟在宜兴城乡三校兼职执教图画课，经常步行数十里，过家门而不入地奔波，获得人们的尊敬。

徐悲鸿曾与蒋家人同事过，因此去过蒋家客厅小坐。那时蒋碧微早已听到取怪名为悲鸿者许多与众不同的逸闻趣事，好奇地跑过厅堂去看了徐悲鸿一眼，却无深刻印象。而此时的蒋碧微是个十三岁的小姑娘，已由父母做主与苏州大户查家公子订婚了。

徐悲鸿 《蒋碧微像》 油画 1920年

蒋碧微真正与徐悲鸿相遇相识，是后来其父在复旦大学任教，家住上海哈同路民厚南里五十号的时候。此时蒋碧微已经出落得亭亭玉立、丰满多姿又多愁善感。

徐悲鸿则是从乡间独闯大上海，历尽重重苦难之后，命运向着佳境转移。徐悲鸿个人婚姻情感的创伤虽然尚未愈合，但是作为一个二十岁刚出头的青年人，当灾难一件件度过，心情开始走向平稳，周围的事物也开始向自己引发好感和愉悦。徐悲鸿的身心走向舒展，对未来生活自然而然产生着美好的憧憬和向往。除了事业，对人性感情的生理需求又是不可避免的，因为徐悲鸿是个健全的人。

1917 年间，前途开始向多才多艺发展的徐悲鸿展示着无限希望，典型一个江南才子的相貌，身上也流露出一股特有的青春魅力。此时此刻，他在一种偶然的情况下，鬼使神差迈入了近在身边的蒋宅。一切都是那么巧合，通过往日一位相识又是蒋家同乡和远亲的朱了洲先生的作陪与引见，蒋碧微和徐悲鸿这一对才子佳人相遇相交了。

蒋碧微在回忆录中是这样记述的：

徐先生一到我家，就给大家留下了良好的印象，因为他外貌英俊，态度落落大方，不拘小节。那时候，他对我们一家都非常亲切随和，父亲作一首诗，他会击节称赏，母亲烧一道菜，他也会夸赞一句“天下第一”。父亲母亲都十分喜欢他，同时念他独身在外，难免另眼相看，多加照顾。没有多久，他简直变成我们家里的一分子，只要有空，他总是耽在我们家里。通常星期四下午他学校没有课，吃过中饭他便来了，到星期五早晨才赶去学校，星期六下午来后，更要到星期一早上才走。

相处久了，我们渐渐地知道他的家世，以及他从小到大的奋斗历程。那是一个很感人的故事。

…………

徐先生的故事确曾使我感动，并且使我对他产生了一种钦佩和同情兼而有之的复杂感情。那时候我只十八岁，刚刚从古老守旧的宜兴来到五光十色的上海，在这接受新潮流思想最快最多的中国第一大都市，我的生活天地局限于一楼一底的家里，我所接触的人物只有家人邻居和至好的亲友，我对我自己的生活目的懵然无知。

徐先生这时闯进我们的家庭，给我带来了新奇的感觉，秘密的喜悦。我觉得他很有吸引力，不仅在他本身，同时也由于他那许多动人的故事，以及他矢志上进的毅力，都使我对他深深地爱慕和钦佩。

…………

有一天我听到父亲在母亲面前谈他，我表面装作若无其事，其实我正聚精会神地在听。父亲夸奖徐先生，认为他的人品才貌都难得，断定他是一个可造的人才。母亲默默地听着，不时“嗯”“啊”两声，或者是颔首同意。那时我的心里有说不出的高兴。最后，父亲慨叹地说：“要是我们再有一个女儿就好了。”在那一瞬间我仿佛受了极大的撼动，父亲的话意说得太明显了。……为什么要“我们再有一个女儿”呢？因为父亲母亲的两个女儿，我姊姊已嫁到程家，我也和查家订了亲。如果再有一个女儿又将怎样？很显然的，他希望能有这样一位才貌出众、画艺高超的女婿。

就在这个时候，查紫含先生，也就是父母为我订的那位“未婚夫”，忽然犯了一个小小的错误（考试想作弊）……我从来没有和他见过面，尤其不曾听到有关他的为人性格，于是我便举一而反三，否定了查先生在我心目中的地位。……想作弊，这件事给我心理上极大的刺激，从此以后，我对他便有了不好的印象。

一天早晨，母亲为我梳辫子，徐先生坐在一边看，嘴里在和母亲聊天。母亲随便地告诉他说：查家明年说要来迎娶了。我听了不觉一震。……剩下我一个人在楼上，思前想后，不禁悲从中来，就伏在桌上饮泣……

这简直就是小说、电影、戏剧里，青年男女所编演的情爱故事。

这是一个制造青年男女爱情的环境，促使了蒋碧微的芳心有情、徐悲鸿的独身有意，而且又是在蒋碧微即将嫁入查家的前夕这一关键

时刻。蒋碧微的眼泪引起徐悲鸿的同情与怜悯，再思考自己鸿雁孤身，相依相恋一条路摆在了他们的面前。徐悲鸿和蒋碧微为自己未来的新生活，冲破世俗的约束去冒险，既浪漫诗意又惊心真切。他俩表现得毫无顾忌，勇敢至极，他们不管后面蒋家的着急，如何买棺送丧，如何向查家作假圆场。最后是虚惊一场，米已成粥，他俩比翼双飞了。他们后来也得到了父母的认可。

他们私奔去了日本，之后双双去了北京，接着携手赴法国留学八年。

徐悲鸿面临着攻克西方艺术技能的一个个堡垒，又遇上经济来源的短缺，所有这些现实困难，都不是只靠爱情就能补偿的。蒋碧微是大家闺秀，是要找一个使她美满如意、才财两全的得意郎君，日夜陪着她的伴侣，陪她购物陪她玩。她在巴黎学会了排场，学会了跳舞，学会了晚会应酬，更懂得了摩登世界所需要的一切。蒋碧微并没有认真学习法语，也没有学会音乐和小提琴。她生理上需要的爱与情更强烈了，她开始感到不满足，感到一种空虚。她埋怨了，埋怨无钱日子的艰苦，埋怨徐悲鸿不善于交际，不会跳舞打牌，不会温情脉脉，只会画画。她从心中向徐悲鸿叫出了:“你不是与我蒋碧微结婚，你是与艺术结婚!”巴黎对徐悲鸿的吸引是艺术，是能为中华民族美术引入生机的西方写实主义的造型和色彩规律。而巴黎对蒋碧微的吸引，则是另一种艺术:服饰、香水、表演艺术，以及酒吧、咖啡馆，还有社交，等等。这时蒋碧微也学会了吸烟。蒋碧微的虚荣心在膨胀，她的享乐欲望在增长。徐悲鸿这位丈夫满足不了她的需求，他们的人生观和价值观在拉开距离。

做一位大艺术家——徐悲鸿的妻子，蒋碧微的虚荣心有满足的一面，但是她的情欲与财富无法得到满足。矛盾在逐渐增加，吵吵闹闹成了家常便饭，这是徐悲鸿当初在那位单纯的少女身上无论如何也估计不到的。一句话，蒋碧微不满足当一位穷画家的妻子，她要更多的享受和与自己姿色相平衡的情与爱。这对蒋碧微来说，没有什么不对，更谈不上过分。

徐悲鸿 《凭桌》 油画 1925年

作为一个女人，蒋碧微欣赏人们对自己姿色美态的羡慕眼神，对自己赞赏夸奖的语气。她渴望周围有多位崇拜者，以此来弥补自己缺少恋爱的一段空白。她越想越感觉命运对自己的亏欠和不公平，她怀疑自己跟着徐悲鸿私奔可能是个错误。

从几件小事中，我们可以看出蒋碧微与徐悲鸿之间的裂痕在不断增加。

在巴黎求学期间，徐悲鸿很不容易积攒到一笔钱，两个人商量好，要为蒋碧微买把好一些的小提琴。他俩来到寄卖店，徐悲鸿眼睛盯着那把渴慕已久的小提琴，而蒋碧微眼睛一转，却落在了旁边一件皮大衣上，蒋碧微决意要皮大衣而放弃小提琴。蒋碧微的理由也未尝不充分，她辩白说："我作为一个中国妇女在国外不能太寒酸，否则太有失国格，也对你徐悲鸿这位做丈夫的有失体面呀！"徐悲鸿只有无奈。

1925年，徐悲鸿去新加坡筹集学费，这是他们夫妻俩第一次分开。徐悲鸿在黄曼士家中的酒席上痛哭，思念蒋碧微在巴黎的日子困苦。其实此时蒋碧微有“贵州才子”张道藩陪伴，正玩得开心至极。蒋碧微在第二部回忆录中，开宗明义又极其坦白地道明：

这时候是民国十五年的早春，悲鸿正在新加坡埋头作画，筹措我们继续留法的生活费用。早在民国八年，我和悲鸿是靠一份官费，到法国来苦学度日，我们曾撑过无数濒临饥饿边缘的日子。想不到撑到民国十四年，官费受了国内政局的影响，宣告断绝，这使我们沦于山穷水尽的地步。在这种情形下，只好由悲鸿去新加坡设法筹款，我一个人暂时留在巴黎……朋友们照拂我十分周到，道藩是其中最热心的一位……

徐悲鸿筹款完毕，由新加坡回上海，在上海下船小住，探亲访友。此时他却想念留在法国的妻子蒋碧微，赋诗寄情：

梦中忆内

衫叠盈高阁，椽侵万卷书。
梦中惊祚异，凄绝客身孤。
不解憎还爱，忘形七载来。
知卿方入夜，对影低徘徊。

后来急急乘船回巴黎，两人见了面，蒋碧微一问筹款情形，徐悲鸿因购买金石字画所剩无几，依然两手空空，当日大吵。蒋碧微对徐悲鸿失望了，徐悲鸿也对蒋碧微寒心了——曾经为她痛哭失态、思念赋诗，竟是如此相待。

徐悲鸿留法同学邵洵美就说过，在留法同学中都知道张道藩与蒋碧微的感情，只有徐悲鸿天天跑去画画不知道。其实徐悲鸿最清楚，他的心被伤透了，只是没必要说就是了。

1933年，由于生活中出现了孙多慈，蒋碧微与徐悲鸿情感进一步恶化。友人们盼望他们夫妻之间的裂痕，通过欧洲之行举办画展交流的机会，旧地重游能够愈合。可是事情并非那么简单。徐悲鸿本想借此机会去一趟西班牙的马德里博物馆，可是蒋碧微不同意，竟使徐悲鸿遗憾终生。走到苏联莫斯科，手边钱并不宽裕，徐悲鸿要购买画册、艺术品，而蒋碧微却要买皮大衣，而且不是一件——理由依然充分，这里的皮大衣便宜，作为回国赠送亲人的礼物也是应该的。

总之，他们夫妻之间的协调配合逐渐消失，他们想的不一致，要求也各异，而且颇有越演越烈的势头。徐悲鸿买金石文物，蒋碧微竟能将它们抛入痰盂里去。第二天蒋碧微就以同等价钱买衣料、化妆品予以报复。徐悲鸿给孩子买了三等火车票，蒋碧微也要吵徐悲鸿做事小气。南京傅厚岗六号，是朋友钱昌照、吴稚晖等帮助，加上徐悲鸿的积蓄，于1932年建起来的一座带画室的寓所。徐悲鸿以不忘国耻和居安思危之意，取名为“危巢”。蒋碧微反感，认为不吉利而取消。蒋碧微的确与徐悲鸿追求的不同，她要享受，认为跟着徐悲鸿尤其在国外够苦的了，她将公馆布置得一派法国式的舒雅气氛，在徐悲鸿眼里却是另一种俗气。一个是醉心于应酬享乐，一个想发奋为国为民，他们从根本上产生着分歧。

在新居落成不久，孙多慈又为了祝贺师长新画室的建成，特买来枫树苗数棵点缀庭院，结果被蒋碧微得知，命佣人将树苗全部拔出做炊火之用。可想而知，徐悲鸿只有忍气，这促成他将画室命名为“无枫堂”，并刻“无枫堂”印章以抒郁愤。他后来又刻一“大慈大悲”印章，以暗合两人之名。这是徐悲鸿与蒋碧微志不同、道不合的逆反心态，是与孙多慈“弄假成真”的导火线。

蒋碧微后来发展到劝徐悲鸿为蒋介石画像，说可以平步青云，何乐而不为；启发徐悲鸿向几位巴黎的同学学习，因为他们回国后加入国民党都做了大官，并动员徐悲鸿接受戴季陶和朱家骅两人介绍加入国民党，说：“你不肯参加我参加，你不要以为我会屈从你，我们可以分道扬镳!”可以看出他们之间是从生活、爱好、思想、政治等全方位地在“分道扬镳”，更不用说他们在感情上已同床异梦了。

蒋碧微与张道藩之间的关系，从去巴黎开始，到南京，再到重庆，徐悲鸿能不知道吗?何况他是个艺术家，艺术家对感情上的冷暖变化最敏感，更不用说尚有看清一切的朋友会告诉徐悲鸿一些什么了。但是徐悲鸿从来不提蒋与张的关系。

从1922年张道藩在柏林第一次见到蒋碧微时，已显露出垂涎三尺之态。终于到了1925年底，在徐悲鸿赴新加坡之际，张道藩忍不住写信给蒋碧微，虽然言不由衷，却是明显地在献媚。蒋碧微也装腔作势地回信传情。他们都心照不宣地深知彼此心思意念。蒋碧微在后来的回忆录《我与道藩》中第一页的楔子里，就摘录了他们的第一封情书。在书中，蒋碧微极为坦然地述说道：

“那一天你曾给我留下极深刻的印象，记得吗？”若干年后，他（张道藩）曾回味无穷地对我说：“你穿的是一件鲜艳而别致的洋装。上衣是大红色底，灰黄的花，长裙是灰黄色底，大红的花。你站在那张红地毯上，亭亭玉立，风姿绰约，显得多么雍容华贵。啊！那真是一幅绝妙的图画。”

当时，我静静地听着，报他以表示谢意的一笑。是的，我应该感谢他的恭维……在国外住了八九年，以女性的优越地位，我听过各式各样的赞美，甚至有一位中国同学说：“像你这样的女孩子到外国来，真为我们中国人增光。”

是的，我在外国曾是一群男同学中的天之骄女。

蒋碧微说自己一生与两个天才男人生活过，一位是徐悲鸿，另一位就是张道藩。

蒋碧微在暮年曾对帮她书写回忆录的章君穀与杨兆青两位先生说："我的命好硬，凡是我喜欢过的人，都离我而去。"

她与徐悲鸿爱过，恨过，而与张道藩则是"同心而离居，忧伤以终老"。这使她潸然泪下。

蒋碧微说过，徐悲鸿是天才，是百分之百的艺术家；张道藩不是百分之百的艺术家，其政治成就超过艺术修养。蒋碧微跟两个天才一起生活，得到的是两种体验：一种方式是努力去侍候天才，另一种是让天才侍候她。

民国二十七年（1938）七月三十一日，徐悲鸿在广西报纸上刊登一则与蒋碧微脱离"同居"关系的启事，令蒋感到字字冰冷、句句似刀。启事如下：

鄙人与蒋碧微女士，久已脱离同居关系，彼在社会上一切事业，概由其个人负责。特此声明。

这是她侍候第一个天才得到的结果。

接着，蒋碧微对徐悲鸿也下了如此的结论，她说："徐悲鸿对艺术的狂爱，超过爱他自己。那份超然淹没了常人和常情，这是他性格上的悲剧，造成现实生活的悲楚。"她又说："徐悲鸿是一个伟大怪特的艺术家，他自定的'独持偏见，一意孤行'的原则，在不知不觉中，伤害到别人。"

其实他俩的结合，是选择上的错误，是无法克服和改变的，是根本上的差异。蒋碧微想要的和徐悲鸿想要的都不是对方，他们互不能满足，错误在两方面，因而谁也不必埋怨谁。

蒋碧微既然知道徐悲鸿是个大天才，遗憾的是她没有真正去爱护他、扶持他，却在关键的时刻，大大地损伤了他。当然，那也是蒋碧微所不能自主的。两个字：遗憾。

就因为蒋碧微所站的角度不同，而将一个庸才张道藩当成了“天才”去亲去爱。也是两个字：遗憾。

蒋碧微与另一个“天才”相识于民国十一年（1922）的柏林。蒋碧微在回忆录中说：“第一次和道藩的相见，是他到我们的寓所来拜访。他告诉我们，他在英国伦敦大学大学院美术部学画。乘假期之便，来游德国。当他到达柏林后，听说有一位中国画家徐悲鸿也在此地，所以他特来拜访。”当时一批留学生组织了一个“天狗会”，徐悲鸿、张道藩都是会员，而蒋碧微则成了他们的“压寨夫人”，犹如众星捧月，张道藩更是前后左右殷勤侍奉。张道藩对蒋碧微的爱慕之情，爱得揪心入骨，被朋友们称为中国的“情圣”。他以日记体方式洋洋四巨册《思雪楼杂记》，写尽了他对红粉佳人的无限爱恋。“雪”是张道藩对蒋碧微的昵称，即圣洁如雪；对自己则称“振宗”。这位“情圣”曾向心上人蒋碧微表示：即使你把我的肉切成一片一片，每一片肉上都会写着“我爱你”。热恋成痴的张道藩，更在民国二十六年（1937）九月二十八日的夜里刺血成书：“雪妹妹，海枯石烂，斯爱不泯，誓终身不忘此语。振宗血书。”

就这样，他们“雪妹妹”“宗哥哥”情书往来不断，并抄一式两份保存身边。他们偷情直至1945年12月31日蒋碧微与徐悲鸿在重庆签字离婚（由著名律师沈钧儒办理）。从此张道藩成了蒋碧微在精神上与物质上的依靠者，直到1949年他们在台北市温州街96巷10号，弥补了迟误二十八年的情缘而姘居。这一对快乐的情侣，恩爱了整十年。1960年，张道藩的法籍原配夫人苏珊与女儿回到台湾定居，他俩如大梦初醒，忍痛结束凡缘而分开。八年后（1968）张道藩逝世，享年七十二岁。十年后蒋碧微因脑溢血病逝台北，享年七十九岁。至此，一代情史结束了。

1965年蒋碧微的回忆录相继发表。在蒋碧微前后两本回忆录的合订本里，《我与悲鸿》的文字只占了厚度的三分之一（徐悲鸿的女儿徐丽丽后来看了她母亲蒋碧微写的回忆录说：很多内容不真实），而《我与道藩》占了三分之二。前一部《我与悲鸿》以叙事为主，后一部《我与道藩》则情意绵绵、恩爱至极。在《我与悲鸿》的回忆中，可以看出蒋碧微有很多事不了解，不像一个艺术家妻子所应该了解的那样。比如蒋碧微在《我与悲鸿》最后提到了徐悲鸿的代表作一共十幅，为她画的像占了七幅，而像闻名国内外的《愚公移山》《马》《雄鸡》《狮》等根本未提；将《九方皋》说成了伯乐相马，而且将水墨画说成了油画；《徯我后》只说了内容而说不出画的名字。看来蒋碧微的确是个不懂艺术只关心自己的人，很难与一位画家结合，她太不了解徐悲鸿。

据蒋碧微说，她与张道藩的情书都是分抄两份收藏，花了很多心血，当年在重庆跑警报，情书必须贴身收藏，可想情之笃之深。

从 1925 年后，蒋碧微就开始步入与张道藩的浪漫迷恋境界了。我们似乎也能从一些世界名著中获得印证：福楼拜的《包法利夫人》、斯汤达的《红与黑》、托尔斯泰的《安娜 · 卡列尼娜》以及普希金的《秘密日记》……

1926 年，徐悲鸿回到巴黎后，蒋碧微怀孕了，她并不高兴。1927 年蒋碧微回国生了个男孩伯阳，1929 年生了女儿丽丽。蒋碧微十分委屈不情愿，甚至于对女儿以后的腿伤照顾不周，疏忽大意，致使女儿跛脚终生。

接下来他们生活中的矛盾，一波未平又生一波。首先是蒋碧微的思想倾向与徐悲鸿的不一致，却与在南京政府为国民党尽忠尽职的张道藩十分合辙，并且已经在左右徐悲鸿了，要干涉徐悲鸿的思想意识。从蒋碧微的立场出发，她不止一次苦口婆心地劝徐悲鸿在南京要与国民党一些首要人物交往，财势方可两全，而不可一意孤行。她再三劝徐悲鸿接受为蒋介石画像的工作，说是个名利双收的机会。她耐心劝徐悲鸿接受戴季陶和朱家骅介绍，加入国民党等。她说这都是为徐悲鸿好，是在维护他们的家庭，她希望徐悲鸿规范一些。

徐悲鸿回国不久就进入艺术创作状态，他首先选择了《田横五百士》和《徯我后》两个历史故事作为借古喻今的创作题材。徐悲鸿不会不对自己的妻子阐述创作意图。蒋碧微出于她的政治敏感，十分清楚这种艺术带来的后果，她不能不担心，在她说来是出于好意，她直截了当地对徐悲鸿说："你为什么不画些轻松的东西，香蕉苹果、日出月夜……"徐悲鸿无奈地说："天下兴亡，匹夫有责。你为什么对国难当头就熟视无睹?"蒋碧微愤言："我知道你是受了田汉这帮共产党人的影响。告诉你，我决不能容忍你再跟田汉在一起，你必须立刻离开'南国'!"蒋碧微敢说敢为，她定会对徐悲鸿和自己家庭的安全做出行动。张道藩这位做政客的人最清楚田汉的动静，他不能不通知蒋碧微。最后，蒋碧微在徐悲鸿去南京之际，雇了一辆汽车，带上佣人气冲冲开到法租界爱威斯路的南国艺术学院，走进徐悲鸿的画室，将徐悲鸿的全部书籍、字画和画具都搬上了车。蒋碧微理直气壮，挺胸腆肚、气势汹汹地对前来劝阻的田汉母亲说："我顾不了这许多，我只知道他把'南国'当成了家，把家当成了旅馆，我忍受不了，而且我们很快要搬到南京去了……反正我不允许他再到'南国'来。'南国'给了他什么好处，一分钱也没有给，连车钱都是自己掏!"说完扬长而去。徐悲鸿回来后看到如此蛮横情形，感到惭愧、无地自容。当然，田汉能理解并给予了劝慰。这件事在徐悲鸿心上形成了挥之不去的一个恶劣的情结。

蒋碧微嘴边开始不断出现"离婚"二字。她盛气凌人地叫喊："我现在给你一个选择，要么就离开'南国'，要么就离婚! 你说我干预你的工作，告诉你，我干预得太晚了。"徐悲鸿当初从来没有想过"离婚"，但他细想他们在兴趣爱好、生活的目标以至气质上，都迥然不同。从此，"离婚"的阴影经常出现在他的周围。

1930 年后，徐悲鸿把爱才的注意力放在他的女学生孙多慈身上。开始他只是爱才惜才，慢慢地对孙的身世遭遇加以同情，产生了爱怜之情。但他没有企图向下发展，因此他曾对蒋碧微诚心坦白过。未料却得不到理解，反而招来蒋碧微的加倍嫉恨。这对女人来说，是一种本能，无可非议。不管他们之间是否存在真情，只要出现第三者，那所有的仇恨将倾盆而出地发泄出来。这里存在着女性的自尊心被损、被冷落的不平与愤怒。她用不着去学习齐白石原配夫人，因为不能照顾在北京的丈夫，千里迢迢赶赴北京，亲自为丈夫找来一位佳人促其成亲，事成后即回湖南家乡上侍奉二老、下抚养儿女。蒋碧微也用不着去学张大千的原配夫人亲自出马去说服杨宛君嫁给大千为妾以帮助自己照顾丈夫的气度，她做不到，徐悲鸿也不需要。蒋碧微借此"师生恋"之传闻，更可以大泄心中不能满足的欲火，因为她与张道藩那时只是处在互送秋波、传递情书阶段，何况张道藩刚与法籍妻子苏珊完婚。

蒋碧微抓到了徐悲鸿"师生恋"的把柄，随时随地可以大闹，闹得鸡犬不宁、满城风雨，促使徐悲鸿弄假成真。因为他不能容忍一个单薄无助的女学生为自己受委屈、受讥讽与打击，以及不怀好意者的兴风作浪。徐悲鸿加深了对孙多慈的卫护与爱怜。徐悲鸿越如此，蒋碧微就越有权指责徐悲鸿，而且也促使她与张道藩更进一步地发展关系。

因此，蒋碧微和徐悲鸿之间的情，简直可以说到了绝无仅有的地步。徐悲鸿离家出走，并留下一信曰："吾人之结合，全凭于爱；今爱已无存，相处亦不可能……"徐悲鸿出走，张道藩就乘虚而入，南京傅厚岗成了张道藩的别公馆，蒋碧微也彻底抓到了精神上的寄托。在她的回忆录《我与道藩》中，毫无掩饰地记载着："从此，道藩更关怀我的生活、工作与情绪。他对我简直是柔情万丈，体贴入微，不但对我如此，甚至对于我的父母儿女，也同样表现亲切关心的态度，他已成为我们全家在精神上最有力、最可靠的支持者。"

显然，蒋碧微在这场情感风波中是弱者，朋友们有善良的愿望，希望他们家庭美满如初，同情心向着蒋碧微是必然的了。此事被吴稚晖知道了，老人家摇头叹息，写了一封长信给徐悲鸿，奉劝他悬崖勒马，善为自处，信中谓：“尊夫人仪态万方，先生尚复何求？……倘觉感情无法控制，则避之不见可乎？……弟家中亦有黄脸婆，亦颇自足，使弟今日一摩登，明日一摩登，伺候年轻少艾，吾不为也……”

其实蒋碧微此时不会不清楚自己的感情在转移，而徐悲鸿则更明白与蒋碧微维持下去的困难，分裂将是必然的。何况她与张道藩之间的关系，徐悲鸿只是不愿去说出那些无聊的事罢了。

蒋碧微无视张道藩的法国妻子，她竟拿出一绝招：听说苏珊不能生育，在异国他乡又太孤单，她就神不知鬼不觉地从姐姐那里要来一女婴送到苏珊门口。果然苏珊大喜，如获至宝，将感情转移到拾到的女儿身上。[据徐静斐（丽丽）说：“那女婴是我的表妹，后来叫丽莲。我姨夫是一个中学教员，家里七个孩子，四十二岁又生了一个小女儿，我姨母不想要这个孩子，是我妈做主，送给了张道藩……”此女长大后对蒋碧微从来不理睬。]蒋碧微却换来了与张道藩更亲密、更如胶似漆的关系。

说本能也罢，说报复也可，抗战十四年，徐悲鸿孤身奔波，从有家难归到无家可归了。蒋碧微无动于衷：不是我的责任，是你徐悲鸿忘恩负义，是你登报与我脱离“同居”关系。咱们就这么拖下去，反正我有“情圣”张道藩来安慰，你的薪水照旧一个子儿不能缺地要供养我。

苦了已经四十多岁孤身一人的徐悲鸿，为了抗战漂泊于国内国外，举办义卖画展，教学，交流。他本来心想能与孙多慈结合，却遭到孙父的坚决反对。在失望之时，他也曾想找个普通女人成家过过安定的日子，却被朋友欧阳予倩和黄曼士劝阻了——不管怎么说，蒋碧微是个存在，谁也不能忽视。李济深看着徐悲鸿，实在同情，想介绍一位能诗能文的富家小姐与他成亲，却被徐悲鸿婉言谢绝了。

徐悲鸿真是到了无可奈何的地步，简直是乱了阵脚，竟不顾一切两次回到重庆，回到蒋碧微的身边，盼望恢复他们的那个“家”。他异想天开地买了螃蟹，带了两管玉屏箫送给蒋碧微，希望看在儿女的份上，重新言归于好，甚至他真诚地当着蒋碧微的面哭了，并且还要将为孙多慈打的红豆戒送给蒋碧微。太天真了，这一切换来的是蒋碧微更多的傲慢，她指着放在醒目地方的那则取消同居启事的报道说："打碎的瓷器合起来也是破的，宁可不要……"蒋碧微的身心早已属于他人了。徐悲鸿感到无望，见对方心冷如冰霜，只好惨然离去。

看来蒋碧微胜利了，出气了。岂知她是在玩危险的游戏，她将永远逃脱不了姘居他人篱下的悲惨命运。

1941 年经王莹、林语堂的联络，在新加坡的徐悲鸿应美国之邀，准备赴美国举办画展。黄曼士等朋友希望徐悲鸿做最后和好的努力，写了一封极诚恳的信给蒋碧微，约请同行新大陆。结果遭到蒋碧微冷冰冰的礼貌拒绝：

悲鸿先生大师道席：辱承惠书，荷蒙邀赴新大陆观光，盛意隆情，良可感激。然微所以不敢奉命者，诚因福薄之人，既遭摈弃如前，无论处境如何，难再妄存荣华富贵之想。抑且老父子女，咸赖侍养，责任所在，固亦不容轻离也。日昨奉书后，本欲先行电复，孰意向询之下，一电十字，须耗百金，在此米珠薪桂之秋，百金本不足言数，无奈在穷人观之，此区区者已足影响生计，故不得已，只有作罢矣。两儿已渐长成，年来颇少疾病，丽丽下年亦将入中学肄业，此二人者倘有日成立，则微毕生之责已尽，他无所望矣。此复敬叩旅安。

蒋碧微拜启

其实这一切又怎么离得开张道藩的运筹呢?! 当徐悲鸿 1942 年由国外回到重庆，张道藩竟前来看望徐悲鸿，并假惺惺地对徐悲鸿说："哎呀，你们何必再闹家庭纠纷，赶快和解吧。"可是他背后却给蒋碧微去信，要她"拒绝一切调解，说明和他永久断绝，这样你可以保留自由之身，长为我秘密的爱人"。而蒋碧微则回信写道："忍痛重圆，此一做法，当为吾人最难堪、最惨痛之牺牲。""至于汝之爱吾，吾固未尝有一刻怀疑……海枯石烂，斯爱不泯。”就这样，蒋碧微又生活在情书交往、男欢女爱之中，家中依然高朋满座、高谈阔论，她又身处浓妆艳抹、烟酒香雾气氛之中了。

在蒋碧微与徐悲鸿十几年的情感拉锯战中，蒋碧微盛气凌人，傲视自己那“负心”的丈夫，让他在爱情上干渴，消耗得他筋疲力尽也在所不顾。而自己却要丰丰满满，饱尝人间情爱的欢乐滋味。

1942 年底，当蒋碧微听到徐悲鸿在桂林遇到了比他小二十多岁的湖南年轻姑娘廖静文时，她的妒火又从心中升了起来。她极尽挖苦嘲笑之能事，说什么那是“一树梨花压海棠，只怕一压就压死了……”她给廖静文父亲和姐姐写信搞破坏，使出了一个女人所能做得出来的报复伎俩。

单纯的廖静文曾问过徐悲鸿：“你为什么‘遗弃’你的妻子……”徐悲鸿是这样回答的：“她不爱艺术，我们的性格也不同。”又说：“开始的时候，她并不是这样的，那时看来她是温柔的。当时我只有二十三岁，她十九岁，我们对爱情、婚姻、生活都缺乏深刻的了解……她勇敢地反抗了包办的封建婚姻和我私奔，这在当时是一种进步的思想表现，需要很大的勇气和决心，我始终珍惜这份感情。后来，我们到了巴黎，过着穷学生生活，同甘共苦地走过来，确实也很不容易。那时，我孜孜矻矻地埋头学习，顾不上她，她渐渐习惯于坐咖啡馆、跳舞、交际。回国以后，她极力干预我的生活。先前，她还只是干预我购买书画，后来，进而干预起我的工作，我的创作，我的思想……后来，又一件不幸的事情发生了，那是因为我的一个才华出众的女学生孙多慈……一切都很悲哀地过去了。”徐悲鸿说得很概括，也很中肯，团聚无望，分离已是必然。但徐悲鸿从来不会提蒋碧微与张道藩之间的关系，以及蒋碧微的不忠对他们家庭生活的干扰，因为在他看来，那并非主要。

1943 年春，徐悲鸿的画展在重庆中央图书馆揭幕，蒋碧微参加了她父亲蒋梅笙的追悼会后来到展览会上，她像朋友似的和徐悲鸿握了握手，然后高声说：“我父亲的丧事全靠道藩帮忙，总算极尽哀荣了。”说话时，脸上明显地流露出一种非常自负的神情和笑容，同时她从精致的手提包里取出一盒美国香烟，点燃了一支叼在嘴上，随后朝廖静文仔细地看了一眼。这是蒋碧微与廖静文第一次相见，廖静文这样描写她对蒋碧微的印象：

她当时是四十四岁，穿一件贴身的深色旗袍，身材修长而丰满，脸上敷着浓厚的脂粉，仿佛是刚刚下台还未卸妆的演员。她那闪光的黑发齐眉，有如童发似的密密地覆盖着前额，两鬓各梳一个圆形的大发髻，悬在耳畔。我当时未曾见过有成年人梳这种发式，因此，有些吃惊地望着她。

后来廖静文对徐悲鸿坦率地说：“先生，蒋碧微女士的气质和您全然不同，当初你们是怎么爱上的呢?”这就引来了上面徐悲鸿的那一段话。

徐悲鸿坚决提出离婚，接下来就是离婚条件的摩擦了。蒋碧微有张道藩做高参，要钱是有风险的，要画保险，不只要徐悲鸿的，还要他的收藏。

是抗战胜利促成了徐悲鸿要求离婚的决心，因为国民党政府许多要员急于飞往南京、上海、北平等大城市去接管敌伪财产，蒋碧微必然也心急如焚。最后提出的条件是：收藏古画四十幅，徐悲鸿的作品一百幅，钱一百万元，儿女抚养费各两万。在此之前，徐悲鸿曾付给蒋碧微二十万，她说已花光了要重新付；而已先交给她的五十幅作品，她退还二十二幅，并说那也不算数，重新要一百幅，也就是总共一百二十八幅。当时徐悲鸿虽然是最高一级教授，每月薪水也不到两万元。为了未来，徐悲鸿日夜作画，终于病倒了。误传到蒋碧微那里说徐悲鸿生命危在旦夕间，于是蒋碧微竟要来抢搬东西。

终于到了由沈钧儒律师作证，双方在离婚协议书上签字时，徐悲鸿除带了一百万元和一百幅自己的画及五十幅古画外，还将一幅油画《琴课》带去送给蒋碧微，那是描绘她在巴黎练习小提琴时的情景，他知道蒋碧微喜欢那幅画。蒋碧微拿到这笔钱与这批画后，到张道藩主管下的“中国文艺社”打了一个通宵麻将。从此蒋碧微和徐悲鸿这一段孽缘终算了结了。

这期间有一个插曲，是蒋碧微自作聪明而未曾料到的失误，就是她无意中促使十五岁的女儿思想上发生了一次大转变。原来，张道藩曾来看过徐悲鸿。他西装革履踏入徐悲鸿的小屋，见到一片零乱，徐又卧床养病，他回去将情况告诉蒋碧微。这样就出现了蒋碧微命女儿丽丽前往向父亲要钱的一幕，而且还令佣人带了行李去，意思是拿不到钱即不走。丽丽开始由不满父亲，到后来的所见所闻，深感父母是处在极不相同的两个世界里生活。父亲这里吃在食堂，住在陋室，她又亲眼看到未来的年轻继母对父亲无微不至的照顾，小小的心灵感动不已。再想想自己的母亲整天由人伺候着，花父亲的钱，面包、鸡蛋、香烟、咖啡、香槟和不断的晚会，又与张道藩在一起……只有比较才有说服力。一句话，丽丽变了，丽丽真懂事了。这是蒋碧微无论如何也想不到的。

徐悲鸿和廖静文终于在重庆中苏文化协会举行了婚礼，由郭沫若和沈钧儒证婚。从此徐悲鸿才算真正有了一个温暖的家。他们一同去了上海，又同去了北平。

蒋碧微带女儿、佣人们回到了南京傅厚岗。那处的房舍她不仅占为己有，而且让人带信给徐悲鸿，由于房地产涨价，她还要当年徐悲鸿在玄武湖准备建画室而买的几亩地。徐悲鸿都未与廖静文商量，无条件地答应了。说到这里，我要引一句廖静文的怨言：“蒋碧微写书说悲鸿小气，其实悲鸿太厚道了。”

就这样，蒋碧微这么一位女强人，却心甘情愿选择了终生做张道藩的情妇，过着永远缺乏道德的姘居生活，竟将张道藩那位法国籍妻子苏珊和女儿丽莲置之局外。蒋碧微在南京得到张道藩的全面支持，在政界变成了一名交际花，最后入选国大代表，美其名曰“国会之花”。看来蒋碧微是心花怒放、重回青春了。而且她还和蒋介石拉上了亲戚关系，说宜兴的蒋家与浙江奉化的蒋家源出一支。

唯一使蒋碧微不愉快的是两个孩子长大了，这对她与张道藩的交往有些碍事。儿子伯阳复员回到南京，只要张道藩来家，蒋碧微就让他出去，为此伯阳给父亲去信说不愿与妈妈在一起，妈妈不方便。于是徐悲鸿寄钱让伯阳去了北平。

张道藩为讨好蒋碧微的女儿丽丽，买了一架新床送她，被丽丽严词拒绝挡在门外，引起蒋碧微大哭大闹一场。最后女儿借投考金陵女子大学之机，先在墙报上写文章大骂张道藩卑鄙嘴脸，然后逃往苏北解放区，与蒋碧微不告而别了。弄得蒋碧微登报寻人，张道藩使出他那严密的特务伎俩找人，结果都落得一场空。

1949 年，蒋碧微一身轻，只带了佣人和那批画定居台湾，从隐蔽走向公开，依旧作为姘妇与张道藩同居，一时在社会上出尽了风头。一晃十年，过着甜甜蜜蜜的神仙生活。

年月不饶人，梦总有醒的时刻，情总有尽的时候。张道藩首先决定接回法国籍妻子苏珊和女儿丽莲回台湾居住。在精力与体力已不由人的情况下，1959 年，也就是蒋碧微六十岁之时，他们分手了。身虽分开，情依然相连。

1965 年，在章君穀和杨兆青二位先生的帮助下，由蒋碧微口述，他们执笔，再由蒋碧微过目校订，完成了回忆录两部——《我与悲鸿》和《我与道藩》。在回忆中找快乐也是一种方式。张道藩读了后说：“借由你的回忆录，我可以不朽了。”他们再通长信，约期相见，畅谈往事。

1968 年，张道藩逝世，享年七十二岁。病危期间，蒋碧微曾去医院探望，在他已变形的额头上吻别后凄然而去。她无论如何不相信，那变形了的躯体竟是她日夜爱恋着的“宗哥哥”。

蒋碧微在以后孤独的日子里，念念不忘张道藩曾托付过的三件事：一是将他们之间的情爱写出来，二是帮他出版戏剧集，三是帮他出版一本书画集。

蒋碧微深感孤独与寂寞。她曾到香港企图与自己身居大陆的子女联络，但毫无消息，于是一个人又默默回到台湾。生活已捉襟见肘，她不得不靠卖房子和卖绘画收藏补贴生活。一生为情，竟在如此情况下集资为张道藩生前另两件心愿去努力。顾毓琇老教授曾告诉我，在此期间他在台湾见到过蒋碧微，她日子艰难，问她还有多少作品可卖，她说不多了，每幅一二百美金而已。当时顾毓琇不能买，而让熊式一（戏剧家，萧伯纳的好朋友，在英国创作了话剧《王宝钏》）买了两张。那次，顾毓琇也请了张道藩的法国遗孀苏珊吃饭……

在这种状况下，蒋碧微竟完成了张道藩生前的愿望，虽然他已去世很久了。

蒋碧微在张道藩逝世十周年，也是她即将谢世而去的前夕，为张道藩写了一长篇纪念文字，感情充沛，一片深情，现将全文抄录如下：

道藩：

你离开这个苦难的世界已经十年了，我深知道这十年里你已不可能再像以前那样地想念我，但我每个月总有几个夜晚会想念着你。因为抗战时，当你在南京沦陷的前夕，曾经写信给我说，你瞧见月亮时，就会请求月亮里的嫦娥传达你想念我的情愫。我现在卧室里的落地窗正面向着东南方，每当我睡前关窗时，看到皓月当空，就会想念起你。现在人类虽然已经登上月球，但你的这种想象，依然令人兴起遐思，也深具诗意。

四十一年前抗日战争开始后，你不想离开南京，要和守军将士共存亡。当时你曾经托我为你做三件事：第一，如果你遭不幸，要我为你印一本画册，以纪念你学画七年的成绩。第二，将你所写的剧本，收集起来印一本全集。第三，把我们的爱情故事写出来在报章或杂志上发表，以资纪念。后来你奉命没有能够与南京共存亡，而且也到了重庆。这样便使我们这一段情进一步发展到不能了结的局面。……我们同居了十年以后，你要去澳洲探望你的妻女的时候，我突然警觉，感到内心的不安和沉重的压力，再加上你的一些亲朋戚友对我的误会，使我无法一一解释，于是我下定决心和你分手，去了南洋。到今天算来也快二十年了，但是我却始终没有忘记你托付我的事。“回忆录”的问世，当时你还健在，这是我对你第三个愿望的成全。为你印了一本画册，则在你逝世一周年的时候。至于剧本的印行，因为我一时无法找到你在大陆上所出版的各剧的单行本，后来由于杨群奋先生听到我说起这件事，当时他正在正中书局任职，他便到正中地下书库里去找，居然找到了所有的旧版本，使我能在你逝世两周年时完成了你嘱咐我的最后一个心愿，可惜杨先生也于数年前病逝，如果你们能在另外一个世界相遇，你真应该向他道谢才是。

自从我们分手以后，二十年来，我孤独地生活着，回忆过去数十年的一些恩恩怨怨，虽然难免有无可避免的感伤，但我内心坦荡，毫无遗憾，也没有愧疚。记得有位朋友问过我：假如你再有这样的遭遇，你会怎样应付？我回答说，我还会像从前那样去做，因为我觉得我没有做错什么。

记得在重庆的时候，我们曾经闲谈到生死的问题，你忽然对我说：“我希望将来你比我先死。”紧接着你又声明：“这并不是意味着我希望你早死，而是如果你死后，由我来料理你的后事，以尽我对你最后的一份心意，我会感到莫大的安慰。”可是天违人愿，也许是我福薄，到现在你去了已有十年，而我却活得非常朗爽的。

今年四月六日为我八十初度，艺文界的朋友要为我做寿，我觉得现在医药发达，人寿增高，活到八九十岁的人多得是；而且对于一般做寿的方式，我也并不赞同，因此，我决定把我数十年所收集的书画百十幅，开了一个展览会，来代替做寿，让我对各界来宾以及亲朋好友略有所贡献，似乎较有意义。

为了清检书画，偶然在书抄里面再度发现一本小册子，那里面是你所手抄我为你所写的几首不成样的诗，还有在重庆时我寄给你的红叶两片，上面也有诗句；另外有我的一缕长发，不知你是什么时候捡起藏着的。这本小册子，四十年来深藏箧底，除了你我之外，从来没有第三个人知道，记得我写“回忆录”时，曾经考虑过要否把这几首诗放进去，后来终于觉得诗写得不够好，又何必暴露自己的弱点呢？所以就把它搁下，没有提起。现在给朋友们发现了，凡看过的人，都认为在这本小册子里，你所流露的真挚的感情，并显示你书法的娟秀，可见你用情之深和用心之细，令人感佩。我想这正好作为你逝世十周年的纪念。

蒋碧微于1978年12月16日晨七时五十五分因脑溢血，凄凉地、孤苦地逝世于台北中心诊所，享年七十九岁，身边没有一个亲人。这难道不悲哀吗?！不是以悲剧告终吗?！

蒋碧微的心很硬，同时她内心也十分矛盾。在她最后极端孤单的年月里，她想到了自己的儿女，企图取得联系，获得些许安慰。但是当真正得到消息时，她又表现得那么绝情。

1973年后，徐悲鸿和蒋碧微在法国留学时期的朋友沈宜甲先生，由国外到北京访问。他找到了廖静文女士，由于关心徐悲鸿，不禁打听徐悲鸿与蒋碧微的子女情况，得知丽丽在安徽农村下放，并且子女多生活困难。沈先生十分难过，又力不从心。他回程路过台湾，见到了蒋碧微。沈宜甲先生很自然地谈到徐丽丽和徐伯阳的情况。最后沈先生对蒋碧微说：“看来丽丽孩子多，又被下放农村，生活困难是肯定的。你是否可以给她留点画……”“要画可以，让她自己来取！”蒋碧微对儿子如何？据说在她逝世前两个月，1978年10月间，她突然接到阔别三十二年的公子徐伯阳来信，信中说自大陆到香港需款急用，并要求将徐悲鸿的画运往香港云云。她本以为伯阳早已故世，突获佳音令她震惊，接此信后多日辗转难眠。

蒋碧微的一生，历尽沧桑，富有传奇色彩，真被算命先生说中了："天性刚烈，女生男相。"敢作敢当，与丈夫离婚，与儿女分离，为情终生不悔，她似乎享受了一个女人应该享受的一切。她一生有人侍奉，吃喝尽善尽美，在社会上被捧为"名花"，能诗能文高人一筹，爱过两个男人都是出类拔萃者，真乃风光朝野了。

在此，有必要对令蒋碧微献身的风流倜傥的"情圣"张道藩作些介绍。蒋介石贴身秘书、著名新闻学者陈布雷先生，当年在南京对这位张道藩有一副打趣长句联：

> 交通内政教育，一次二次三次，是何其次也，岂真万不得已而求其次？
>
> 革命著书作画，心长才长艺长，即莫不长矣，何妨一塌括子尽其所长！

这是在说，张道藩一生标榜为国民党尽忠，只不过一再当个"次"角官员而已，功绩到底如何，可疑可叹！

那么蒋碧微所谓多才多艺的张道藩，1946 年又因未当成南京市长而失意，向齐白石拜师学画，其文其画又有何长进？从他为蒋碧微画的素描像以及他那既不属工笔也非小写意的一支半支水仙等等花卉看去，真乃可悲至极。从艺术技能角度看，张道藩那拙劣的两笔，不能不令人藐视。《我与道藩》中讲到蒋碧微在南京将家中徐悲鸿的画案供张道藩使用，我看太有辱那张画桌。英国、法国留学七年学习美术，纯粹吃喝玩乐了，可惜了国家人民那一笔钱财。若说有收获，就是找了个法国籍太太，找了个情妇蒋碧微。1959 年张道藩与蒋碧微分手，三年后，张道藩受洗为基督徒。真不知他的罪恶能否被洗净。

总之，蒋碧微一辈子爱也爱了，恨也恨了，坦坦荡荡地书写出来留待后人评说去，该是多大的气魄，绝不是一般女子所能为的，不愧为女中豪杰。可惜，由于文化差异，气质及性格爱好不同，人生观、价值观以及政治观念的区别，她与徐悲鸿的离异是难以避免的。

1987 年，徐伯阳回北京，约我在中央美术学院詹建俊教授家中见面。因为都曾同过学，他 1978 年去香港之前，从天津来北京，我帮助他到几位老教授家访问过。那天饭间，我问徐伯阳："你父母的事，谁是谁非?"他沉默了一会儿说："我母亲不对。"

二、孙多慈

一个年轻的江东才女，无论如何也料想不到自己会插足大艺术家徐悲鸿的感情世界之中，为此纠缠得一生也逃脱不出与徐悲鸿的情感阴影。

孙多慈太无辜、太纯洁、太真挚，也就太不幸。如果徐悲鸿自己说是“弄假成真”，那么孙多慈又怎么可能抵挡得了从徐悲鸿那里袭来的由衷的袒护和爱怜之情呢？而她又确确实实感受到那是真切的、不虚假的，也是她所需要的。为此她在做学生时，小小的年纪就承担起委屈和由各方抛来的打击。她没有动摇自己对艺术的热爱，也没有辜负徐悲鸿对她在艺术上所显露出的才华的期待，从而走上了艰难的艺术路途也不悔。可是她在内心情感上遇到的伤害，又是永生无法弥补的。

在徐悲鸿与她的感情绝望时，1939 年她给徐悲鸿去信，内中有这样一段：“我后悔当年因为父母的反对，没有勇气和你结婚，但我相信今生今世总会再看到我的悲鸿。”遗憾的是从此后他们再也没有相见。

20 世纪 50 年代初，孙多慈受美国国务院之邀赴美讲学访问时，曾遇到徐悲鸿的好友、画家王少陵。一次，王为孙多慈画了一幅素描肖像，孙多慈说：“你能将这张像送到悲鸿手中吗？”

1953 年徐悲鸿去世，之后在台北一个画展上，蒋碧微与孙多慈相遇，蒋告诉孙多慈悲鸿病逝北京的消息。当时孙多慈如五雷轰顶，控制不住自己的感情而离去。据说她为徐悲鸿戴孝三年。此情

孙多慈　《自画像》　油画　1934年

可谓真而深。(不过，笔者从孙多慈外孙女那里获知，1953年秋，孙多慈在法国。)

徐悲鸿生前对廖静文谈到孙多慈时，曾惋惜地说过："我在新加坡接到她的信，接着又接她一封电报，要求我去浙江，而我去印度行程已定。后来她又寄诗一首，我感到一切无望，作画绝之。我很对不起她……"徐悲鸿对孙多慈终生充满了无限的歉意和遗憾。

一个才女的形成总不会是无缘无故的，这里有先天的一面。孙多慈本名韵君，安徽省寿县人，民国元年(1912)四月十二日出生，家住安庆汪家塘方家大屋，从小在锦衣玉食、一呼百诺的宰相府里长大。堂上父母诗文双绝，伯叔兄长又都是民国初期著名人士。

孙多慈出自名门，她的祖父孙家鼐，进士出身，人称"寿州相国"，清朝光绪年间历任工、兵、吏、户四部尚书。孙家鼐在光绪厉行新政时期，出任首创的学务大臣，即今日的教育部部长之职，对近代文化教育贡献很大。蜚声国内外的官书局和北京大学的前身京师大学堂，都是由他经手创办的。戊戌政变，慈禧行将废黜帝位，孙家鼐辞官力争，保全了光绪皇帝。孙多慈的父亲孙传瑗，字养臞，人称“待旦老人”，是著名国学教授，一生寄情诗酒，徜徉山水，著有《今雅堂诗存》《眉月楼词》。他1972年逝世于台北，享寿八十六岁。孙多慈母亲汤太夫人，也是世家才女，1943年病逝于浙江景宁。她还有两位堂兄，也都是大名鼎鼎的人物，一位是孙毓筠，曾奔走革命，任过安徽都督、袁世凯的约法会议议长；另一位孙多森，民国三年（1914）就任中国银行总裁。

孙多慈是孙传瑗的长女。孙传瑗二十七岁时正在日本考察教育，得知多慈出世，喜不自胜，赋七言绝句诗两首：

几时解诵小茶诗？索哺咿呀总解颐。
我与香山情袍异，平生爱女胜男儿。

阿母裁帛为制裳，阿兄笑未如我长。
遥知绕膝呼爷日，狼藉丹铅学母妆。

孙多慈的文坛好友、著名女作家苏雪林，对她贴切地形容过：“温厚和婉。事亲孝、待友诚。与之相对，如沐春阳，如饮醇醪，无人不觉其可爱。”

她牙牙学语起就能琅琅诵诗了，从小入学便是品学兼优、名列前茅的好学生，对绘画有特别浓厚的兴趣。1929年，孙多慈毕业于安徽省立第一女中高中部，第二年到南京投考国立中央大学文学院，未被录取，然后到艺术系做旁听生，未料被徐悲鸿发现其不凡的才华，得到特别指导。1930年孙多慈十九岁，暑期投考中央大学艺术系，徐悲鸿给她的绘画作业打了一百分而被录取。

真是上天造就了这样一个内里外在都那么秀美的才女，被徐悲鸿发现，好像是一种幸运。徐悲鸿邀请她到画室参观，必然抓住一切机会为她画像。这是职业习惯，这是一个画家的本能，无可非议。

一个才十九芳龄的姑娘，对社会是一无所知，纯洁无瑕，怎么能想到自己已经一步步进入到一个可怕的、矛盾重重的感情旋涡中了呢，而且难以自拔。孙多慈太无辜，太值得同情。

能埋怨徐悲鸿吗？不能。徐悲鸿是个严肃的艺术家、教育家，他不是那种见人就爱的放荡才子。他对一个才貌双全的女学生，只有爱惜，这是世上所有教师无一例外的正常心态。只不过，艺术家不只是给予她特殊的指导，还不可避免地要画，要她坐在那里被画，被观察入微地去刻画，为此要交谈、了解身世，等等。这一切对一个艺术家来说是无须指责的正常现象，何况徐悲鸿对美好事物的追求，又是超过大多数人的。

恰恰事情麻烦在徐悲鸿的家庭正处在一个微妙的断裂时期，孙多慈神不知鬼不觉地插了进来，也可以说是被徐悲鸿有意无意地带到她小小年龄无法抵挡的险恶境地里去了。徐悲鸿无论如何也估计不到，日后对孙多慈的损伤有多深多重。

蒋碧微在回忆录《我与悲鸿》中讲述了当时的一些状况：

对于我个人来说，民国十九年是一连串不幸的黑色岁月，许多重大的事故，都在那一年里发生……八月十九日，聪明好学的丹麟弟终告不治，病逝庐山。噩耗传来，徐先生立刻赶到牯岭，帮忙母亲料理丧葬事宜。办完丧事，再陪母亲回到宜兴；我因为这时静娟姑母也病得很厉害，所以便留在宜兴侍疾，徐先生则在开学前独自返回南京。到了十一月初，姑母病重，父亲赶回来照料，延到十五日，她老人家竟一病不起，与世长辞……她和丹麟弟的逝世，使我伤心万分。

正在心情沉重的时候，接到徐先生的来信，催我回南京。他信上说：如果我再不回去，他可能要爱上别人了。我没有理由怀疑徐先生会移情别恋，我想可能是他急于要我回家，所以才不惜写这样的信来，因此我仍然等到姑母落葬以后才动身。

我带着孩子到家的当晚，徐先生坦白向我承认，他最近在感情上有波动，他很喜欢一位在他认为是天才横溢的女学生，她的名字叫孙韵君。

徐先生毫不隐瞒地告诉我：孙韵君今年十八岁，安徽人，她曾在这一年的暑假投考中大文学院，没有考取，于是就到艺术系旁听。她一开始作画，就获得了徐先生的特殊青睐，赞赏有加。当我在宜兴的时候，他约她到家里，为她画像，有时也一同出去游玩。有一次正在作画，孙韵君忽然提起她的身世，她说她父亲原是孙传芳的秘书。民国十七年国民革命军北伐，孙传芳的军队土崩瓦解，全部溃败，她的父亲曾被关进监狱，因此他们的家庭一直笼罩着痛苦与不安。徐先生并且承认：他听了她的话很受感动，曾将双手按在她的肩上，告诉她说："无论如何，现在有一个人在关心你！"于是吻了她的额头。

我听了他的话，犹如焦雷轰顶，心里有说不出的委屈和伤心，一时无法遏止悲痛的情绪，于是就哭了起来。徐先生连忙安慰我说："你已经回来，我想以后再不会发生什么问题了。"他并且郑重地向我承诺，让我们再设法到外国去。但是，谁又想到，这一件事，竟从此把我推入痛苦无边的黑暗深渊。

尽管徐先生不断地向我声明解释，说他只是爱重孙韵君的才华，想培植她成为有用的人才。但是在我的感觉中，他们之间所存在的绝对不是纯粹的师生关系，因为徐先生的行动越来越不正常。我心怀苦果，泪眼旁观，我察觉他已渐渐不能控制感情的泛滥。

从这时开始，徐先生便很少在家，他总是一清早去上课，下午再去画画，晚上他还要到艺术系去赶晚班。因为他初到南京时，中大曾经在艺术系给他预备两个房间，这两个房间他一直保留着，后来就做了他的画室，学生们当然也常到他画室里请教。但我明明知道，他每天早出晚归，并非完全由于教学上的需要，其中还夹杂有感情的因素，因为在那充满艺术气氛的画室里，还有那么一个人。——当丈夫的感情发生了变化，每一个女人都会有敏锐的感觉。

有一天，盛成先生陪着欧阳竟无先生到我们家来拜访，坐谈之下，欧阳先生提起想要参观徐先生的近作；徐先生便请他到中大画室去，欧阳先生也邀我同行，我没有理由拒绝，就陪他们到了那里。一进门就感到非常惊异，因为我一眼就看到两幅画：一幅是徐先生为孙韵君画的像；一幅题名《台城夜月》，画面是徐先生和孙韵君，双双的在一座高岗上，徐先生悠然席地而坐，孙韵君侍立一旁，项间一条纱巾，正在随风飘扬，天际，一轮明月——

台城，是南京的名胜之一，和鸡鸣寺毗连，登临其上可以远眺玄武湖全景。我看到这两幅画摆在那里，未免太显眼了些，趁着他们在看别的画，暗中将它们取过，顺手交给一位学生，请他替我带回家里。回家以后，我把《台城夜月》放在一旁，孙像则藏到下房佣人的箱子里面。我并且向徐先生声明："凡是你的作品，我不会把它毁掉，可是只要我活在世上一天，这幅画最好不必公开。"徐先生听了，也就不便开口向我要回去。

但是，以后只要我不在家，他便翻箱倒箧地寻找，却是一直都没有找到。后来抗战军兴，我们一家都逃难到了重庆，佣人当然不会把这幅画像带走。胜利回京，家里的东西都已搬空，不知这幅画落入何人之手。至于那幅《台城夜月》，是画在一块三夹板上的，徐先生既不能将它藏起，整天搁在那里，自己看看也觉得有点刺眼。一天，徐先生要为刘大悲先生的老太爷画像，他自动地将那画刮去，画上了刘老太爷……

半年多的时间，都在痛苦煎熬之中度过，我们两夫妇本来就没有什么话可谈，如今更是分外的疏远。为了徐先生的名誉和前程，我不敢将徐先生师生相恋的事告诉任何人，只希望有一天，他会明白自己的身份地位，以及他对妻儿子女的责任，迷途知返。何况师生相恋，在当时那种环境，又怎能得到别人的赞成和同情？我想我只要竭力地容忍，也许问题自会圆满解决的。然而却没有想到，到了第二年暑假，我得到消息，孙韵君投考中大艺术系，竟以图画一百分的空前成绩，获得录取。我一听之下，立刻便有大祸临头的感觉，因为孙韵君考进中大，一念便是四年，这四年里他们朝夕相处，是不是会发生什么问题，谁都不敢预料。这时候我才明了不能再期望奇迹了，我决定向徐先生表明态度。

当天，我向他说：“你和孙小姐的事情发生之初，你曾亲口承诺，让我们设法再到外国去。现在，我请你实践诺言：辞职，出国。”徐先生听了非常生气，但是他有言在先，无话可说，只好写了一封辞职信，交给我，意思是要我去送给当时的中大校长朱家骅先生。

这就引出一场徐悲鸿出走，徐志摩和旅法时期好友郭有守先生、谢寿康先生以及陈登恪先生帮助去牯岭寻找联络的情节。徐悲鸿还给蒋碧微寄出一封信：“吾人之结合，全凭于爱；今爱已无存，相处亦已不可能。此后我按月寄你两百金，直到万金为止。两儿由你抚养，总之你亦在外十年，应可自立谋生。”这对蒋碧微的打击无疑是相当严重的了。

对于以上事情，蒋碧微所表现出的是一个女人正常合理的感情和行为，她不去考虑你的什么艺术作品有多少价值。可是徐悲鸿是个艺术家，他视艺术为第一生命，这之间的伤害又是他无法向蒋碧微解说明白的。因而他们之间的情感分裂将是注定的。

当初，可以看出徐悲鸿对孙多慈曾想只停留在爱才上，他对蒋碧微的坦率诉述也是企望蒋碧微的谅解，结果却并非想象的那么简单。蒋碧微始终是一个女人，她受不了这种刺激，她哭她闹是极为正常的情况，她有权获得人们的同情，她所作所为也无可指责，她没有那么深厚的涵养。本来就是一意孤行的性格，徐悲鸿走到无视一切、越走越远的地步也是人情入理。但是他也在掌握分寸，因为他始终是一个有家小的丈夫、著名艺术家和教授，不同于当年与蒋碧微初恋时的情况，决不能够再演一场“私奔”的戏剧性新闻了。

从美术专业的角度看，正如徐悲鸿当年第一眼看到吴作人的习作那样，他准确地发现了对方在形体掌握上的敏锐，在线条表现上的不凡。艺术上的聪慧不是每个爱好艺术的人都能具备的，那么徐悲鸿对孙多慈的赞赏绝非无的放矢。

一个尽心相教、特殊引导，另一个则尊师感恩、善解人意。徐悲鸿获得的是一种教与学之间的美好情意，补偿了家庭中情感上的缺陷，而孙多慈又正处在对异性敏感的时期，很自然地在与徐悲鸿的交往中，慢慢地点燃内心爱情的火焰。往往外界压力越大，相互吸引就越强烈。这是人性使然，只不过教养和道德观念约束着不越轨的情感行为罢了。

在徐悲鸿的画室里，孙多慈不管是被画或者旁观看画，都有着最佳的观摩条件，再加上有问有答以及帮助理纸研墨，或者帮助涂改色彩，都是技巧上极好的示范指导机会，进而慢慢地进入艺术上的沟通和相互默契的交流。这是一种艺术境界，也是徐悲鸿一直渴望和珍惜的。

当时孙多慈是处在一个学生的位置上，不可能因为风言风语而逃遁躲避，她要在这个环境里完成学业，要上课求知，因此她就要拿出勇气与毅力面对来自社会和学校持续的压力与诽谤。这是极其无情而残酷的。

孙多慈受到的不公平待遇，反而增强了徐悲鸿作为一个师长，对一个因为自己而受委屈的女学生所表现出的加倍爱护。

日子要一天一天地过，无形中，情也在天天向真实方向加码，他们相互之间又从多方面、多角度加深认识。何况徐悲鸿又是一个见义勇为的人，他看到孙多慈所遇到的矛盾，挺身而出是难以避免的。

学校里、班上出现一个才貌出众的女学生，首先应该是令那群男学生仰慕进而追求的，这是天经地义的事，此时她却偏偏被老师所偏爱。徐悲鸿向来又有那种过分誉人的习惯，他自己也清楚孙多慈是他的得意门生，于是逢人就夸奖其天才智慧。徐悲鸿不隐讳，却招来好事之徒加以渲染附会，南京《朝报》上再三刊出一些花边新闻，弄得满城风雨。

嫉妒、怀恨又是青年学生难以控制得住的。埋怨出现了，说什么“我们都是陪公子读书，老师干脆只教一个人算了……”出于愤怒，慢慢地，有些学生将孙多慈的画用刀子割破，在黑板上、走廊的地板上出现了抗议的标语。出现如此难堪的情景，孙多慈只有以沉默相待，而徐悲鸿也无可奈何。

蒋碧微有充分的理由来发泄对徐悲鸿师生恋的怒火，再加上张道藩本能地借机插手、兴风作浪，事情越演越烈。徐悲鸿只能采取无动于衷的态度，他依然带学生（包括孙多慈在内）出去旅行写生，并且还计划带他们毕业班去苏联参观博物馆——他也是刚在那里亲眼发现艺术的一番新天地。徐悲鸿心中最想为孙多慈做的，是能够争取一个留学法国的名额，但是这一切都因蒋碧微串通张道藩到教育部破坏而被取消了。

事实证明，徐悲鸿没有看错孙多慈的艺术才华，他期待她能成为自己真正的入门弟子，而孙多慈也并未辜负徐悲鸿的精心培养。此时，孙多慈作为中央大学里的成绩佼佼者之一，与另一位物理专业的优秀生吴健雄（被誉为“中国的居里夫人”）建立了情同手足的姐妹关系，成毕生好友。后来孙多慈曾写有《“物理女王”吴健雄》一文，情文并茂。其实她们都是“天之骄女”，在中大是出类拔萃的、各门功课必拿百分的顶尖人物。1935 年，孙多慈二十三岁，终于以高居榜首的荣誉毕业了。

徐悲鸿眼看她不能获得留法的名额，便积极为她策划出版《孙多慈素描集》，这又是一个破格的行为。徐悲鸿不便自己写文赞扬，就委托好友、著名美学家宗白华教授写序言予以评价：“落笔有韵，取象不惑，好像前生与造化有约，一经睹面即能会心于体态意趣之间，不惟观察精确，更能表现有味。”又说：“观察敏锐，笔法坚稳，清新之气，扑人眉宇。”对她的水墨画则评价道：“落墨不多，全以墨彩分凹凸明暗，以西画的立体感含咏于中画之水晕墨章中，质实而空灵，别开生面。引中画更近于自然，恢复踏实的形体感，未尝不是中画发展的一条新路。”从中完全能体会到孙多慈对徐悲鸿一贯主张的中西合璧理论的创作实践。无疑，就这本画册，徐悲鸿不仅帮助出资交涉，所收素描也经过

徐悲鸿 《孙多慈像》 油画 1935年

徐悲鸿 《孙多慈》 油画 1936年

严格挑选。在这本画集最后，孙多慈写了一篇《述学》，最后一段写道：

吾终觉此世惟多残酷、险诈、猜忌、虚伪。则吾所指为真善美之资，实无尽藏。一如造物之形之色，千变万化，罔有纪极也。吾尽力以搜求之，撷取之，镕冶之，纳之入于吾微末之艺，其无憾乎？其无憾乎？

意在言外，不言而明。可想当时周遭对她中伤之深，使一个二十岁刚出头的女青年，深深感到世途之可畏。后来有人也作了相对公道的评论：

一个席丰履厚、养尊处优、才华洋溢、众所艳羡的富家千金、旷世才女，哪来如此其深沉的残酷、险诈、猜忌、虚伪等等痛苦感受。实际上，孙多慈当年所受的委屈，多半和徐悲鸿夫人蒋碧微女士有关。但是平心而论，徐、蒋、孙之间，与其说孙多慈介入了徐、蒋的感情生活，毋宁说是孙多慈无辜被卷进了徐、蒋之间早已存在的家庭纠纷旋涡。在闹得事态严重的那段期间，当蒋碧微决心表态，徐悲鸿被迫辞职，演出离家走避，留书仳离，好友斡旋，牯岭寻夫……一连串的闹剧，与孙多慈截然无关，只是在当时所给予她的压力与难堪，仍然是一个纯洁善良的少女所无法承受的。也许这就是红颜薄命，所例有的造化弄人吧。从而使孙多慈声光顿减，意冷心灰，连带着健康也大受影响。步出中大校门以后，便一直意兴怏怏，疏于提笔。一个“好像与造化有约，以艺术为灵魂为生命”，前途无量、光芒万丈的大画家，就此入海浮沉，以授课任教维生……（田蕴兰文，载《中大校友通讯》1998 年 3 月第 19 期）

徐悲鸿与孙多慈之间，是一出苦恋的悲剧。

1930 年 11 月下旬的一天，徐悲鸿在家中为孙多慈画像，好友舒新城先生（上海中华书局编辑所所长）来访。徐悲鸿曾坦白告诉过舒新城，自己对孙已有恋爱倾向。那天待画像完成后，徐悲鸿亲笔题写：“慈学画三月，智慧绝伦；敏妙之才，吾所罕见。愿毕生勇猛精进，发扬真艺，mire实凭式之，噫嘻！其或免中道易辙与弛然自废之无济耶！”不久，徐悲鸿致舒新城一私函，详细谈了恋爱孙多慈之苦，并附诗一首：

燕子矶头叹水逝，秦淮艳迹已消沉。
荒寒剩有台城路，水月双清万古情。

舒新城接信即复一函，亦附诗一首，劝徐悲鸿不要犹豫，应该下决心：

台城有路直须走，莫待路断枉伤情。

恐怕这时徐悲鸿正是创作完《台城夜月》油画的时候，或者此画已被蒋碧微发现没收，也正是“弄假成真”的促成期。

四年的是是非非终于过去了，孙多慈一时感到前途暗淡，意兴阑珊，暂时回乡，以授课打发时光，并与徐悲鸿保持书信来往。看来上海舒新城处已是孙多慈给徐悲鸿信的中转站。

1935年12月，徐悲鸿发表《一九三五年中国艺术之回顾》一文，文中特意对自己四位学生的作品予以表扬，除吴作人的油画《纤夫》外又说：“至若新艺孕育，前进已启其端者，作品所见，如张安治之《露天书场》、陈晓南之《铁厂》、孙多慈之《木工》，皆以贫民生活为题材，得相当成功！”看得出徐悲鸿对孙多慈艺术上的造诣是多么地关心。这一年的冬季，徐悲鸿绘《燕燕于飞图》赠孙多慈，画面为一古装仕女，仰望着翱翔的燕子，表露出对孙多慈的一片深情。

1936年6月，徐悲鸿到上海访舒新城，将孙多慈写的两封信展给舒新城看。信中，孙多慈对徐悲鸿之热忱溢于言表。徐悲鸿将五千元存于舒新城处，托他以间接名义向孙多慈购画，以鼓励她努力创作，真挚且用心良苦。同年 5 月，徐悲鸿去安庆与孙多慈盘桓两天，孙多慈由同学李家应女士做伴。9 月 19 日，孙多慈寄给徐悲鸿红豆一枚和一条绣着“慈悲”二字的手帕。徐悲鸿深有感触，即以《红豆》为题赋诗三首寄予孙多慈：

灿烂朝霞血染红，关山间隔此心同。
千言万语从何说，付与灵犀一点通。

耿耿星河月在天，光芒北斗自高悬。
几回凝望相思地，风送凄凉到客边。

急雨狂风避不禁，放舟弃棹匿亭阴。
剥莲认识中心苦，独自沉沉味苦心。

然后徐悲鸿将那枚大红豆镶在了戒指上，并在上面刻了“慈悲”二字——选择他们二人名字中一字相合，颇有同心结缘之美意。就是这枚红豆戒指，惹得蒋碧微火冒三丈，掀起一场夹杂着冷嘲热讽的家庭风波。

1936 年 11 月，舒新城以陆费伯鸿的名义，从徐悲鸿存款中提出一百二十元购孙多慈油画风景一幅和两幅《黄山松》炭画。

1937 年，抗日战争全面爆发，孙多慈一家辗转到长沙。1938 年 4 月下旬，徐悲鸿赴长沙会晤孙多慈，并将她全家接到桂林，帮助他们父女在广西省政府谋职。这是一段美好的时光，也是徐悲鸿和孙多慈一生唯一短暂相处的一段日子。他们常常同往漓江写生，他们之间的感情也无疑深化有加。徐悲鸿自以为一切俱备只欠东风——与蒋碧微脱离关系，就可以万事大吉了。7 月 31 日，徐悲鸿单方面在《广西日报》上刊登了那则著名的与蒋碧微脱离同居关系的启事。紧接着，由旅法留学时的好友沈宜甲先生出面，拿了报纸去见孙多慈父亲孙养臞老先生，希望能成全徐、孙二人的婚事，却被孙父严词拒绝。孙父一气之下携全家离开桂林去了浙江丽水，以避免无谓的是非。这对徐悲鸿和孙多慈双方是一次致命的打击。徐悲鸿的异想天开竟变成了白日做梦，从此注定了他俩此生此世永远分离、未能再相见的悲剧。

他们之间的痛苦是难以衡量的，孙多慈在浙江省政府内迁的丽水，执教于碧湖联高，心情可以说悲伤到了极点。后来据李家应说，此时孙多慈满腹愁苦，根本无法振作起来，更谈不上作画了。徐悲鸿去信说："希望你画画，而听说你连画也不画了……"孙多慈病倒了，在病中叫悲鸿的名字。后来徐悲鸿也曾对廖静文说过，孙多慈给他的十几封信，大都是以尊师相称，从来没有称过他"悲鸿"。她曾为徐悲鸿织过一件咖啡色的毛衣，情感是真切的，她没有做出对不起蒋碧微的事。

此时徐悲鸿正准备赴印度之约，经香港时接孙多慈信及诗一首：

极目孤帆远，无言上小楼。
寒江沉落日，黄叶下深秋。
风厉防侵体，云行乱入眸。
不知天地外，更有几人愁。

徐悲鸿回信劝她不要消沉，要努力振作。但谈何容易！孙多慈当时芳龄和人品极为醒目，追慕者众多，其中以浙江省教育厅厅长许绍棣最为殷切。可想孙多慈处境之艰难。

孙多慈心急如焚，发电报要求徐悲鸿到浙江去，这等于是呼救。可是徐悲鸿国外行程已定，不久到了新加坡。这时又接孙多慈一信和诗，并得知她常去教堂向神祷告，借以得到精神上的安慰。恐怕这就是那封绝望而深情的信，后悔没有抗拒父母之命而不能与徐悲鸿结婚，并相信今生今世会再见到徐悲鸿：

一片残阳柳万丝，秋风江上挂帆时。
伤心家国无限恨，红树青山总不知。

此诗徐悲鸿数不清书写过多少遍，赠友人寄情怀。

徐悲鸿鞭长莫及，无法解救她，极其无奈。以后有两个月没有孙多慈的消息，又听说她在中学教书时与另一个人结合了。此时身在海外的徐悲鸿，担心兵荒马乱、天各一方耽误了她的青春时光，便写了那封绝交信："你怎么可以是每天为我祷告的人而两个月不来信？你不能拿上帝来欺骗我……"然后徐悲鸿将他们所有的信与物品都烧掉了，从此结束了这段纯真却遗恨无穷的恋情。

徐悲鸿与孙多慈情感纠葛达八年之久。不能说孙多慈软弱，也不能说徐悲鸿没勇气。是环境与条件的阻碍，上天再慈悲也难结良缘，注定以一场悲剧告终。徐悲鸿的障碍在蒋碧微，而孙多慈的阻力在父亲孙传瑗。可怜才美绝伦的孙多慈、遗憾终生的徐悲鸿。恋情结束后，徐悲鸿面色憔悴，孙多慈则大病一场。这也是徐悲鸿曾不止一次说过的话：只有这件事对不起她——孙多慈。

生活总要走下去，孙多慈已二十八九岁了，父母、朋友都为她担忧着急。一个偶然的机会孙多慈的好友李家应与郁达夫的妻子王映霞相遇，谈起了孙多慈，自然而然就联系上许绍棣——他妻子刚去世两年，人不满四十，任浙江省教育厅厅长，尚真诚稳重，只是瘦弱了些。

在以后的日子里，许绍棣不只对孙家照顾周全，安排孙老先生和孙多慈工作，闲时还带全家游览当地景致。老人吟诗，绍棣唱和，在许绍棣身上流露出一股儒雅谦和之气。他轻言慢语，工作繁忙，只要一有防空警报响起，总是首先赶来帮助全家躲藏。日久，许绍棣与孙传瑗老人到了无话不谈的程度。在这两三年不短的岁月中，孙多慈不能没有感触，何况许绍棣对她与徐悲鸿的感情完全了解。

父母的催促、朋友的劝说，加上徐悲鸿音讯断绝，更处在兵荒马乱之际，孙多慈经过了无数个不眠之夜。使孙多慈动心的是一次与许绍棣的单独对话。当孙多慈表示徐悲鸿在自己心中无法抹掉时，许绍棣说：我能不理解吗，我的前妻方志培对我的恩惠，也是一辈子难忘的。如今我带了三个女儿，年岁又比你大了不少，多委屈你这位大学生，又是才貌双全的姑娘……联想许绍棣为办战时流亡中小学不遗余力奔走的辛苦，加上也在浙江省政府工作的李家应父亲给许绍棣的评语是“方正清廉”，所有这些，经过三年多的接触，对曾受过鲁迅讽刺的许绍棣，她觉得现实与传闻有差别。最后，二十九岁的孙多慈于 1941 年末（又说 1942 年初）终于和许绍棣成婚了。

1942 年夏，由于日寇窜扰，孙多慈随学校搬迁到温州。正是在这里，她与许绍棣的大儿子出世了，取名“尔羊”，摘自《诗经》“尔羊来思，其角濈濈”。孙多慈于 1946 年同家人先回了一趟家乡安庆，然后在杭州艺专任教。1947 年，孙多慈三十五岁，许绍棣四十八岁，他们迎来了第二个儿子出世，取名“珏方”，即双玉而合。许绍棣老来得子欣喜若狂，写下“万籁正无声，欻闻龙虎吼”“儿其泰来时，此乐应不朽”诗句，并抄写数份，分赠亲朋好友。也正是这一年，孙多慈在上海举办了一次画展。1948 年于战乱中，孙多慈也跟着丈夫、父亲与儿女去了台湾。

孙多慈对徐悲鸿来说真是一块心病。他煞费苦心，结合无望，弃之不忍，矛盾重重。

徐悲鸿与蒋碧微由于志趣不投而无法相爱，可是又难以下决心毁掉已儿女双全的家庭。为此徐悲鸿曾将孙多慈介绍给从法国留学归来的好友盛成教授，希望孙多慈能早有归宿。结果他们之间无缘相连。2007 年末，我有机会在休斯敦与盛成夫人李静宜（近百岁高龄）和他的女儿盛鸾相聚，并获赠一本盛成著《台儿庄大战纪事》。说起孙多慈，她俩都知道此事。当时盛成丧妻，遗下两小女，他又在战地采访，与孙多慈互相都无缘，只是徐悲鸿的一厢情愿而已。后来徐悲鸿赏识孙多慈的才华，又希望她能赴法国留学深造，远离自己而长进高飞，对徐悲鸿而言可以说是两全其美，却遭到蒋碧微的横加阻拦和破坏。

徐悲鸿在这些感情的纠葛中，整整八年处在无家可归的悲惨境地，必然在艺术创作和身体健康上遭受到无法弥补的损害。徐悲鸿曾有一首描写当时心情的诗，最后两句："屠刀能斩青春梦，自昧生机已八年。"同时，他对孙多慈这位纯真多才的女性一生，带来永远无法补偿的创伤，其中包括艺术事业和精神感情上的损伤。徐悲鸿与孙多慈之间无可避免地构成了一出难以言传的悲剧。

1945 年，抗战胜利了。徐悲鸿终于摆脱了蒋碧微十几年的纠缠，获得了天赐良缘，然后带着廖静文由重庆经上海，匆匆北上。

徐悲鸿的精神创伤，获得廖静文的纯真安抚，渐渐地愈合。而孙多慈的内心创伤，是永远无法愈合的。善良的孙多慈忍耐着一切，向谁去诉说？从一开始就不公平，又能去怨恨谁？她希望徐悲鸿幸福，而她自己幸福吗？徐悲鸿早逝的消息，孙多慈是与蒋碧微偶然相遇时才得知的，她为徐悲鸿而痛苦到了至尽至极的程度。20 世纪 60 年代，蒋碧微的回忆录问世，对孙多慈的打击又是沉重的，它使孙多慈无比难堪。在人们已将往事遗忘的情况下，又挑起那不公道的伤疤，无罪受害的孙多慈又要经受一场社会压力，被置于艰难之境地。20 世纪 70 年代，孙多慈身患癌症，几次赴美医疗，都住在好友、物理学家吴健雄家中。相信只有她俩，才能相互吐露点真情，从彼此那里得到些许安慰。孙多慈肯定一直挂念着徐悲鸿，否则怎么会求王少陵将她的肖像画带给徐悲鸿呢？

孙多慈虽无缘与徐悲鸿相守一生，但是在美术事业上没有偏离他的宗旨，她以自己的行动，在台湾出色地实践着。孙多慈去台湾后，首先在台湾师范大学任教，曾应美国国务院邀请两度赴美讲学，一度赴伊朗举办画展，备受国王与皇后赞赏，还曾赴法国国立美术学院从事短

20世纪60年代孙多慈在台湾（林小蝶供图）

孙多慈和林小蝶在台湾（林小蝶供图）

期研究。台湾文化大学艺术系成立，她是首任系主任。1951 年在台北举办个展，1957 年获台湾“教育部”美术类金像奖。

在艺术上，孙多慈确实得到了徐悲鸿的衣钵真传。从她的素描、油画、水墨中都可看出徐悲鸿的影响，也可看出她将徐悲鸿的艺术融化在她自己那特殊的气质之中。她的国画《天问图》，油画《红衣少女》《春城无处不飞花》《孔子画像》《黄兴马上英姿》《黄兴与夫人徐宗汉》等，收藏于台湾历史博物馆、华冈博物馆和大成馆正门内。

孙多慈数十年来以身作则，培养后辈，有成就者辈出。她人品端正，艺道优良，加上温厚和婉的性格，赢得了大家的尊敬。她对父母尽孝道，对家庭儿女尽责任，真是一位贤惠善良、克己宽人的师长。

孙多慈忍耐着自己的痛苦，无怨无悔。她曾前往新加坡访问，受到与徐悲鸿亲如兄长的黄曼士一家的接待。在那里，孙多慈有机会去体会徐悲鸿当年在那里举办义卖画展捐献的场景，了解徐悲鸿最后接到她的诗与信的情况，理解了他俩分离的客观因素和特殊的年代背景。在那里，她有机会再一次欣赏徐悲鸿的艺术踪迹。

无论如何，孙多慈的美好性格和深厚的修养，不能代替和克服她内心的长期忧郁，这也许就是她患癌症的原因。最后难以忍受其痛苦不治而终——发病于从纽约飞往洛杉矶的路上，逝于医院，其时 1975 年一月（阳历 2 月），享年六十三岁。一代英才，默默地憾然去了。五年后的 1980 年，许绍棣病逝于台北。

孙多慈的父亲孙养臞于 1972 年逝世于台北，著有《今雅堂诗存》和《眉月楼词》。孙多慈生前唯一的心愿是将父亲的两本著作影印成书，却未完成而终。未料到此愿却由许绍棣前室之女完成了。在当今世风日下、人情淡薄之时，孙多慈为人继母，能获前室之女如此恪尽孝道，可见她的为人是如何可敬可爱了。

当我与廖静文师母谈到孙多慈与徐悲鸿这一段情的时候，廖师母叹息地说：“他们的情感太柏拉图式的了，都是那么好的人……”

写到这里，还是为孙多慈可惜，可惜她由于长年心情郁闷，其才华和艺术上的发展必然受到影响。这无疑是一个很大的损失。

1998 年美国休斯敦一位朋友李君，忽然带了一本中国嘉德拍卖公司的宣传目录，找我鉴定一下其中一幅徐悲鸿的素描女像。画上题着一行小字："白华先生正，悲鸿。"一看就几乎可以认定是徐悲鸿的手笔，而且属于他素描中的精品。后来与徐悲鸿同样一幅油画对证，两者应属于同时期的作品。几乎可以肯定地说，徐悲鸿在画那幅标着《少女》（1935）的油画时，也画了这幅少女素描像作为参考，很可能是先画的素描像后画的油画，因为两幅作品从构图到人物的姿态完全一样，只有油画参照素描稿，不会根据油画像再去画一张素描，那是违背作画程序的。当时令我奇怪的是这位"少女"是谁，是宗白华教授家中何许人，是夫人还是女儿。宗白华（1897—1986）刚过世不久，家人为什么就拿出来拍卖呢？这幅素描终于被李君买到手了，现藏于休斯敦的家中。

1999 年春天，我为写此书，回北京访问廖静文师母。在徐悲鸿纪念馆的油画部分展厅内，我们走到那幅《少女》油画前，我即告诉她说，同样一幅素描像，上面题着送宗白华的字，以几千美金被我的朋友收藏了。廖师母说："那太便宜了，我们应该买下。"后来我问那幅《少女》画的是何许人，是宗白华家属吗，她笑着说："哪里，那是孙多慈！"接着她又指着另一幅画着一位坐在摇椅上的女人的油画像说："那也是孙多慈！"太好了，一切迎刃而解，过去这两幅油画写生都不标真人姓名，只标《少女》和《女人像》，现在我将全部恢复到孙多慈的名下予以发表。

当年徐悲鸿将孙多慈那幅素描酬劳宗白华教授，是存在一番私心的。徐悲鸿在孙多慈毕业后，相继画了她两幅油画写生，并画了那幅素描像。徐悲鸿在帮助孙多慈筹划出版素描集时，特请了在德国相识的好友、美学教授宗白华来写序评论。为了答谢，徐悲鸿将那幅孙多慈的素描像送给宗白华作为纪念。宗白华将其保存在身边六十年有余。宗白华去世后，他的后人并不明了其中的人情，更不知道素描画的是谁，就轻易地拍卖出售了。当我告诉李君，素描像画的是 1936 年的孙多慈时，他的兴奋是可想而知的。

2013 年 1 月 2 日，九十七岁高龄的康寿山教授对我说了另一段往事："1942 年在重庆中大时期，徐悲鸿找我和另一位女生（她是孙多慈的学生），到徐悲鸿住的房子里，他拿出一个手提箱，打开箱子，里面放了不少樟脑球。他先将一叠照片送给了那位女生，那些照片大都是有孙多慈在内的，又将一幅画着孙多慈的素描像送给了我，还有一件咖啡色毛衣，可能是孙多慈送给徐悲鸿的。（毛衣后来是送给廖静文了。最近我问廖馆长毛衣哪里去了，她说记不得哪里去了。我们大笑。）当时徐悲鸿可能已与廖静文订了终身，不便再收藏与孙多慈有关的物品了。所以分送给了他人。"（那件毛衣很可能就是送给田世光那件。）

康寿山教授曾读过本书，看到有关孙多慈章节，关于孙多慈素描像上题有宗白华并拍卖一事，她奇怪了，见到我说："那幅素描像几十年在我手里，我一直发愁此作在我这里怎么办，应该放到有用人手中才是。思量再三，去年（2011）拍卖了，有印刷图录。怎么会有另一幅，画上还题着白华先生，而且还是 1998 年在北京拍出的？"我告诉康教授说，1935 年孙多慈毕业了，徐悲鸿为她争取出国名额，皆被蒋碧微阻挡了。徐悲鸿为孙多慈出了一本素描集。他自己不便写文，便请好友宗白华写序赞扬。为了感谢，徐悲鸿可能是又画了一幅孙多慈素描像答谢宗白华先生的。我又问："这幅素描像你为什么不让徐悲鸿纪念馆收藏？"康教授说："我担心孙多慈素描像廖静文看了会不舒服的。"看来康寿山教授保存的这幅孙多慈素描像，是徐悲鸿 1935 年在画孙多慈油画像时，第一时间直接画的，很有价值。

孙多慈 《红衣少女》 油画

2000年1月，正当我写完孙多慈一节时，心中惋惜不能找到孙多慈一件代表作品作为书中的插图。此时忽然在《世界日报》上见到休斯敦女作家、记者石丽东写的一篇介绍洪娴女士画展的报道，内中提到洪娴是孙多慈的学生，孙多慈的油画代表作《红衣少女》画的就是她，此画现藏台湾历史博物馆中。这使我惊喜至极。事后不仅我去参观了洪娴的画展，而且她也参观了我正在举办的“木刻版画回顾展”，她还与其夫、石丽东女士到我家相聚。庆幸的是洪娴送给了我《红衣少女》油画的复印品，这简直是天意。

2011年是孙多慈100周年诞辰，当年我以《孙多慈逝世前后的时日》为题撰写文章，以兹纪念，文章如下：

2008年4月30日，我的版画展在美国加州圣地亚哥人类学博物馆(San Diego Museum of Anthropology)举办，同时配合庆祝“2008北京奥运”倒计时100天，由圣地亚哥NBC（美国全国广播公司）39频道新闻主持人玛丽安·顾茜主持了盛大而隆重的开幕式。就是在这次盛会上，我认识了当地华裔女画家林小蝶。

由于林小蝶是孙多慈的学生，在美国又是孙多慈的儿子和顾毓琇儿子的挚友，尤其当她得知我曾著有《徐悲鸿》一书时，可以说她将自己对孙多慈的了解，向我毫无保留地倾诉出来，并供给我不少图片资料。其中包括孙多慈丈夫许绍棣赠给她的一本诗词集和一纸“多慈安息周年”的书法复印件。遗憾的是，去年8月1日，我的《徐悲鸿——艺术历程与情感世界》一书由山东齐鲁书社再版时，只收录了林小蝶供给的一幅孙多慈于20世纪60年代在台湾作画的照片，而且还未标明图片提供者的名字。

20世纪50年代末在台湾，林小蝶读高中时，跟随孙多慈学画，人长得俊秀又聪明，颇获老师的喜爱。那时，她经常出入孙多慈家中，称许绍棣为许伯伯。

听林小蝶女士叙述，孙多慈与许绍棣伯伯相敬如宾。他们的子女有的已经婚嫁，其他都去美国深造了。因此他们对林小蝶更视如己出，每逢友人婚礼和Party（聚会），孙老师必携小碟陪伴前往，从来不与许伯伯一起参加。许伯伯为孙老师买了药，也只让小碟转告。

许绍棣到台湾后，心情低落。他拒绝蒋介石请他出来任职，只在基督教的长老会中做些事，等于退休在家。他心地善良，平时素喜赋诗填词练练书法。1965年林小蝶到美国攻读绘画艺术专业，然后定居加州圣地亚哥市。

不料，孙老师身患乳腺癌。林小蝶说。在台湾开刀，但效果不佳。小碟曾回台湾看望过孙老师，深感这么好的人，不该遭受那么大的痛苦，更不应当无情地摧毁她的艺术才华。

后来，孙老师到美国医治，每次都在小碟家中小住，并曾向小碟畅谈过自己的艺术理想。到了1974年年底，洛杉矶的医生说痊愈已经无望了。这时小碟已能闻到老师病体发散出来的气味了。当时，孙老师想买个假发，还想到海滨公园躺在草坪上看蓝天，听海涛和休息。

最后，孙老师1975年一月在从纽约回洛杉矶的飞机上病发，逝世于洛杉矶医院，并于洛杉矶火化，享年63岁。她的两个儿子尔羊和珏方将骨灰亲自运回台湾，于1975年2月23日安葬于兴福墓园。一代英才就这样憾然而去了。

许绍棣年老丧妻，独自在台湾的悲哀是沉重的，从他的诗词集里《迎灵》《安灵》《遗像》和《繁忧三章》四组诗作中即能感受到其内心全貌：

繁忧三章

珏儿二月八日晨隔洋电话，谓母病危，定于除夕（二月十日）飞抵台北，弟兄两人随行，请先为洽妥病房。隔晚又来电，谓自纽约飞抵洛杉矶后，母体力不支，再送医院，尚在昏迷中——忧心中捣，赋此为纪，时在乙卯元旦。

邻家欢乐独悽悽，隔海妻孥久病睽。

客路两儿虽作伴，料应相对各眉低。

忽传苏醒复昏迷，遥想儿曹饮泪啼。
颠沛旅魂何所似，云山渺渺苦难稽。

睽违无计得相随，绕室彷徨强自支。
默祷但求归有日，白头吟望泪垂髭。

迎灵（乙卯）

二月十七日，尔羊、珏方两儿，护送母亲灵骨抵台。予接捧骨坛，姨妹多琴，内侄女玉方，随予登车，一路哭甚哀，酸楚入骨。

情景异今昔，默念泪自滋。
当时从此别，谁料永乖离。
汝言隔月回，大儿或同归。
轮车既已入，回首犹依依。
今日迎汝骨，两儿相扶持。
恸哭侄与妹，恻怆酸骨髓。
昔日同车来，今日异生死。
契阔晚来共，谁知忽异轨。
折翼在天涯，衔哀何能已。

安灵

二月廿三日，瘗骨于兴福墓园。自此天人永隔，俗世中无复相见日矣。

寂寂兹山阳，翠微拱其前。
两儿卜此穴，为母灵安眠。
临穴百感涌，不觉涕涟涟。

鲜花聊以供，为尔爱其妍。
魂魄尚有知，独赏应自怜。
结褵卅三载，临诀在暮年。
念兹心摧裂，哀诔永难宣。

遗像

悬亡妻自画像于书室中，相对无言，怵焉心酸。

悬像在书房，出入增孤伤。
画笔犹在手，凝视若端详。
楮素终不移，欲挥似未遑。
昨夜梦魂里，款接如平生。
擎起空自失，绕林结中肠。
昔日同此居，存殁忽异方。
主临固有日，重逢事微茫。
逝者不复返，郁结终难忘。

呜呼哀哉。许绍棣于5年后的1980年10月24日病逝于台北，享年82岁，11月15日安葬在阳明山公墓。

孙多慈百年诞辰将临，据说其后人将在台湾举办纪念展览。我写这篇短文也当作一个纪念吧。

三、廖静文

1942 年底，太平洋战争正烈，中国的抗战也进入十分艰苦的持久战阶段。徐悲鸿因为筹办“中国美术学院”，从重庆经贵阳辗转到桂林，要将存放在七星岩岩洞中的一批藏书取回重庆。

也是因为抗战救亡运动，一个高中毕业的湖南姑娘廖静文（学道）跟着文工团来到了广西桂林，进行抗日宣传义演，鬼使神差地竟与徐悲鸿相遇。从此，年轻而单纯的廖静文，无论如何也料想不到，自己的命运将要为这份情付出无法估量的代价。

廖静文 1923 年出生于浏阳，童年丧母，在祖母的庇护下长大。抗战爆发避难农村，见到农民的辛苦，方感到人间存在着不平等。看到农村儿童上不起学，只能跟随父母下田干活，于是深感自己没有理由不用功读书。她高二当了全校学生会会长，爱读文艺书籍，想与同学一起去陕北延安，被父亲抓了回来。她的语文教师是毛泽东的同学周世钊先生，给她评语最高，每次作文同学争着看。她自己心中想着未来入大学，然后出国留学，将来成为一个中国的居里夫人，为国效力。

高中毕业后，她随着救亡洪流投入文工团，来到桂林，准备找机会报考大学——她的姐姐就在贵阳师范学院读书。廖静文在文工团女声小合唱中担任中音部，排练演出成了她的日常生活。一个偶然的机会，廖静文在阅览室的报纸上读到重庆“中国美术学院”筹备处要在桂林招考图书管理员的一则消息。这个消息强烈地吸引着她，她随手抄下了报名日期和地点，准备前往应试。

笔试那天，她向同学借了一支毛笔和墨盒，便匆匆去应考了。像做梦一般随着人群进入考场，在众多颇有自信心的来者中，她的勇气在消失。正犹豫是否离去之时，一位面容肃穆、头发斑白、身穿一件深蓝色棉袍的长者，已经用粉笔在黑板上写下了试题。她无心再去环顾其他，本能地、习惯地挥笔书写，一口气将几张试卷写得满满的，匆忙交上便赶回文工团。考试的事很快便忘掉了。

不久，有一天忽然接到一封信，信封上写着“廖静文先生转廖学道女士收”。其实那都是一个人。原来是“中国美术学院”通知廖静文去口试。

这里要说一下“廖学道”是怎么回事。廖静文本名叫“学道”，是祖传排辈的名字。可是姐妹们又都有另一个名：大姐腊月生，叫“巧生”；三姐叫“兰生”；廖静文是二月生，外祖母给她取名为“静文”。过去上学读书一直叫“廖学道”，而入文工团时开始叫“廖静文”，可是报考“中国美术学院”图书管理员时，写的是“廖学道”。

不巧，口试的时间正与文工团举行第二场公演的时间冲突，廖静文曾一再踌躇是否去参加口试。经仔细计算，方决定先去口试，之后再快跑回文工团，以不误演出。

原来被通知去口试的共三人，廖静文第一个被叫进去。而主持口试的人，就是那天在黑板上写试题的人。看上去四十多岁，穿的依然是那件棉袍，眼角上已浮现出细密的皱纹，脸色有些苍白，五官轮廓柔和而善意，他就是徐悲鸿先生。廖静文坐在指定的对面位置上。徐悲鸿用温和的声音说：“笔试中，你的成绩是第一名。”一沓试卷最上面的一份便是廖静文的，左上角写着“100”分。她看到了，像小学生似的羞怯了。

对于我们经常参加招考工作的教员来说，最清楚口试对全面测验一个考生的重要性，那最能探究一个学生的知识是否广博，以及修养的深浅、品质的优劣，等等，一点也假不得。廖静文这次的考核，将是决定她未来的一个关键。

坐在徐悲鸿面前的是一位身材高挑、一身女学生打扮的湖南姑娘，极其朴素、清秀、端庄。通过口试的问答，可以看出她不矫作、不浮躁，诚实又聪明，言谈落落大方；同时又了解到她肯读书、爱文艺、能背诵古诗词，有一定的历史知识，有求知欲。慢慢地，她放松了精神，情感真挚地谈到她在学校是排球队员，是田径选手……而且，在问答中她坦白了她想去重庆升学的想法，因为那里的大学多。她说："一个无一技之长的人，怎么能对国家做出较大贡献呢！"虽然她马上懊悔自己说出了隐秘的愿望，但是她意外地听到对方说："我们决定录取你，因为你的成绩最优秀。你考虑一下，如果你同意，就来工作，因为我们要立刻到七星岩去清理许多藏书带到重庆去。如果你不愿意去，请明天来告诉我们，以便在第二名和第三名中间继续选择。"这时，墙上时钟指着八点二十分，离文工团开演只有十分钟了，廖静文离座飞跑了出去。

廖静文呀，你怎么会想到坐在面前的那位比你大二十八岁的人，将会是你未来的丈夫呢！

事后才知道，徐悲鸿在研究录取成绩时，特别欣赏廖学道的文笔，并说：什么都好，就是"学道"这个名字不好。

数年后在北平，有一次于家中和朋友谈论写文章，徐悲鸿说："我箱子里有一篇最好的文章。"廖静文问是什么文章，徐悲鸿说："是你的文章。"就是当年廖静文用毛笔写在格子纸上的那份得 100 分的考卷。可惜，后来"文革"中被抄家，考卷消失了。徐悲鸿又怎么能料到，在他逝世后，廖静文就用他的笔为他写了一本传记呢？

从此，廖静文迈入了一个新的人生旅程，她每天跟着徐悲鸿和他的学生张安治一起，在岩洞里清理徐悲鸿多年来在国内外花了巨大心血所收藏的古今中外的文艺和绘画书籍。她一面工作一面留心学习。在与徐悲鸿一起工作的日月里，慢慢地，自然而然地，他们彼此发现着对方的一切。

徐悲鸿 《廖静文像》 水墨 1943年

在廖静文眼里，看到了一位可亲可敬的师长和著名艺术家的一言一行。她首先对他有家难归的孤独生活产生同情。她逐渐深入体会到徐悲鸿身上那真诚、纯朴、善良、宽厚的美德，和知识渊博、技艺超群而不骄的一系列品质。她感觉这位与自己相差二十多岁的长者是美的，品质是优秀超凡的—— 一种人格魅力吸引着她。

而在徐悲鸿的眼里，他看到了一位区别于以往的纯真朴实、善解人意、聪明过人、学生风格十足的少女。她不卑不亢，心胸坦荡而无私，在她身上正洋溢着青春女性的美，徐悲鸿又怎么不抓紧机会去画、去表现呢?他画素描、画水墨，然后又画她的油画肖像。廖静文此时又在生活上帮助和照顾徐悲鸿。徐悲鸿被感动了，他领悟到这是神的恩赐——将一个富有奉献精神的人安排在他的身边，他真切地看到了一个真善美的化身。他日复一日地感到不能离开她了，倾慕之心与日俱增。

徐悲鸿在国难家亡中漂荡，他企图挽回和恢复自己那个有儿有女却名存实亡的家。他作了极大限度的忍辱与屈从，可是他感到那一颗心对他已冷如冰霜，已归属了他人。当然，他与蒋碧微在对艺术、对生活的价值认同上存在分歧，在思想性格上也渐离渐远，这才是他们分道扬镳的根本原因所在。

那时，“弄假成真”与孙多慈的一段情，也已了结——孙多慈与许绍棣远在浙江结合了。徐悲鸿在孤独中也曾想随便组成一个家庭了此一生，但是被爱护他的朋友们劝阻了。而就在当时的桂林，数年未相见的好友田汉和欧阳予倩，也都在为他单身生活数年而惋惜，可又难以相助。李济深一向敬重徐悲鸿，在南京时听说徐悲鸿爱吃枇杷，便经常派人送枇杷给他。徐悲鸿也画了一幅枇杷相赠，上面题着“每逢佳果识时节，当日深交怀李公”。当时李济深见徐悲鸿孤身一人，深感不安，李夫人特意为徐悲鸿介绍了一位能诗善文的富家小姐，但是徐悲鸿婉言谢绝了。谁能料想就在此时此地，有一个美丽的湖南姑娘缓缓地走到了他的面前?

他们俩走在一起，十分关键的一环是廖静文作为徐悲鸿手下的一个工作人员，在共同进行一项美术事业，若要有所建树，她必须进入古今中外美术史论的知识领域。当她开始在岩洞里与徐悲鸿一起整理一箱一箱的藏书时，她常得到徐悲鸿对每本画册的作者及艺术价值的耐心讲解。她还在一些画册扉页上见到题写的“悲鸿旅欧最穷困之际”“悲鸿梦寐以求，借资购得”等语句，了解到他为国为民的崇高使命感和艰辛的经历，她不由得更加尊敬这位真正的艺术家。

廖静文进一步亲历了一位优秀艺术家的创作构思和实践活动过程。艺术家的甘苦她领略了，徐悲鸿对人对事的处理态度她体验了。她见到了社会上对他坚持的艺术主张的攻击，也看到了他对此采取的宽容和理解。最主要的是，徐悲鸿无比信任她。他向她坦诚吐露了属于他隐私的那一部分：与蒋碧微的不和以及与孙多慈的“弄假成真”，直至造成了分离的遗憾。善良的廖静文对徐悲鸿在生活中遭遇的不公平表示同情，更为他心酸心痛。

自从在重庆中央图书馆举办的徐悲鸿画展上，亲眼见到那位与徐悲鸿格格不入、气质上存在着极大差别、完全是两路人的蒋碧微女士后，廖静文真正理解了徐悲鸿不幸之所在，印证了徐悲鸿有家无法归的原因，从而更加尊敬和同情他。

更重要的是，廖静文懂得了徐悲鸿从苦难的童年起在艺术上所追求、所希望的是什么，以及他的生活侣伴应该是怎样的。她深深地被徐悲鸿感动了。

可以说，廖静文不是徐悲鸿一见倾心式的情侣，而是通过在工作中既和谐又默契的协调，通过研墨铺纸，通过聆听徐悲鸿对书法练习的指导和中外美术史知识的讲授，而最终成为徐悲鸿的得力助手。廖静文亲眼看到徐悲鸿如何埋头作画，又如何忘我地为学生授课，其精神已深深感染了她。

尤其在廖静文患恶性疟疾，高烧不退、卧床不起时，得到了徐悲鸿的亲切关照。而在徐悲鸿患肾病和高血压病危期间，廖静文所表现出的抢救性命和自我牺牲的精神，以及无微不至、日夜看护的感人行动，使他们都深切感到相互依赖的迫切，因而结成了一种难舍难分的情感。

终于有一天，徐悲鸿无限惋惜地对廖静文说："如果时间能如人意，我再少十年，你再大十岁该多好。现实就是如此，我比你大二十八岁。你使我感受到了一个淳朴的女性在医治我病体上和心灵上的创伤……"为此廖静文泪流不止。无数矛盾搅乱了她的心绪，最后使她一步一步跨越了年龄距离的障碍——她决心为徐悲鸿奉献一生。

世上很多事有时是说不清的，正如经历了近一个世纪人世沧桑的顾毓琇老教授在九十九岁高龄时对我说的一句话："一个家庭、一个国家有时会做出不少糊涂事，历史不就是由许多糊涂事编织起来的吗?!"

徐悲鸿得到单纯善良的廖静文的爱，廖静文无私地照顾孤身的徐悲鸿的生活和事业，本来是件可庆幸的美好的事情。可是蒋碧微又妒火燃胸，也不知从哪里弄到了廖静文的父亲和姐姐的地址，竟给他们分别去信，说她仍是徐悲鸿的合法妻子，指责廖静文破坏他们的家庭……这对年轻且无辜的廖静文的打击极沉重。难道蒋碧微真要与徐悲鸿和解吗?

对于年轻纯洁的廖静文来说，蒋碧微这种无所不用其极的恶劣手段是不可理喻的。廖静文手拿父亲和姐姐的言辞严厉的信件，如同遭遇雷击一般。父亲信中谴责说："人生虽不能流芳百世，也不应遗臭万年。"姐姐劝她立即离开徐悲鸿。可怜的廖静文处在委屈和痛苦之中。

她流着泪水强忍着感情给徐悲鸿写下了这样一封离别信：

敬爱的先生：

请原谅我不辞而别，无论如何，我不能再留在这里了，虽然，我是多么愿意在您身边工作。我始终尊敬您，了解您，同情您，并感激您给了我那么多关怀和温暖。在我今后漫长的人生道路上，我将永远铭记您给予我的教益和鼓励。

我衷心希望您继续寻找与蒋碧微女士和解的可能，我觉得她现在能回心转意。

您给我的画和您为我画的像，我都留在您的写字台上了，虽然，我非常喜爱它们，但是我不能、也不敢从您这里带走这些作品，我没有权利占有它们。我将在您不知道的远方，永远看见这些作品，因为我看它们不止千百次了。

愿您珍惜健康，不要再想起我。

当廖静文提着一只简单的帆布箱，悲伤地走向嘉陵江畔的渡口。正要登上船舷时，徐悲鸿气喘吁吁地跑了过来，并抓住廖静文的胳膊。徐悲鸿向她解释，蒋碧微既不想和解又拒绝办理离婚手续，完全是出于破坏。后来他又陪廖静文去找了律师，律师也说，他们当初没有经过法定的结婚手续，尽管有了两个孩子，也只是同居关系，现在这种同居关系既已断绝，双方都不受法律约束了。

虽然廖静文将这些情况写信告诉了父亲和姐姐，但是他们宁愿相信蒋碧微的话，谴责的信一封接着一封寄来，并督促她赶快投考大学。廖静文只好日夜准备考学，心中又充满了痛苦，她多希望有一个能像自己一样的人爱徐悲鸿。此时徐悲鸿对她说："我深知你的忧虑和悲伤。毋须为我考虑，你做你愿做的一切吧！而且，我最近常想，你是这样年轻，我原不应爱你；我很怕，很怕我不能给你幸福。"说着两行热泪沿着面颊流了下来。

在成都，廖静文报考了燕京大学新闻系和金陵女子文理学院（简称金陵女大）化学系，结果被金陵女大录取了。廖静文在《徐悲鸿一生》第十章中记录了两人的一段对话：

静，他轻轻地温和地说。

…………

“先生……您不能总是压抑自己的感情，必须有一个人照顾您的生活。”我重复说。

“静，如果我眼中还有你的影子时，我怎么能去爱别人呢？而且你的感情是如此深沉、真挚、纯朴，在你以前，我从未感受过，这或许是世间少有的。我宁愿等待你四年，如果四年以后，你在金陵女大毕业时，爱上了别人，我也将毫无怨言。”

“先生，您已四十八岁了，再等待四年，便是五十多岁的人了，您不能再等待我！只要您有了爱人，我会默默地从您身边走开，把我的位置让给她。”我心情凄苦地说。

“静，爱情之所以可贵，是因为它不能被替代。如果现在有位天仙下凡，她将人间的美貌、德性、智慧集于一身，也不能替代你所给予我的幸福，你知道吗？静！”

廖静文虽然投入到一个十分理想的大学里学习生活，但是她常常不自主地流下眼泪，她不能不想着孤寂的十分需要帮助的徐悲鸿。毫无私心的廖静文每想到此，就难以心安。

当时徐悲鸿在成都举办画展，住在他的老友陈离先生（陈离是一位戎马半生的将军，后来任国家林业部副部长）家里。一个星期日，廖静文与徐悲鸿相见，他们一起出去游览桂湖。那里有明朝杨升庵手植的一百八十余株桂树，当时又正是桂花盛开季节。他们乘坐一辆带篷马车，奔驰在成都至新都的公路上。徐悲鸿看着奔跑的老马，又听着车夫的谈话，此时，对马有偏爱的徐悲鸿，感受不同一般，何况他身边又有廖静文陪伴。车夫满头白发，笑呵呵地回头说：“我这匹马呀，虽然老了，也跟人一样，还很好强哪！”又说：“养马，你必须爱它，不要光看它是畜牲，它什么都懂，有时候，比人还明白哪。比如说，今天我拉上了你们，有了生意，它比我还快活。我就靠这匹老马过日子，它也靠我过日子，我们俩，谁也离不开谁。唉，我什么都卖了，就没有卖这匹马。有时候，我自己挨饿，也要喂饱它；我自己冻着，也不能让它受冻。它要是歪着脑袋，我就知道它不高兴，什么也不让它做，我自己用肩膀去扛活……”接着说他的家庭艰难，说战争的灾难，说物价的飞涨。一路说着，不知不觉来到了目的地。

徐悲鸿付了车钱，之后便伸手爱抚着那匹老马，说：“谢谢你。”然后从手提包里取出一幅折叠起来的画——一幅奔马。那是他刚画好的一幅，准备回程时送去装裱的，这时送给了车夫。当车夫终于理解后，堆满皱纹的眼角挂起了泪珠，说：“我碰到好人了，今天一早，我看见一只喜鹊飞到我的窗子上，我就想，兴许有啥子喜事要来，可是，我这个穷老头儿还能有啥子喜事呢？现在，真灵验啦……”徐悲鸿握着车夫那双粗糙的手，连声说“再见”，然后不舍地走向桂湖。

徐悲鸿在生活中自然流露出的真、善、美情愫，都深深地打动着廖静文。她更尊敬他，更爱他，她真愿为这位无私的师长献出自己的一切。

在徐悲鸿将要结束成都之行时，由于忙碌病倒了，身边没有亲人照料，孤身凄凉地躺在床上。廖静文得知后急忙请假守候着他。他身体尚未康复又急于回重庆，因为许多工作需要他。陈离先生语重心长地对廖静文说：“徐先生一人单身过了七年，真不容易啊！你何必一定要读大学呢？在他身边也能学习很多的东西呀！为了使他对国家多做贡献，你应该做点牺牲。”可是徐悲鸿却鼓励廖静文好好读书，并且说：“你何必担心呢？我不是已经孤身生活了七年吗？再加四年，一共十一年，已经过了一多半了呀！”而廖静文处在极大的矛盾中，经常以泪洗面。

在徐悲鸿临去重庆的前一天，廖静文赶到徐悲鸿那里。陈离先生笑容可掬地拿了两张去重庆的飞机票，并放在廖静文手中，用他那四川乡音说：“你不能只顾自己呵！”徐悲鸿坚决阻拦。就在这一刻，廖静文终于做出了长久不曾做出的决定：陪徐悲鸿先生一同回重庆，尽快和他

徐悲鸿 《回头马》 中国画 1943年

1944年在贵阳，廖静文摄于与徐悲鸿订婚之时

结婚，使他能有一个多年未曾有过的温暖的家。她永不后悔，因为她感到世上绝没有一个人能在她心中占有属于徐悲鸿的位置了。

这就是真正的伟大爱情，它可以让你牺牲一切，而不是为了自己得到一切。廖静文在她的一生里充分证实了这一崇高的精神。

廖静文辍学与徐悲鸿先生一同归来，立即引起蒋碧微的注意。她又给廖静文父亲写信挑拨。因此，廖静文与徐悲鸿的关系很快又遭到家中的干涉，况且廖静文还放弃了金陵女大的学习。廖静文又不想伤父亲的心，曾想干脆就陪伴徐悲鸿先生一辈子算了，这样可能少一些麻烦。但是徐悲鸿告诉她说："你太年轻不懂事，结婚才有社会地位。"

廖静文决定亲自去贵阳向父亲、姐姐说明一切，取得家人的谅解。徐悲鸿为她买了去贵阳的长途汽车票，并送她上了车。她又一次疲惫地奔波在川贵高原上。到达贵阳，经过详谈，姐姐渐渐地对廖静文与徐悲鸿之间真挚的感情，以及徐悲鸿与蒋碧微之间绝没有和解的可能性有所了解。但是她的姐姐还是坚持要亲自与徐悲鸿交谈一次，方可决定他能否与自己的妹妹成婚。徐悲鸿答应寒假来贵阳与廖静文一同度春节。

廖静文日夜盼望着，直至除夕降临。她与姐姐围着小小的火炉，默默听着千家万户的鞭炮声。外面下着冷雨，慢慢夜深人静了，十一点的钟也已敲过，而徐悲鸿还没有到达。廖静文的姐姐开始怀疑，开始埋怨，而廖静文坚定地相信徐悲鸿会到来，可是眼泪却不由自主地流出来了。已是深夜十二点了，突然有敲门声——徐悲鸿终于出现在廖静文面前，他一身溅满了泥水，手指冰冷。原来徐悲鸿由重庆出来时乘的邮车，半路在深山里抛锚了，只好换乘长途公共汽车，未料又坏在半途，便再换一辆敞篷货车，却又在离贵阳二十公里处抛锚。为了在除夕当晚赶到，只有继续步行了。徐悲鸿是这样向廖静文解释的："今晚是除夕，我知道你在等我，我不能让你一个人寂寞地度过。而且我心里不断在想，如果我今夜能赶到贵阳见到你，我们的婚事便一定能成功，否则，就将失败；我把这看作预兆。"他们一直坐到天明，一旁烘烤着他的棉袍。廖静文的姐姐也为之感动不已。

于是徐悲鸿和廖静文在贵阳正式举行了订婚礼。他的许多朋友前来祝贺，还在报上登了一则启事："徐悲鸿、廖静文在筑订婚，敬告亲友。"在这之前三天，徐悲鸿还在报上刊登了一则声明："悲鸿与蒋碧微女士因意志不合，断绝同居关系，已历八年。中经亲友调解，蒋女士坚持己见，破镜已难重圆。此后悲鸿一切，与蒋女士毫不相涉。兹恐社会未尽深知，特此声明。"

相聚匆匆，不久徐悲鸿要回重庆了。他决定回中央大学处理完一些事情后，尽快回贵阳结婚，并准备在贵阳郊区住下来，画些画。廖静文在贵阳构想着他们的未来生活，等待徐悲鸿再回来。可是日子一天天过去了，他不但未按期归来，竟连一封信也没有。廖静文焦急不安，不断给徐悲鸿写信，但得不到只字回音。究竟发生了什么事呢？他是否又病倒了，一个人没人照顾？廖静文于是急急忙忙轻装起程去重庆，冬衣都留在了贵阳。

原来徐悲鸿也处在焦虑不安中，因为两个多月来，他没有接到廖静文一点消息，同廖静文一样。后来他们才知道，他们的信和电报全部被别有用心的人扣下了，而且还曾被拿到张道藩主管的“中国文艺社”去宣读，成为那群酒醉饭饱之人的笑料谈资，简直是卑劣至极。

廖静文准备与徐悲鸿结婚时，蒋碧微忽然提出要办理离婚手续，并向徐悲鸿索取一百万元、古画四十幅（并点名要任伯年那幅《九老图》）、徐悲鸿作品百幅作为她今后的生活费，此外还要徐悲鸿每月支付儿女抚养费各两万元。尽管律师一再说，除了负担儿女抚养费以外，其他要求可以不予理睬，但是徐悲鸿在对待蒋碧微的态度上一贯忍让，因为他永远不能忘记他们最初的爱情和在巴黎的那段艰苦生活。于是徐悲鸿又开始日夜不停地作画。他不仅要画一百幅国画，而且要再画一批画出卖，以筹足那一百万元，同时他每天清晨还要赶去中央大学艺术系教课。

此时抗日战争吃紧，长沙陷落，衡阳、桂林也将不保。徐悲鸿为存放在桂林七星岩内的一批藏书和作品而着急。幸有他的学生张安治和黄养辉协助，又获李济深先生的支援，这批藏书和画作得以运至贵阳存放。正当此时，徐悲鸿又要为赎回他视为生命的《八十七神仙卷》而作画集资。

廖静文眼看徐悲鸿太辛苦，她帮不上什么忙，只能尽她所能去体贴入微地照顾他。有一天徐悲鸿从中央大学授课回来，渡江、登坡，气喘吁吁、汗流浃背。廖静文送上一条浸水的毛巾，徐悲鸿感动地说：“我从来没有享受过这样的待遇。”并一再说“谢谢”。当然，他流着汗赶画，廖静文在旁为之擦汗、摇扇、递水、研墨、理纸、盖印，等等，他深深地感到安慰，感到从未有过的幸福。

徐悲鸿不是铁打的人，而是一个体弱且上了年纪的人。连续的工作让他小腿浮肿，感到疲惫不堪。可是他说："我也许工作得太多、太紧张、太急切了……但是，我必须尽快付给蒋碧微所索取的钱和画，永远了结这件痛苦的事，免得它继续沉重地压在我心上。"而廖静文劝他去医生那里检查一下，并说："你的健康是工作的保证，也是我幸福的保证，千万不能掉以轻心呵!"果然，徐悲鸿去医院检查后，大夫告诉廖静文说，随时有脑溢血的危险，而且还有严重的肾炎，可以说是"病危"。廖静文听了全身哆嗦，几乎晕倒。她太理解徐悲鸿——多少年来他国内外奔波，在新加坡由于作画过度劳累，腰痛得直不起身子，肠痉挛症常犯；尤其在丢失《八十七神仙卷》时，曾三天三夜食不下咽、夜不成眠，当时就出现了高血压；而今又拼命工作以至如此……

廖静文日夜守护在徐悲鸿病床前，眼看着他的面孔有些浮肿，她心急如焚，经常背后落泪。在火一般炎热的盛夏，夜晚她一个人睡在僵硬的地板上，寸步不离地守着她的悲鸿。

上天赐给徐悲鸿一位天使廖静文，她年龄不过二十几岁，为了爱情承受着精神上和经济上的压力。徐悲鸿在病床上不可能知道他的薪水被时任系主任吕斯百按月取走并交给蒋碧微，以致住院时廖静文不得不向友人杨德纯夫人借贷。廖静文自己身无分文，每天把喂徐悲鸿的剩饭拿到通道上含泪充饥。

一天，杨德纯夫人神色紧张地跑来告诉廖静文，说蒋碧微要搬走徐悲鸿全部作品和收藏，因为她听说徐悲鸿可能不久人世。杨德纯夫人还让廖静文赶快回去将一些重要的东西取出来，并叹息说："你也得为自己打算一下，如果徐先生一旦……"

"不。"廖静文痛苦地说，"我不能离开悲鸿身边，他现在还在病危之际……谢谢你的好意。但是如果悲鸿死去，我决不想占有他的作品和收藏；如果他能活着，那么，蒋碧微搬走了也必须送回来。"

廖静文在这里表现出一种崇高而无私的品格，是纯真的爱情，是与徐悲鸿开始一起生活的篇章中可敬可佩的大手笔。

人心叵测之中更显出真诚友谊的可贵，廖静文都在一一地领略。

徐悲鸿卧床不起，接踵而来的是必须交付的住院费和医药费。廖静文两手空空，本来寄到昆明去的那批画已经卖出了，可是那位经手人得知徐悲鸿病重，又看到受张道藩保护的蒋碧微的脸色，因而在观测、等待，不肯将款汇出。焦急等待中幸有几位老朋友伸出援助之手，像中央大学体育系主任吴蕴瑞先生（后来担任华东体育学院院长）就是一位，还有前面提到的杨德纯夫人，等等。

使廖静文万万无法料到的是，来自张道藩和蒋碧微身边的人不断前来劝说廖静文离开徐悲鸿。他们表现得十分真诚又极苦口婆心："唉！我们都同情你，你这样年轻，整天守着一个病人，真是太不幸了。订了婚也可以解除婚约嘛！你何必呢？谁不为自己的前程着想呀？"在徐悲鸿重病之际，这等于置他于死地。

但是，也有来自真诚关怀的朋友的劝告。就在中央人民医院里，廖静文遇见了中学时代的同学张镜仪和陈丽。她们比廖静文高几届，都毕业于长沙湘雅医学院，而今在这所医院里任医生。她们十分亲切地关心廖静文这个同学、同乡："高血压这种病很麻烦，即使目前能脱险，但也只能带病延年，时刻有突然发作脑溢血的危险，你年轻轻的，应该考虑以后的日子；陪着这样一个病人怎么能幸福呢？""你毕竟太年轻了。你们年龄的差距这样大，我们为你将来的幸福担心。等他病况好转一些，你应当好好考虑一下。总之，要三思呵！"廖静文坚决地回答："我已经想过千百遍了，我的心坚决依附着悲鸿，永不离开。""我愿为他付出自己的一切，直至生命。……而且当他处在最困难的时候，我去考虑自己的利害得失，这叫什么爱情呀？"廖静文泪水在眼眶中打转，同学都默默无语。

可以说，廖静文当时丝毫没有想到自己未来的生活，也不会料到自己在爱情上会经历种种波折与不幸，她无法预测。她坚信自己享受着真正的、不是每个人都能享受到的爱情，何况她又真正体会到徐悲鸿为中国的美术事业所做出的巨大贡献，而他个人生活上的遭遇是那么不幸。廖静文决心：即使自己和徐悲鸿生活在一起的时间不会长久，或者他将于明天死去，也毫无怨言。这的确是极其严肃且真切的一颗心。

可怜的廖静文，命运对她竟是如此残酷，他们在一起只有十年——其实他们真正的结合才只有八年，太短促了！廖静文一再仰望苍天叹息。

一位卧床四个多月的大艺术家徐悲鸿，此时，在肉体上和精神情感上完全变成了一个弱者。他躺在那里，一分钟也离不开廖静文的照顾与陪伴，脑子里能不反反复复地想事吗？廖静文在《徐悲鸿一生》一书中写到，终于有一天，他面带愁容地开口了："静，虽然，我知道我极其需要你，甚至有时担心你突然从我身边走掉。但是，我仍不免常常想，你是这样年轻，而我却这样衰弱，我不能拖累你……"正是这种矛盾的心情使他的声音里有一种强烈的痛苦，以至说到此处哽咽住了。

"悲鸿，我们已经订了婚，我是你的妻子了，永远也不会从你身边走开。"她倍加温柔地说。

"但是，婚约也可以根据不同情况解除。订婚时，我是健康的，而现在我却非常非常衰弱了，你应该重新考虑啊。"他本是很坚强的人，但他的语调流露出从未有过的凄伤。

"正因为你非常非常衰弱，我才决不离开你，因为我相信没有人能像我这样忠诚地看护你。"

"那么，静，你愿长久忍受我的衰弱吗？"

"我一百倍地愿意！而且不是忍受，而是只要生活在你身边，能尽我的力量照顾你，便是我最大的快乐。"

"我的好静！我但愿，而且我也自信还能健康起来的，不仅为了工作，而且也为了你。"（《徐悲鸿一生》）

这是世间多么伟大而感人的爱情！廖静文拿定了主意，对徐悲鸿将无私地奉献上自己的一生。她说到了，也做到了。

徐悲鸿从医院出来，回到家中依然要卧床静养。廖静文只好告诉他，从他生病那一天起，他的薪金便被送到蒋碧微那里去了，因而不得不长期靠借贷生活。于是徐悲鸿通知吕斯百，让他将自己取薪金用的私章让人送回来。

吕斯百将印章送回的第二天，蒋碧微让女儿丽丽来向父亲要印章领薪金。徐悲鸿问女儿："我靠什么生活呢？"

"你可以卖画。"

"我现在病了，不能作画，怎么办呢？而且你是一个孩子，也用不了多少钱。你每月需要多少伙食费和零用钱呢？"

丽丽当时在中央大学附中住宿，吃学校的包伙。她如实说出了伙食费和母亲给她的数目。徐悲鸿说："我都双倍给你，好吗？"丽丽同意了。廖静文留她吃了午饭。饭后，她高高兴兴地回去了。

次日清晨，丽丽又来了，身后跟着一个女佣提着一个被包卷。丽丽对徐悲鸿说："爸爸，妈妈说那一点钱养不活我，叫我住到你这里来。"

一个十五岁的姑娘，应该是懂事的时候了。与廖静文一起在父亲床旁的地铺上睡了一些时日，亲眼见到廖静文无微不至地照顾病床上的父亲，三餐吃集体食堂，生活又是那么艰苦，丽丽那颗纯洁的心深受感动。当她看到廖静文身上还穿着单薄的夹袍时，天真地问："你为什么不穿棉衣？"

"我的棉衣放在贵阳，没有带来。"

"你为什么不买一件新的呢？"

"你父亲病了，钱都要用在他身上，光医药费的负担就很重。"

善良的孩子蹙着眉头深思了。有一天，丽丽终于用一种不平的口气对廖静文说："我妈妈的生活比你们好多了，光是早餐，就有美国咖啡、牛奶、煎荷包蛋……她还抽美国香烟，身边专有女仆侍候，可是她用

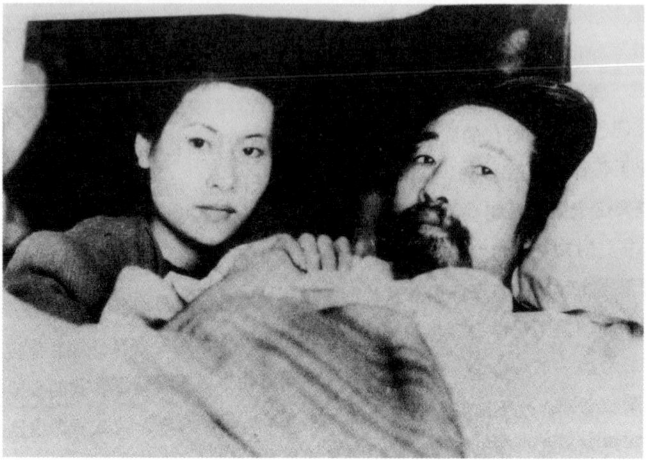

1944年徐悲鸿患病住进重庆中央医院达四个月，廖静文照顾于旁

的是爸爸的钱。”蒋碧微无论如何不会料想到，她的女儿丽丽一生的思想和道路从此改变了，也就是迈出了背叛她的第一步。

1945 年 8 月 14 日，日本投降的消息传来，抗战胜利了。它震撼着每个人，也振奋着久病的徐悲鸿。他像吃了强心丸，显得精力强盛多了。

重庆政府许多“接收大员”纷纷飞往南京、上海、北平等大城市，去接管敌人占领的财产，一时间法币变成了坚挺的货币。于是蒋碧微重新提出办理离婚的事，并且说原来付给她的二十万元已花光了，要徐悲鸿再付给她一百万元和一百幅画，原先已付的五十幅画也不算数了，当然还包括四十幅古画，还要每月付给儿女抚养费，每个孩子两万元。当时徐悲鸿虽是最高一级的教授，但每月薪金也不到两万元。

经郭沫若建议，请德高望重的“七君子”之一的沈钧儒律师为此事奔走、磋商。蒋碧微对自己提出的苛刻条件毫不让步，最后徐悲鸿只好完全按照蒋碧微的条件达成协议。除已付二十万元、四十幅古画和五十幅徐悲鸿的作品外，再付一百万元、一百幅国画和每个儿女每月抚养费两万元。

一天，由沈钧儒律师到场作证，徐悲鸿带了一百万元和一百幅画，还带了一幅油画《琴课》—— 那是蒋碧微在巴黎练习小提琴时的写照，他知道蒋碧微很喜欢这幅作品。可见，在最后分手的时刻，徐悲鸿还顾念着旧情。双方终于在离婚协议书上签了字，这个不幸的家庭悲剧从此宣告结束了。

当天蒋碧微带着钱与画，到张道藩主管下的“中国文艺社”打了一通宵的麻将。

不久，廖静文和徐悲鸿在重庆中苏文化协会举行了婚礼，由郭沫若先生和沈钧儒先生证婚。

郭沫若赋诗一首以示祝贺：

嘉陵江水碧于茶，松竹青青胜似花。
别是一番新气象，磐溪风月画人家。

的确，廖静文和徐悲鸿在经历了无数挫折、痛苦、灾难和挣扎之后，不是做梦，而是亲密地结合在一起了。徐悲鸿也才算有了一个真正的幸福的家，虽然那个家是十分简陋的。

徐悲鸿不止一次地对廖静文说：“我真正找到了我所爱的人！除了你，没有人能对我有这样真诚、坚定、纯洁、无私的爱情，我用什么来报答你呢?”“你为我做了很多牺牲，我欠着你的情分……”这就是徐悲鸿为什么在他许多珍品上题写“静文爱妻保存”的缘故了（这些作品后来全部保存在徐悲鸿纪念馆中）。

可以说，他们的爱情是经过严峻的考验了，从这里也可以理解廖静文为什么对徐悲鸿的感情有增无减了。

徐悲鸿好友田汉风趣地说：“悲鸿成了我们湖南的女婿，这是我们湖南人的光荣。”接着他又深有感触地说：“过去，那位蒋碧微女士硬把悲鸿拉出南国学院，逼迫悲鸿与我断交。但是悲鸿与我的友谊并未因此稍减，倒是她和悲鸿终于决裂了。这说明思想上的分歧是很难弥合的。”“所以巴尔扎克写过这样一句话：‘恋爱是人生最难的学校。’但是，现在悲鸿已经从这个学校以优秀的成绩毕业了。”

是的，徐悲鸿为此也付出了极大的代价，而今他多么珍惜与廖静文在一起生活的幸福年月呀！

蒋碧微确是贪得无厌，她占据了徐悲鸿在南京的“危巢”，以此筑成与张道藩的爱窝。但她还不满足，又给徐悲鸿捎信，要玄武湖旁徐悲鸿准备建画室的那块地产。本来廖静文有权反对的，但她全权交由徐悲鸿处理，毫无异议。徐悲鸿二话不说就送给了蒋碧微。

也可能身处幸福中的徐悲鸿深知身边有了廖静文就是拥有了最大的财富，其他对他来说就太无所谓了。廖静文何尝不是如此。

1946 年盛夏，廖静文和徐悲鸿跟同李济深先生乘船赴南京，路经上海，与徐悲鸿先在汪亚尘家小住。徐悲鸿即带廖静文寻人访友，还到当年走投无路时企图了此一生的黄浦江边，又携黄警顽一同赴京。他们还在郭沫若客厅里见到了周恩来，周恩来鼓励徐悲鸿北上，接受国立北平艺专校长一职。

抗战胜利，加上又有了一个新家，徐悲鸿心情无比平静和愉快，全身心地投入到教学建校工作中。虽然困难重重，但他信心百倍。在此方面，廖静文给了他莫大的安慰，何况后来她又为他一连生了一男一女（徐庆平和徐芳芳）。

徐悲鸿的幸福心情，我们这些做学生的也都是能够感受到的。每当校长由美丽大方的夫人廖静文陪伴着来校时，即刻会给学校带来美好的气氛。我们由衷地感到骄傲，那本身简直就是一种艺术。

廖静文在徐悲鸿身边，更进一步了解和体会了这位大艺术家的方方面面。这使她对徐悲鸿先生尊敬有加，爱得更深。比如他们到达北平后，徐悲鸿在整顿学校工作上所遇到的困难，迎战北平美术界保守势力的挑战，以及在建校的改革措施等方面所表现出的英明果断，都令廖静文增长见识，令她敬佩。

就是徐悲鸿对个人家庭以及生活待遇上的态度，也极深刻地影响和教育着廖静文。在这里，廖静文是妻子，也是学生。她时时被徐悲鸿的人格品质力量笼罩着。

比如，他们开始在北平曾租住了东裱褙胡同 22 号的东西厢房。房东住北屋，常打麻将到深夜，吵得他们不能安眠。那时廖静文怀着第一个孩子，为租一个比较安静的住处，被拉房纤儿的人拉着东奔西跑，往往精疲力竭也找不到合适的房子。

一天，学校总务科一位职员说，东四牌楼附近有一处很安静的房子出租，于是廖静文和徐悲鸿一同去看房。朱红油漆大门，两旁立着一对昂首的石狮子，房子气派恢宏。一位衣着华丽的外国老妇接待了他们。原来她是一位法籍遗孀，房子是中国丈夫留下的遗产。她带领他们走过雕梁画栋的连廊，院内植有花木，室内有雕花嵌大理石红木家具、新式沙发、弹簧床，地毯雅致，还有金丝绒窗帘，等等。当老妇得知徐悲鸿曾留学法国又是著名艺术家时，更显得热情，并愿以较低房价出租。未料徐悲鸿拒绝了。

廖静文问徐悲鸿都向老妇人说了些什么，为什么回绝了，这样好的房子还觉得不好吗。徐悲鸿说："不是不好，是太好了，太富丽堂皇了，那不是我们这样身份的人住的，我们应该有书生本色。"艰苦朴素，是徐悲鸿一贯的本色，从这里廖静文深受感动。正如她一再说的："与悲鸿在一起，学会怎样做人，珍惜友情。"

1946 年 9 月 28 日，由于劳累过度，廖静文早产，生下了不足月的男孩儿小鸿（庆平），出医院后仍旧回到了东裱褙胡同的房子里。直到年底，才租到小椿树胡同 9 号的一所小四合院。他们在那儿住了将近一年，院墙忽然倒塌，只好另觅住处，最后才搬到东受禄街 16 号——

房子是徐悲鸿用卖画的钱买下来的。院内宽敞，有一棵百年老槐和高达数丈的大椿树，枝叶繁茂，只是杂草丛生、一片荒芜。徐悲鸿工作之余，常与廖静文一起在院子里除草种树，还种花和蔬菜，共同享受着劳动的喜悦。院墙脚边意外地钻出了许多蜀葵花，花色五彩缤纷，徐悲鸿作画赋诗赞颂，因此将房屋命名为“蜀葵花屋”，又名“静庐”（喻房主人廖静文之意）。1947 年 11 月，在这所房子里，廖静文又生了一个女儿，徐悲鸿为她取名“芳芳”。不久，徐悲鸿的长子伯阳也来北平同住，后来转入艺专音乐系学习理论作曲。

廖静文逐渐进入肩负重担的主妇岗位，她要育养儿女、照顾丈夫、管理家务、应酬亲友，还要整理徐悲鸿的书画收藏，学习史论，练习书法……

对徐悲鸿前妻的两个儿女，廖静文与丽丽在重庆时有过相处，她的言行深深打动了那时还是一个十五岁少女的心。徐伯阳这个由青年军退伍回来的儿子，已青春年华。他在军队里东奔西调，学业是荒芜了，心也有些野了，懂得交异性朋友了。要让他安下心来补习功课，并非易事。他身穿西装，有时穿卡其布军装，一表人才，又是校长之子，本来就容易引起女性注意。他经常回来向廖静文述说，廖静文只有劝导，有时难免遇事要向徐悲鸿说说，却往往引起徐悲鸿恨铁不成钢地发脾气指责儿子。廖静文在其中需要掌握平衡，她必须劝丈夫：“伯阳长大了，不能呵斥他，不能使他误会是我在调唆。”

日子一天天过去，廖静文与徐悲鸿经历了从 1948 年冬到 1949 年秋后，从一个时代过渡到另一个新时代的动荡与兴奋的时刻。

她与徐悲鸿一起会见了文艺界众多的新老朋友，见到了周恩来等人士，然后就是与中国代表团一起出国参加保卫世界和平大会。生活变得异常繁忙了，廖静文难免要为徐悲鸿的身体健康担一份心。但她无可奈何，因为她不能替代徐悲鸿。

1951 年，徐悲鸿放下了正在创作的一幅《鲁迅与瞿秋白》油画，决

1948年，徐悲鸿、廖静文与两个孩子合影

1951年，徐悲鸿在山东水利工地上作画

定去苏北和山东交界的导沭整沂水利工地体验生活，想创作一幅反映改造山河的现实生活的油画。那是今日之愚公移山精神，他的热情使他忘记自己的病体。廖静文抱着孩子在火车站上送走了徐悲鸿，心中就没有安稳过。她担心，她惦记，因为她不能陪伴着他，虽然有年轻教师与他一起同行。

当徐悲鸿带着大量写生素材回到北京后，即投入紧张的构图中，同时他还要参加学校和社会上的一系列活动。就在这时，廖静文担心的事情突然发生了：徐悲鸿突发脑溢血，半身瘫痪，说话困难。他是深夜在自己房间里发病，第二天早上迟迟未起床，才被廖静文发现的。

经过住院抢救和廖静文日夜床侧护理，徐悲鸿四个月后方从床上坐起来。一天，徐悲鸿痛苦地对廖静文说："国家还很贫穷，百废待兴，而我却因病耗费国家这样大一笔钱，我一定要力图报答。等我好了以后，一定要以加倍的工作来偿还。"

从医院回到家中，徐悲鸿仍要卧床休养。廖静文每天要用冬青油擦他那瘫痪了的半边肢体并按摩，还学会了打针，每天给他注射针剂。此外，廖静文为他读报和小说，读完了《战争与和平》，又读完了《约翰·克利斯朵夫》。

撕下了1952年最后一天的日历，迎来了1953年的春天。徐悲鸿能渐渐地下床活动了，他时刻牵挂着学生们的成绩，由廖静文扶着他到学院里去，从一个教室走到另一个教室。当他看到各个班级的学生都用削得尖尖的硬铅笔以所谓的"学习苏联"和"民族化"的方法画速描时，他十分焦急，因为如此画下去，每个作业要画上几十节课，画得光滑细腻，十分呆板、烦琐，会把学生的感觉磨钝，失去新鲜感，这是他极力反对的。他立刻召集素描教师开会，指出："不仅形式主义美术是泥坑，这也是泥坑，陷进去就拔不出来了。"他要求教师改变素描教学法，不要让学生去画这种"平板光滑的馆阁体"。

徐悲鸿十分不安，在回家的路上，他叹息地说："我病了一年多，

1953年，徐悲鸿与廖静文摄于北海公园

给学生们带来这样大的损失，心里真难受呵!”快到暑假了，徐悲鸿又急于给即将毕业的学生讲课：“我要在他们离开学校前，将我懂得的知识尽量教给他们，否则以后就没有机会了。”

于是廖静文又陪伴他在家翻箱倒柜地找资料，并将资料带到学校去，放在学校那些玻璃平面柜子里陈列。其中有几张法国 19 世纪画家布格罗（William-Adolphe Bouguereau）的作品，他的画都是极光滑、细腻的，一位教师赞叹说：“画得真好。”徐悲鸿回过头郑重地对他说：“这是画得最不好的画! 是典型的学院派，实际上是一种乡愿体，最庸俗不过的东西!”

于是，徐悲鸿在廖静文陪伴下，在课堂上着重讲了布格罗。布格罗生于1825 年，死于1905 年，1846 年入巴黎美术学校，1850 年获罗马大奖，曾一时风靡法国画坛。他当时声名之显赫，简直令人难以想象，但是今天却已被人遗忘。他的画风是以绝无生气的纯学院派的精细光滑的颜色刷出来的，当时竟有人将他与拉斐尔相比。他曾为巴黎大剧院和巴黎几个大教堂作过大幅壁画。印象派大师德加曾将一切涂得光光的画法骂作“使画‘布格罗’了”。可是布格罗曾控制法国官方沙龙，以他那光滑、呆板的画风作为入选条件，一直拒绝印象派的作品。

徐悲鸿说：“所谓院体，就是这种学院派的画风。学院派也译为‘学院主义’（Académism），画得光滑、平板、烦琐、俗气、陈腐而了无生气。布格罗便是学院派典型的代表人物。他的画风是我们必须反对的。在19世纪大卫和安格尔等人的古典主义、德拉克洛瓦和籍里柯等人的浪漫主义、库尔贝等人的写实主义、莫奈等人的印象主义争奇斗艳的时代，院体确是毫无生气的东西，所以今天已全被遗忘。这是必然的……”

徐悲鸿这次对师生所作的具体而生动的反学院派的讲话，也是徐悲鸿的艺术思想和教育思想的重要部分，在他自己领导的学院里具有针对性，这有力澄清了海外极个别“美术理论家”指责徐悲鸿在中国创办美术学院，认为他在提倡“学院派”的误解（见谢里法《从中国近代画史看徐悲鸿的绘画》，1978）。

暑假，送走了毕业班学生，紧接着徐悲鸿又开始为中央美术学院和浙江美术学院组织的教师进修班讲课。他带动大家画素描、油画，又在每一个人的画架前指导，气氛十分融洽。

暑假结束了，新的学年开始。中央美术学院招收了许多新生，徐悲鸿又亲自参加了美院附中的开学典礼。紧接着全国文艺工作者第二次代表大会召开，会议前，徐悲鸿前往中南海谒见周恩来总理，廖静文陪同。

1953年9月23日，全国文艺工作者第二次代表大会开幕了，周恩来总理作报告，徐悲鸿一直坐在主席台上聚精会神地聆听。中间休息时，周总理劝他回家去，可是徐悲鸿怎么舍得有关知识分子问题的报告呢，所以一直听到最后，还一面画速写。会后又赴国际俱乐部参加欢迎波兰代表团的晚宴。宴会中，他突然感到不适，有人扶他在休息室沙发上躺下。

又是脑溢血，他的左半边肢体又瘫痪了。

廖静文在家中等待丈夫归来，准备中秋节的到来。忽然接到通知说徐悲鸿病发，她急忙赶去。只见徐悲鸿面色苍白，他深情地问廖静文为什么孩子没有来，然后用右手示意要笔写遗嘱。可是当时医生认为没有太大危险，廖静文又将拿起的笔放下了。

徐悲鸿被抬上急救车，向北京医院飞驰而去。

当廖静文随后赶到医院时，见一外国大夫正为徐悲鸿检查身体——病情继续在恶化。

廖静文恳求地说："医生，他不是别的病，是脑溢血。请您赶快采取抢救措施吧!"

而这位外国专家对徐悲鸿的病历一无所知，一切要从头检查，还对廖静文反感地说："治病是我的事，你不必管。"

徐悲鸿已陷入了昏迷状态。廖静文两天三夜守在床侧，看着一直在睁着眼挣扎的丈夫——他眼珠呆滞，已听不见廖静文的呼唤声。

1953 年 9 月 26 日清晨 2 时 52 分，徐悲鸿的心脏停止了跳动。他彻底地离开了这个世界，离开了他的事业、朋友、学生和亲人，永远地走了。

廖静文抱着留有余温的徐悲鸿遗体不放，痛苦喊叫："悲鸿，你回来吧! 我等着和你一同回家去，孩子们也在等着爸爸啊! 你为什么不回答……"

的确，整整十年，其实徐悲鸿与廖静文真正的结合只有不足八年的岁月，太短促了。

第五章 孤鸿既去 静文留声

廖静文当时才是一位刚满三十的女子。廖静文曾对我说过："悲鸿是睁着眼睛去世的，他不放心自己的小儿女，还有他的事业，更不忍离开他年轻的妻子。"她仰望苍天，感叹为什么如此不公平！

廖静文在这残酷的现实面前，经受着人生最大的痛楚。可悲的命运！今后的日子将怎么过下去呢？廖静文当时才是一位刚满三十的女子。廖静文曾对我说过："悲鸿是睁着眼睛去世的，他不放心自己的小儿女，还有他的事业，更不忍离开他年轻的妻子。"她仰望苍天，感叹为什么如此不公平！

廖静文忍受着巨大的悲痛走到太平间，给徐悲鸿换衣服，从他的口袋里摸到他那块用了三十多年的旧怀表和三块水果糖，那是徐悲鸿在宴会上自己没有吃，准备带给两个孩子和廖静文的三块极普通的水果糖。

廖静文最后一次将自己紧紧地依傍着徐悲鸿那僵硬的遗体，想与他同去。周恩来和文化部的领导久久站在那里，悲痛地难以安慰她。徐悲鸿遗体安放在中央美术学院礼堂，全校师生大都参加了守灵。追悼会十分隆重，文艺界及中央领导都来参加，场面十分感人……

一切总要过去，廖静文带着孩子由墓地回到家，像在梦中，也像在坟墓里，周围的一切都使她触景生情。梦里哭，醒来哭。哭失去的亲人，哭自己估计不清的空寂未来。

孩子学着大人模样安慰她，而他们自己却蒙在被窝里抽泣。

廖静文一幕幕地回忆起与徐悲鸿相处的日子，她感到自己责任沉重，为了儿女，也为了徐悲鸿的遗愿，她想起徐悲鸿说过的话："每一个人的一生都应当给后代留下一些高尚有益的东西。"廖静文感到自己必须坚强起来。

但是，她做不到，她无法克制痛苦，屋子里的每一件东西都在对她诉说徐悲鸿的逝世，她的心撕裂般地疼痛，唯一的办法是立刻离开这里。可是离开这里又到哪里去呢？廖静文痛苦地思索着。她记起徐悲鸿一直因她辍学离开金陵女大而惋惜。当时是因为照顾他多病的身体和协助他更好地完成他的事业，廖静文才毅然离开金陵女大。现在是否可以再回到大学里读书呢？

廖静文先将这个想法告诉了一直陪着她的中央美术学院教授罗工柳，罗工柳即刻向文化部的领导转达了廖静文想到北大中文系进修的意向。后来周恩来亲自向廖静文表示了支持她学习的决定。廖静文准备到北京大学去学习了。

她流着凄伤的眼泪，检视着徐悲鸿耗尽毕生心血遗留下的大量作品和那些举世无双的珍贵收藏。所有这些能据为己有吗？这是廖静文从来没有想过的问题，现在却提到了她的面前。

不能，决不能！廖静文决定将它们全部交给国家。

有的亲友出于爱护，劝廖静文："你的儿女很幼小，应当考虑到他们以后的生活。"又有人说："全部捐献固然好，但那些写了你的名字的画，是悲鸿送你、交你保存的，你应该自己留下来。"也有人说："你捐献他本人的全部作品就可以了，为什么要将他的收藏也捐献呢？你不考虑自己以后的生活吗？"可是廖静文太了解徐悲鸿是为了国家，唯恐它们流失到国外去，而竭尽心力收购和保存的。他是人民的艺术家，他的作品和他的收藏都应该属于人民。这是徐悲鸿生前的意愿。

往日，廖静文习惯了陪在徐悲鸿身边，而今剩下她孤零零一个人，无依无靠。她哭着只身走进文化部，将家中全部钥匙交给沈雁冰部长，包括完全属于她个人的房产。

当今社会"钱"似乎被炒得头等重要，道德、情谊在淡漠，艺术品值钱了，争遗产、打官司的新闻时时出现。在美术界，儿女为了争夺遗作，不惜伤和气而找律师上法庭毫不新鲜，有的竟是我的前辈师长的后人，令人汗颜。而廖静文极有远见地将徐悲鸿全部无价之遗产捐献给国家，处理得至高至上、精妙无比，在此，更显出廖静文的崇高人格了。那需要一颗无私无畏的伟大胸怀，需要有站得高的魄力，需要有超群的能力将徐悲鸿两房儿女紧紧团结在徐悲鸿那国家至上、人民至上的未竟事业上。是徐悲鸿赋予了她勇气，是徐悲鸿和廖静文合二为一，凝聚成跨时代的精神力量。廖静文太让我们敬佩了。

不久，文化部和中央美术学院、中国美术家协会共同派人来接收徐悲鸿的遗物。计有他的作品一千余幅，他收藏的唐、宋、元、明、清及近代书画家作品一千余件，珍贵图书、图片和碑帖等一万余件，还有家具什物等。

廖静文如同十年前刚刚认识徐悲鸿时那样，提着一只帆布箱子和一个被包卷，离家到北京大学。三十岁的廖静文要努力拾起已逝去的年轻岁月，开始了学生生活，但这又是何等艰难！她坐在教室里却听不见教师在讲什么，她的一颗心系念着她幼小的儿女，不知他们作业完成了没有，病了吗。当接到孩子生病的电话时，她像发疯一样从西郊挤公共汽车跑回去，胆战心惊地守护在发着高烧的孩子身边，唯恐在失去了徐悲鸿之后又失去儿女。一向倔强的廖静文变得如此脆弱。

在那些日子里，廖静文收到来自国内外许多慰问的函电，正是这些四面八方的关怀和鼓励，使她慢慢振奋起来了。毛主席还派人来看望她，并捎信给她：

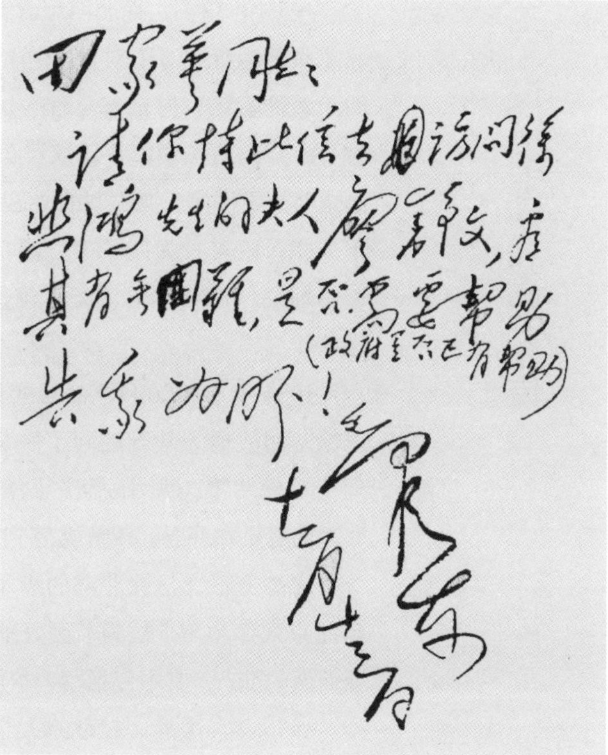

田家英同志：

请你持此信去访问徐悲鸿先生的夫人廖静文，询其有无困难，是否需要帮助（政府是否应有帮助）告我为盼！

毛泽东

十二月十三日

毛泽东请田家英带信的便条

静文同志：

十月间的信和徐先生所绘奔马，早已收到，甚为感念。兹派田家英同志询问你们的情况，如有困难，请告知为盼！

顺致

敬意

毛泽东

一九五三年十二月十三日

二、设馆纪念 著书立传

1953 年 12 月，徐悲鸿纪念会和遗作展同时在北京举行。自上而下对徐悲鸿给予了极高的全面的一致的肯定。周恩来总理等国家领导人也都观看了徐悲鸿遗作展，并建议廖静文在出版徐悲鸿画集时，要将徐悲鸿书写的鲁迅诗对联“横眉冷对千夫指，俯首甘为孺子牛”印在前面。同时周恩来总理说:“成立徐悲鸿纪念馆很好，要好好保护这些作品。”

1954 年 9 月 26 日，徐悲鸿逝世一周年之际，以徐悲鸿故居为基础建起了徐悲鸿纪念馆。周总理亲笔题写了“悲鸿故居”匾额，表示了他对徐悲鸿的尊重和怀念。廖静文感到深深的安慰。

廖静文不愧是徐悲鸿的妻子和学生，她决定到北京大学学习，是为了更好地继承徐悲鸿的事业而做的准备，其中包括写一本徐悲鸿生平的书。

1956 年，廖静文趁北京大学放暑假之便，到徐悲鸿故乡宜兴以及上海等地，去寻踏徐悲鸿少年的足迹，去体会当年徐悲鸿的困苦经历。

1957 年，廖静文开始担任徐悲鸿纪念馆馆长，在工作中她继续搜集有关徐悲鸿的资料，为撰写徐悲鸿的一生做准备。

人所共知，从 50 年代以后，国内文艺界的运动一个紧接一个，廖静文万幸地度过来了。但她未料到正当她动手写作的时候，“文革”从上到下席卷全国，无情地向廖静文袭来。徐悲鸿被定为 30 年代以来最反动的权威，烧、抄、砸是免不了的。廖静文既是馆长又是徐悲鸿的妻子，一切污

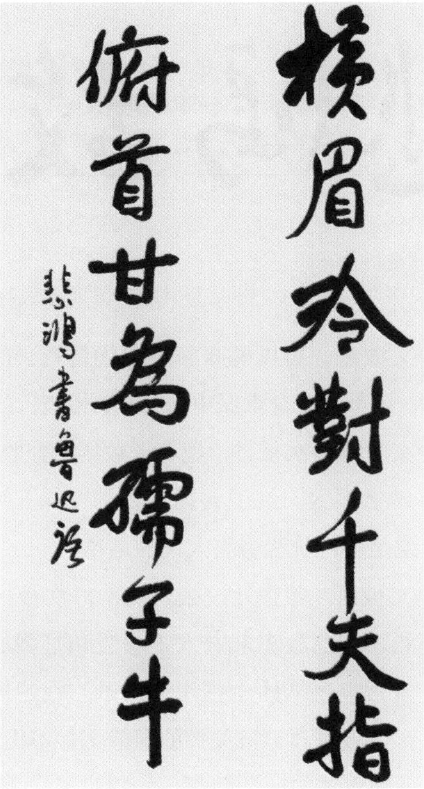

徐悲鸿 《横眉冷对千夫指，俯首甘为孺子牛》 书法

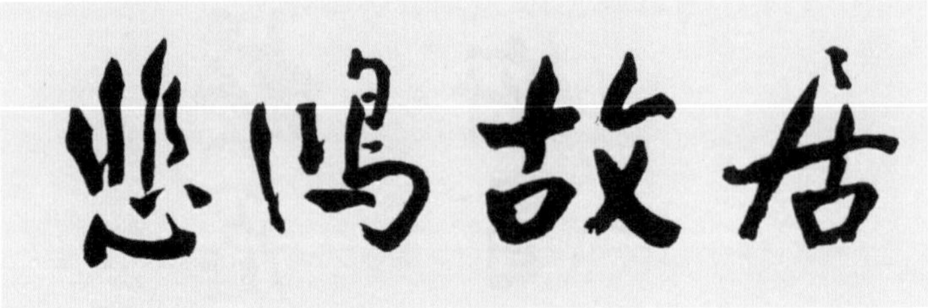

周恩来题《悲鸿故居》

水向廖静文泼来。可以说廖静文在代替死去的徐悲鸿受罪。徐悲鸿的学生不少，可都在自身难保中，谁能来相救?

廖静文的家多次被抄，她花了数年心血收集的资料几乎全部被毁，徐悲鸿墓碑被砸毁。红卫兵扬言要销毁徐悲鸿的作品，尤其是那些人体作品，说是资产阶级毒害人民的毒草……

廖静文被打，曾昏死过去三次，每次被一洋铁桶凉水浇醒，最后一次竟不得不叫急救车来做人工呼吸和打强心针抢救。廖静文被关在小屋里，常常半夜从床上拖出去审讯。她遍体鳞伤，尤其在风雨交加的夜晚，一个被隔离、被关押的廖静文，不止一次想到死。那时，死比活容易，各种方式的死法她都一一想过了。可怜的廖静文一想到两个无依无靠的儿女，一想到徐悲鸿未完成的事业，一种重大的责任感向她提醒：再苦也要活下去。

其实，廖静文最担心的是徐悲鸿的作品与收藏。她不顾一切，冒着危险给周恩来总理去信，要求徐悲鸿纪念馆藏品能获得保护。结果周总理命令将徐悲鸿纪念馆所有藏品送故宫博物院保管，并且在接见红卫兵时或在其他场合不止一次高度评价徐悲鸿的人品和艺术。这在当时给予廖静文极大的支持与安慰。

1972 年，廖静文又勇敢地写信给毛泽东主席，要求兴建徐悲鸿纪念馆。1973 年，周恩来总理派人来看望她，并亲笔写信与廖静文洽商恢复兴建徐悲鸿纪念馆的事。

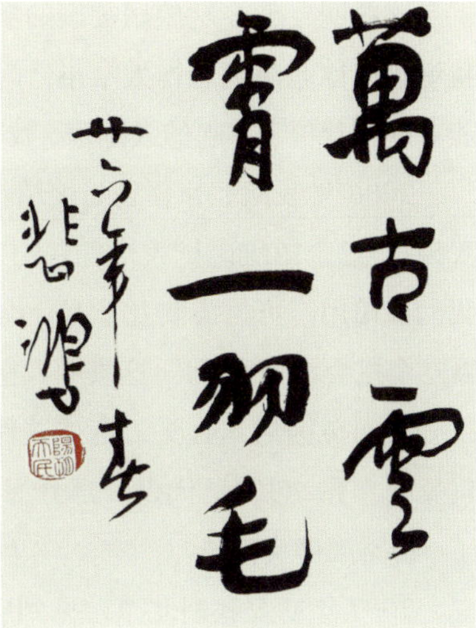

徐悲鸿《万古云霄一羽毛》书法

坚强的廖静文，身边几乎没有任何人帮助。尤其是由于“文革”，很多人怕事沾身，抱着多一事不如少一事的心态。廖静文真是孤军作战，到处求人。她无比感激周恩来总理在病重时，还过问徐悲鸿纪念馆建馆是否落实了。

廖静文拿着毛泽东主席的批示和周恩来总理的批准文件，跑到北京市政府，跑一系列部门，包括房管、建材、设计、运输部门，等等，真可谓十年奔走、十年建馆。多少心血，多少不眠之夜，身体在虚弱，头发在变白，为了徐悲鸿的事业，也是为了国家的事业，她有苦向谁去诉说呢？孩子又都在读书求学，不在她身边。

1982年，廖静文撰写的《徐悲鸿一生》出版问世。第二年的1983年，徐悲鸿纪念馆终于在北京新街口大街路西落成了。

我1993年来到美国。在美国我必然向朋友们介绍我的恩师徐悲鸿。近十几年国内旅游兴起，到北京旅游，去参观徐悲鸿纪念馆就很有必要了。2015年以前，我的朋友常常能在徐悲鸿纪念馆遇到廖静文馆长，而且能受到热情的接待。

这些朋友大多是旅居美国的学者，不过，他们差不多异口同声地对我诉说：徐悲鸿纪念馆太窄小；门口还有一公共厕所，太不相称；中国能有这样一位了不起的大画家、教育家、思想家……遗憾之情溢于言表。

2006 年我回北京，曾与廖馆长谈起上面的意见。她还是无奈地对我说："纪念馆应该扩大，现在纪念馆旁边正在拆迁出一块地，可以给我们扩馆用，可是需要九千万，我们不能卖悲鸿的画去凑这笔钱呀！眼看这个机会就失去了！"这真叫人揪心。

我回美国后，心头一直被这件事缠绕着。我决定给国务院总理去信反映一下，总归是代表一部分海外华人的心声吧，信寄出之前我复印了一份寄廖静文馆长。

2007 年初夏我回北京，见到廖馆长，她愉快地告诉我："政府批准将那块地给悲鸿纪念馆扩建用，正在计划设计哪！"我当然兴奋。

回美国后我在《文艺报》（2006 年 11 月 30 日第一版）上读到总理《同文学艺术家谈心》的文章，心中倍加感动。即于 2007 年 10 月 30 日给温总理去信，感谢他对徐悲鸿纪念馆扩建的支持。年末，我收到了由中央美术学院转来 12 月 10 日温总理的回信，信中对徐悲鸿的评价那么贴切而真诚，他在信中说："前年信未见，深为遗憾，厚意敬领。……徐悲鸿的作品是国之瑰宝，有着巨大的艺术和研究价值，应该扩建纪念馆，妥为保管，善加利用……"我将温总理回信复印，寄给廖静文馆长。2008 年春节前，接廖馆长来信说已将我给温总理的信及总理的回函收存资料室，待北京奥运会闭幕之后，就可能动手准备扩建徐悲鸿纪念馆的工作了。

当时的廖静文馆长已八十七岁，是一位年近九旬的老人，虽然身体不如往年，但她除了节假日，依然每天到馆里工作。那是她花毕生心血与感情所建筑起的岗位，她像一个战士，为国家，为人民，为她亲爱的悲鸿一生的事业，护爱着，守卫着。

2013 年 4 月 1 日上午，位于北京新街口北大街 53 号的徐悲鸿纪念

徐悲鸿纪念馆新馆奠基

馆奠基重建，徐悲鸿夫人廖静文挥锹为基石培土。《北京晚报》头版以《徐悲鸿纪念馆新馆今奠基》为题对此进行报道。这是中国美术界令人兴奋的一件大事，更是馆长廖静文终生为之欣慰的头等大事。

为此，廖静文花费了极大的精力。一向温文尔雅，平时言语不多、说话慢条斯理的廖静文，竟完成了重新兴建徐悲鸿纪念馆和为徐悲鸿著书立传的事业。是徐悲鸿的精神，是对徐悲鸿的爱，是对中国美术事业的崇高责任心，是将个人得失置之度外的无私无畏的品格，促成了廖静文那超人的智慧和能力。

要知道，"徐悲鸿纪念馆"在中国尚属第一座画家纪念馆，而真正书写徐悲鸿传记并有一定分量的，廖静文的《徐悲鸿一生》也属首次。廖静文对中国美术事业的发展功不可没，她以后的建树也令世人瞩目。

这位年轻貌美的湖南姑娘当年遇到徐悲鸿时，她是多么单纯、温顺，而今她变得刚强而成熟，但依然温文尔雅。她不只是徐悲鸿纪念馆馆长，而且是研究徐悲鸿的权威，后来获得了国家授予的各种荣誉。但是对她说来，一个人坐在"怀鸿堂"（她的办公室）中，恐怕是最大的安慰了。她生前甚至准备再写一本回忆徐悲鸿的书留给后世。

当年，廖静文怎么能想到自己走到徐悲鸿面前并决定与他结合，那将会给她带来多少不幸与痛苦？因为徐悲鸿的命运就是“悲哀苦难”的，她是要对徐悲鸿的情奉献终生的，而且他们在一起真正幸福的岁月才短短八个年头。廖静文将自己年轻的生命不顾一切地与徐悲鸿结合在一起，她是做了思想准备的，虽然当时对她来说是那么模糊不清。廖静文对徐悲鸿的爱情，是世界上最崇高、最纯洁、最伟大、最忠实、最值得歌颂的一例。徐悲鸿在九泉之下应该是最清楚、感到最幸福的。

1999年4月至7月间，廖静文师母向我毫无保留地倾诉一切的时候，我深感她对徐悲鸿的感情是一份人间稀有的，也是最应该被珍惜的可贵情愫。我自己没有能力，也没有那个修养写出来。但是，我相信那一定会被写出来，可能是她自己，也可能是她的后人，或者别的什么人。如果将廖静文与徐悲鸿的结合写出来，那将是一段波折不断、纯真美好又悲凄动人的艺术篇章。我期望，我祈祷。

三、亲力推广 后继有人

80 年代以来，廖静文迎来国家改革开放的大好时光，作为徐悲鸿纪念馆馆长、全国政协委员、全国妇联代表等，她身上的担子和要做的工作更繁重了，而她自己正迈向年衰时期。可欣慰的是，儿子庆平留法归国后便任教于中央美术学院，又分担了徐悲鸿纪念馆副馆长职务。女儿芳芳留学美国，不遗余力地协助母亲在海外宣传父亲的艺术业绩，与美国方面一起筹划 2010 年徐悲鸿作品赴美展出，以了却徐悲鸿 1941 年未能去美洲大陆办展的遗憾。

短短数年里，廖静文主持徐悲鸿各种画册、文集出版，接待国内外宾客参观和访问，亲自陪同徐悲鸿作品成功地开展了一系列海内外展出，比如在印度、日本、新加坡、苏联、捷克、罗马尼亚、加拿大、马来西亚等国家，以及国内的烟台、深圳、湛江、珠海、郑州、天水、西安、济南、南昌、台州、呼和浩特、南京、无锡、苏州、南宁、合肥、桂林、重庆、武汉、广州和台湾、香港等地展出，既宣传了徐悲鸿的艺术又进行了友好的文化交流。

1995 年，廖静文一手担起筹划组织“徐悲鸿百年诞辰”系列纪念活动，奔走筹款，不仅邀请国内外学者参加，还请到国家领导人前来祝贺。除了展览、研讨会外，国家配合出版纪念画册与文集，同时发行纪念邮票和金币，意义重大。

2005 年徐悲鸿 110 周年诞辰，于人民大会堂举行了纪念活动，出版了精致的大画册，并录制了八集《徐悲鸿》电视纪录片，在全国播放。

由于经济大潮的兴起，国内的收藏和拍卖乃大盛。徐悲鸿有一些作品，本以为毁于战乱之中，未料想竟一件件都以天价的姿态出现在国内外的拍卖场上，又确是真品。为此我曾问过廖静文师母，她也莫名其妙。最后她很无奈地说："我们没有钱能收回悲鸿那些遗作，不过只要被保存，不管谁收藏都好。"2006 年，一件《愚公移山》巨幅油画被拍卖。本来北京文物局想拍下赠送给徐悲鸿纪念馆，最后事情未成，被私人藏家竞拍到手，遗憾至极。

廖静文的眼光是深远的，对徐悲鸿艺术主张的理解是透彻的。她抓住时机，以徐悲鸿纪念馆为阵地，每年开办进修班，培养了大批美术专业人才。她与儿子徐庆平副馆长一起，团结了一批优秀的教学人才，并获得徐悲鸿学生们的大力支持，成功地、旗帜鲜明地办起了"徐悲鸿艺术学院"，徐庆平任院长。这将对中国美术事业产生巨大影响。

廖静文由于年岁和身体原因，逐渐将身上的工作担子转移给儿子徐庆平。虽然如此，她每天也不间断地忙着接受采访、著文、题字，以及参加馆内外一些活动，脱不了围绕徐悲鸿而伸延的事业。

如此之繁忙，使她又树立起了在家族中的威望。也可以说是廖静文带领着徐悲鸿遗留下的四个孩子，最后都走上了徐悲鸿的艺术道路。

这里着重说说徐悲鸿的大女儿徐丽丽。1948 年，徐丽丽到解放区后改名"朱全"，现名为"徐静斐"，是安徽农业大学教授、全国优秀教育工作者，曾荣获"五一"劳动奖章、"突出贡献专家"称号。徐静斐不愧为徐悲鸿后人，继承父亲精神，桃李满园；自己子女多，但都培养成才。她写出了纪念父亲徐悲鸿有分量的文章。她与廖静文从 1944 年在重庆起，渐渐地建立了深厚的友谊，尤其是当她为人母后，更体会到廖静文身为继母对她父亲的照顾，对子女包括她自己在内的爱护，是无微不至和感人的。

由于丽丽子女多、担子重，"文革"中，廖静文在自身困难的情况下，不断无私地支援下放农村的她。丽丽更深深地体会到父亲的逝世给继母廖静文带来的艰难。廖静文坚强的作为，令她敬佩。她最后改名为“静斐”，一定是有原因的。

我曾问过廖静文师母：“丽丽改名静斐，是否与你有关?”而她回答说：“不知道。”

2009 年 12 月我曾给居安徽的丽丽去电话询问，她一开口就说：廖静文太伟大了……

廖静文工作、思想都是在徐悲鸿艺术事业范围内，是一种接力，是继承，也是发展；虽然也遇到过挫折。按理说廖静文应该感到欣慰与满足了。可是她不能，她本来就为徐悲鸿走上了一条奉献到底的不归路。但她无怨无悔，直至最后一息。

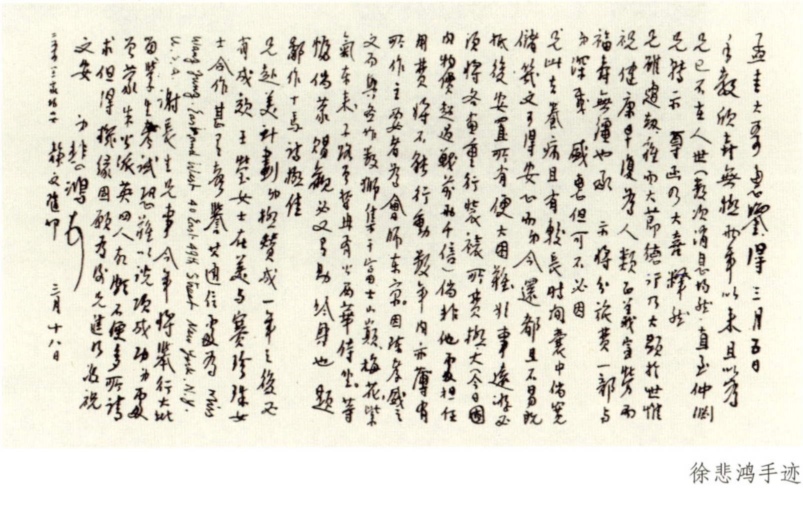

徐悲鸿手迹

1999年，本书作者杨先让与廖静文、徐庆平合影于徐悲鸿纪念馆

可以说，廖静文始终与徐悲鸿生活在一起，从纪念馆到学校、到家中，都离不开徐悲鸿的影子。尤其当她年老多病、儿女各自成家离她另居时，她倍感孤独，于是更加思念徐悲鸿。

每逢清明节，她都去徐悲鸿墓前痛哭一场，以泄心中的郁闷。夜晚面对徐悲鸿遗像，她长歌当哭，以抒心中的思念。几十年里，她重复着自然生成又极其简单的四句话和八小节音律：

||: 5̇ 1 3 5 — | 1̇ 7 6 5— | 6 5 4 3— | 4 3 2 5— |
我想 悲鸿 我想 悲鸿 你在哪里 你在何方
5̣ 1 3 5— | 1̇ 7 6 5— | 6 5 4 3— | 4 3 2 1 — :||
我想 悲鸿 我想 悲鸿 你在哪里 你在何方

廖静文说：“他在天堂里，我到天堂去找他；他在地狱里，我去地狱里寻他。”

在今后漫长的岁月里，孤独与思念伴随着廖静文，这一切是无法替代的悲哀。

2012 年 4 月 21 日，廖静文携家人回宜兴，在宜兴大觉寺前庭观音殿滴水坊与刚从台湾抵达的星云大师不期而遇。

星云大师坐轮椅，说：“宜兴以徐悲鸿先生为荣，我们以徐先生为荣。”

“对不起，我九十岁了，耳朵听不见了。”廖静文说。

“我八十六岁了，腿不行了。”

智者相逢，一见如故，亲切交谈着。

廖静文深情地问："悲鸿先生曾与我相约说，他会回来与我重逢。可是五十多年过去了，我日日夜夜都在思念他，可他从没回来过，连一次梦中都没有来过，这是为什么?"

星云大师答："人生相逢有多种形式，有形，也有无形。你所以如此眷恋徐先生，说明你们的缘分还未断。当你思念他时，就是他来到你的身边。人生相聚是靠缘分的，但缘分不会永远不变，这在'因缘果报'里是很普遍的，你不必太介意。否则生命会不快乐的……"

星云大师赠墨宝《吉星高照》。廖静文不假思索挥笔写下《佛心高照》赠星云大师。

当年，徐悲鸿曾赠廖静文诗句："灯灰已入夜，无计细想思。魂已随君去，追随弗不离。"廖静文馆长偶为求字者题此两句："淡云飞鸿渺，明月笛声哀。"真乃此情绵绵无尽期……

2000 年，我将离北京回休斯敦的前夕，廖静文师母送给我她写的两首诗为念:

（一）

低徊只影对遗容，昔日欢声无处寻。
万语千言向谁诉，孤忠一片明月心。

（二）

春寒料峭夜阑时，历尽辛酸惟自持。
家国恩情难剪断，是非真伪寸心知。

2015 年 6 月，廖静文师母去世第二天，我曾著文，现抄录如下，作为此书的结束:

今年正逢抗战胜利七十周年、徐悲鸿诞辰一百二十周年纪念的日子，我作为当年被徐悲鸿老院长录入国立北平艺专的学生，年已八十六周岁，不太可能等到下一个重要纪念日，因此对今年的纪念活动充满盼望，也充满了热情。

首先是徐悲鸿的长孙徐小阳启动的“永远的徐悲鸿——徐悲鸿及亲友、师生作品巡回大展”，我支持并参与。展览7月5日在北京开幕。第二站，我促成到烟台7月19日开幕。那是我的家乡，徐悲鸿作品大展于1963年曾在烟台举办过。后来廖静文馆长又曾两次来烟台访问游览，我们烟台对徐院长一家有感情。

6月13日和15日接连两次，我陪烟台来人，前往廖静文馆长家中拜访，请她为巡展题字并合影。馆长高兴地赴四川饭店吃饭，她坚持买单，而且决定7月8日由亲友和我等人陪同，前往徐院长家乡宜兴，参加纪念徐悲鸿一百二十周年诞辰艺术节。谁料想6月16日下午，廖馆长溘然辞世，享年九十二岁，令人无限悲伤与惆怅。

回顾廖静文与徐悲鸿结缘的这一生，作为一位湖南女子，她对徐悲鸿精神和事业的奉献，可谓坚强勇敢、可歌可颂。

1942年正值抗战时期，高中刚毕业的廖静文，随着救亡洪流投入宣传队，来到桂林，鬼使神差遇到徐悲鸿为筹办中国美术学院，也从重庆经贵阳辗转来桂林，要将存放在七星岩岩洞中的一批藏书取回重庆，同时登报招一名图书管理员。

一个偶然机会，廖静文看到了报纸，然后决定前往一试，最后竟被录取了，更未料想竟是在著名画家徐悲鸿手下工作。当时她才十九岁。这就是缘分。

1942年至1945年正是徐悲鸿身心痛苦难度的年月：视如生命的《八十七神仙卷》被盗；患重病两次入院治疗；与蒋碧微离婚拉锯；日夜作画劳累等。如果此时没有廖静文的照顾陪伴，悲鸿性命很可能至此结束。因此我深感廖静文功不可没。

1946年1月，徐悲鸿与廖静文结婚北上。之后他们连生一儿一女，美满幸福地度过近八年时光。1953年9月，徐悲鸿突然病逝，廖静文实龄二十八周岁，小儿庆平六岁，小女芳芳五岁。

对廖静文来说是突然天塌地陷，今后年月莫测。在数年来悲鸿精神教育与影响下，她在悲鸿去世第二天，不顾友人劝阻，更不顾一批悲鸿于精品上题词“静文爱妻保存”字样，带上全家的钥匙前往文化部，交给了沈雁冰部长。一千二百余幅悲鸿的作品和一千余件悲鸿的古画收藏，其中还包括属于她自己的房产，全数交给国家。这一惊天动地的壮举，是廖静文对国家伟大的贡献。

徐悲鸿去世后，政府领导关心询问她有何要求，廖静文只提出希望去北大中文系学习。那是为了以后写一本有关徐悲鸿的书。1982 年，她完成并出版了二十六万字的专著《徐悲鸿一生》。

“文革”中，红卫兵造反，指徐悲鸿为资产阶级艺术权威，要打倒批臭，砸了墓碑，还要销毁“宣扬封资修作品”。廖静文被打晕过几次，那是为悲鸿受苦。为了保全悲鸿的作品，她冒险写信给周总理，偷着让儿子庆平送信到中南海北门。万幸，周总理及时派部队前往徐悲鸿纪念馆，将全部藏品移到故宫保管，免去了一场灾祸。这是廖静文又一大功。

在徐悲鸿谢世后的年月里，廖静文靠自己那份不高的工资，将儿女培育成人。庆平后来留学法国，博士论文写的是徐悲鸿研究。他回国后任教于中央美术学院史论系，又任中国人民大学徐悲鸿艺术研究院院长、博士生导师，徐悲鸿纪念馆副馆长等职。庆平为人清廉忠厚，长期骑自行车上班，成为美谈。

女儿芳芳中央音乐学院毕业后赴美定居。前几年完成了徐悲鸿生前遗愿——1941 年，徐悲鸿在新加坡已取得赴新大陆美国举办义卖画展的护照，不巧却遇到日本偷袭珍珠港引发的太平洋战争，新加坡被日军占领，徐悲鸿匆忙逃难回国——2011 年，芳芳在美国丹佛美术馆圆满举办了徐悲鸿回顾展“徐悲鸿——现代中国绘画的开拓者”，实现了父亲徐悲鸿生前的梦想。

另外，原来的徐悲鸿纪念馆，由于 1967 年修地铁被拆。1972 年，廖静文又勇敢地写信给毛主席，要求兴建徐悲鸿纪念馆。1973 年，周恩来总理派人来看望她，并亲笔写信与廖静文洽商恢复兴建徐悲鸿纪念馆的事。

廖静文拿着毛主席和周总理的批示，孤军作战，费尽心血，跑北京市政府，跑一系列部门，包括房管、建材、设计、运输，等等，真可谓十年奔波十年建馆。徐悲鸿学生朋友不少，可是当时无人能站出来协助她。她自己的孩子也都在读书求学，不在身边。1983 年，在北京新街口大街路西，徐悲鸿纪念馆终于落成了，这难道不令人感动吗？

当年徐悲鸿遇到这位年轻美貌的湖南姑娘时，她是多么单纯、温柔，而今她变得刚强成熟，但依然温文尔雅。她不只是徐悲鸿纪念馆馆长，而且是研究徐悲鸿的权威。国家授予她各种荣誉，但是对她来说，每天坐在“怀鸿堂”——她的办公室中，守卫着徐悲鸿的艺术心血，那是她最大的安慰了。

廖静文在家族中树立起至高的权威，她带领着徐悲鸿遗留下的四个孩子，走上了弘扬徐悲鸿精神和事业的道路。

2009 年，我准备写一篇有关廖静文馆长的文章，给徐悲鸿在安徽农业大学任教的大女儿徐丽丽去电话。我刚开口说到廖静文的名字，她马上说“太伟大了”。是的，丽丽不愧是徐悲鸿的后人，1948 年到解放区改名“徐静斐”，后又评上教授、全国优秀教师，荣获“五一”劳动奖章、“突出贡献专家”称号。她与廖静文从 1944 年在重庆相识，渐渐地建立起深厚的感情，尤其当她为人母后，更体会到廖静文对她父亲的照顾，对子女们包括她自己在内无微不至、无私而感人的关怀。因此，丽丽喊出“太伟大了”四个字，我是深深理解的。

国家与世界都在日新月异地发展着，1983 年建的徐悲鸿纪念馆也显得陈旧狭窄了。国家拨款在原地重建新馆，这对盼望已久的廖静文是个极大的安慰。眼看着新馆将落成，纪念徐悲鸿诞辰一百二十周年的各种活动需要参加，她却突然撒手人寰了，这是多大的遗憾！

前不久，廖馆长对我说过：“现在社会上各种造假、高仿、盗窃……我真担心悲鸿那些藏品，我想在每幅作品上，盖上自己的手印……”

是的，廖静文的遗愿也是徐悲鸿的遗愿，让我们后人去继承吧。那也是中国文化艺术界的大事。

永远说不完的徐悲鸿，也是永远说不完的廖静文。正当纪念徐悲鸿诞辰一百二十周年的时刻，让我们对他们俩致以最真挚的纪念。

2015年6月17日于回龙观

徐悲鸿年表

年份	简历	纪事
1895年	6月18日（农历五月二十六日），徐悲鸿生于太湖之滨的江苏省宜兴县屺亭桥镇，原名寿康。父亲徐达章是贫苦画家，工书画篆刻，能诗。母亲鲁氏是位劳苦农村妇女。 徐悲鸿为长子，下有弟妹五人。	签订中日《马关条约》。 任伯年逝世。 女画家潘玉良出生。 刘海粟1896年出生。 蒋碧微1899年出生。
1900年	随父习字。	八国联军侵略中国。 画家林风眠出生。
1901年	随父读书。 想学画，父亲不许，他便自得其乐地描画屋畔河边的鸡鸭猫狗。	义和团兴起。 签订《辛丑条约》。 祖父砚耕逝世。 1902年陈师曾赴日留学。
1904年	读“四书”、《诗》《书》《易》《礼》和《左传》。开始随父学画，临摹清末画家吴友如在《点石斋画报》上发表的作品，父亲又教他作人物写生。	画家蒋兆和出生。
1905年	兼做田里活计。随父乘舟赴溧阳，他即景成诗：“春水绿弥漫，春山秀色含。一帆风信好，舟过万重峦。”	父亲作《课子图》并题诗。 李叔同东渡日本留学。
1908年	宜兴连年水灾，徐悲鸿与父亲赴邻近各县流浪卖艺，养成了笔不离手的习惯。	溥仪即位，第二年改年号“宣统”。

年份	简历	纪事
1909年	与父亲合作画广惠南宫神像，并随父亲依然过着鬻字卖画的飘零生活。	李叔同即将毕业于东京美术学校。 周湘从日本、欧学绘画回国，1911 年在上海创办了中西美术学校（后改为中华美术学校）。 陈师曾留日回国。
1910年	父亲病重返乡。	
1911年	从父命，和一农村姑娘结婚。	
1912年	生子，取名“劫生”。	孙中山任中华民国临时大总统，3 月袁世凯篡权。 孙多慈出生。
1914年	父亲去世。借钱安葬了父亲之后，徐悲鸿决定去上海半工半读。由于找不到工作，只得返回家乡。 在宜兴女子师范学校、彭城中学、始齐小学三校任美术教师。	第一次世界大战爆发。
1915年	再赴上海，以画插图和广告维生。 作品《马》得到高剑父、高奇峰兄弟赞赏，该画由上海审美书馆印出，为徐悲鸿第一张发表作品。	获黄警顽、黄震之帮助，改名“黄扶”。
1916年	考入震旦大学攻读法文，课余勤奋作画。哈同花园建仓圣明智大学，征求仓颉画像，徐悲鸿作品获选，被仓圣明智大学聘请，因此得识康有为、王国维、陈散原、蒋梅笙等。徐以康有为为师，广闻博见，画艺精进。	结识画家周湘，习油画。
1917年	与蒋碧微相恋，5 月双双出走日本，研究日本美术状貌，半年后回国。	康有为赠“写生入神，悲鸿仁弟于画天才也”横幅。 上海美专的模特儿风波。

年份	简历	纪事
1918年	赴北京，受聘北京大学画法研究会导师。 积极投身“五四”前夕的新文化运动，提倡吸收西洋绘画之长的创新主张。 受蔡元培重视。	与陈散原长子陈师曾共事，志同道合，共同倡导国画改革。 得罗瘿公等名流相助。 与鲁迅、胡适相识。 为梅兰芳、程砚秋画像。 李叔同落发为僧。 北平美术学校成立，郑锦任校长。 第一次世界大战结束。
1919年	在蔡元培、傅增湘的帮助下，偕蒋碧微赴法公费留学，先入徐梁画院，后考入巴黎国立高等美术学院，选入弗拉孟画室。	“五四”运动爆发。徐悲鸿在国外疾书响应。 陈师曾赠言：“沟通中外，成一世界著名画者。”
1920年	结识法国大画家达仰，每星期日到他的画室求教。	与宗白华结交。
1921年	国内政局动荡断绝学费，患肠胃病，只好去柏林问学于柏林美术学院院长康普(Kampf)，每日作画十几个小时，到博物馆临摹，到动物园画猛兽。	中国共产党成立。
1923年	返巴黎国立高等美术学院学习，在达仰指导下攻研素描与默写。在蒙巴纳斯各画院攻人体与油画，以油画《老妇》首次入选法国国家美术作品展览。	与潘玉良相识。 陈师曾谢世。 廖静文出生。
1924年	为中国驻法国总领事赵颂南本人及夫人作像，同时佳作《抚猫人像》《箫声》《马夫和马》及《远闻》等作品相继出世。	印度诗人泰戈尔访华。
1925年	赴新加坡作画筹集学费，结交黄孟圭、黄曼士兄弟。	孙中山逝世。 林风眠回国任北平艺术专科学校校长。

年份	简历	纪事
1926年	2月回上海，田汉举行“消寒会”，介绍他与文化界人士见面。康有为称赞徐悲鸿作品：“精深华妙，隐秀雄奇；独步中国，无与为偶。”为康有为、陈散原、黄震之作像，三个月后重返欧洲继续对全欧艺术作研究。	
1927年	游瑞士、意大利。九幅作品全部入选法国国家美展，享誉法国画坛。回国参与创办“南国艺术学院”，任美术系主任。画《任伯年》像。	蔡元培决定创办南京国立中央大学艺术系。 常书鸿赴巴黎留学。 康有为逝世。 吴昌硕逝世。 伯阳出世。
1928年	兼任南京中央大学艺术系教授。暑假，赴福州作油画《蔡公时济南被难图》，与吴仲熊相交，获赠任伯年父女遗作十幅。 带头反对蒋介石拆南京城墙。 10月赴北平任北平艺术学院院长。	开始创作《田横五百士》。 培养吴作人。 蒋兆和慕名相投。
1929年	聘齐白石任教授，遭保守势力阻挠，回南京。 与徐志摩论战，推崇现实主义。 应苏州美专校长颜文樑之邀前往讲学。 由上海中华书局出版《悲鸿描集》。	送王临乙、吕斯百赴法留学。 丽丽出生。 梁启超去世。
1930年	在《良友》杂志发表《悲鸿自述》。 完成巨幅油画《田横五百士》，开始创作《徯我后》油画。 孙多慈考取中大艺术系。	助吴作人赴法留学。 为齐白石编印画集。 中国“左联”成立。

年份	简历	纪事
1931年	完成水墨画《九方皋》。 在法国里昂和比利时布鲁塞尔举办个人画展。 赴天津讲学，访民间艺人泥人张。 在南昌发现木雕艺人范振华，著文赞扬。 游岱宗。 为齐白石编画集并作序。	“九一八”事变。 鲁迅在上海举办“木刻讲习会”。 为傅抱石争取留学日本的机会。
1932年	由南京丹凤街迁入傅厚岗6号，取名“危巢”，并以经石峪字集联“独持偏见，一意孤行”悬于画室。 作《雄鸡一声天下白》和《沉吟》等。 与颜文樑举行联合画展，编《画范》。 撰文反对绘画上的抄袭行为，提倡贵在创造精神，指名批评刘海粟不诚实作风。	推荐吕霞光赴法留学。
1933年	完成巨幅油画《徯我后》。 赴法国国立外国美术馆举办中国绘画展，各界名士三千人出席开幕式。法国政府选购十二幅作品，于巴黎国立外国美术馆成立中国绘画展室，成为中国绘画在欧洲影响最大之事。 赴比利时布鲁塞尔举行个人画展，游荷兰海牙、阿姆斯特丹，访伦勃朗故居。 赴意大利米兰举办中国绘画展。	画家赵望云出版《赵望云农村写生集》。 岭南画派画家高奇峰逝世。
1934年	应德国柏林美术会邀请，在柏林和法兰克福举办个人画展，获巨大成功。 经希腊赴苏联，游雅典巴特农神庙遗迹。 在莫斯科和列宁格勒（今圣彼得堡）举办中国近代画展，盛况空前。	中国工农红军开始长征。

年份	简历	纪事
1935年	访苏归来，筹组中苏文化协会。 与宗白华一起保释田汉出狱。 暑期与张大千等率学生赴黄山写生。 离南京去桂林，著文抨击当局。 11月在香港访李铁夫。 为傅增湘老人画像（作品存首都图书馆）。	吴作人留学回国。 傅抱石留学回国。 “一二·九”运动。 孙多慈毕业于中央大学艺术系。
1936年	与鲁迅一起促成苏联版画展在南京与上海展出，并与鲁迅一起在上海展览会上发言。 《逆风》《晨曲》及油画《广西三杰像》等问世。 登黄山，游峨眉。	西安事变。 鲁迅逝世。 常书鸿留学回国。
1937年	在广州、长沙、香港举办画展，在香港重价购回《八十七神仙卷》。 《漓江春雨》《风雨鸡鸣》和《巴人汲水》等作品问世。 约李铁夫、余本、王少陵同游桂林。	七七事变，全面抗战开始。
1938年	继任中央大学艺术系教授。 主持广西全省中学美术教师讲习班。	
1939年	赴南洋，在新加坡举办义卖画展，将全部收入捐献祖国、救济灾民。 作油画《放下你的鞭子》和《弘一法师像》。 应印度国际大学和泰戈尔之邀，准备赴印度。	与孙多慈断绝联系。

年份	简历	纪事
1940年	在印度国际大学和加尔各答举办个人画展，泰戈尔盛赞其成就。 为泰戈尔、甘地作像。 居喜马拉雅山大吉岭，用油画、水墨画尽情描绘壮观的群山，同时创作《群马》和巨幅中国画《愚公移山》。 离印前为《泰戈尔画集》选画。	
1941年	先后在槟城、怡保、吉隆坡举办赈灾募捐画展，并将全部收入捐献祖国。 应美国之邀，准备赴美举办中国现代绘画展，因太平洋战事而中断。 作巨幅《奔马》预祝抗战胜利。	日本偷袭珍珠港，太平洋战争爆发。 泰戈尔逝世。 孙多慈与许绍棣在浙江成婚（一说1942年结婚）。
1942年	经缅甸抵云南回国，在昆明举办义卖募捐画展，并将全部收入捐献前线将士。返重庆继续任教中央大学艺术系。 开始筹备“中国美术学院”。 作《灵鹫》和《六骏图》等。 著文赞扬古元木刻。 为常书鸿画展写序言。	全国木刻展在重庆展出。 毛泽东《在延安文艺座谈会上的讲话》发表。 弘一法师圆寂。 在广西桂林廖静文被招考入中国美术学院图书馆做管理员。
1943年	居磐溪，每日过嘉陵江去中大讲课。 与廖静文订婚于贵阳。	赴青城山作《紫气东来》《孔子讲学》《会师东京》《李印泉像》等。
1945年	患高血压和慢性肾炎住院四个月。 扶病教课。 在《陪都文化界对时局进言》上签名，受到威胁。 与蒋碧微办理离婚手续。	抗战胜利。 郁达夫在南洋被日寇杀害。

年份	简历	纪事
1946年	1 月与廖静文结婚。 北上，任国立北平艺专校长，聘请一批有影响、有能力的艺术家建立了完整的教学体系。 担任北平美术家协会名誉会长，推动现实主义艺术运动。	李公朴、闻一多被暗杀。 在上海与周恩来晤面，周恩来鼓励徐悲鸿办好教育事业。 9 月 28 日徐庆平出生。 孙多慈在杭州艺专任教。
1947年	迎击腐朽保守势力，为阐明艺术主张向报界发表《新国画建立之步骤》的书面谈话，提倡直接师法造化，描写人民生活。 秋，迁东受禄街 16 号，名“静庐”“蜀葵花屋”。 在上海举办个人画展。	孙多慈 10 月 27 日在上海慈淑大楼举办画展。 11 月徐芳芳出生。
1948年	拒绝学校南迁。 撰写《中国美术的回顾与前瞻》书稿。 发表《复兴中国艺术运动》一文。	辽沈、淮海、平津三大战役。 北平解放。 田汉冬夜访徐悲鸿。 蒋碧微、孙多慈赴台湾。
1949年	出席第一届世界保卫和平大会。 被任命为国立美术学院院长。 被选为全国美术工作者协会主席。 当选第一届政治协商会议代表。	中华人民共和国成立。 毛泽东为国立美术学院题字。
1950年	中央美术学院成立，任院长。 著《任伯年评传》。 完成《鲁迅与瞿秋白》素描稿。	抗美援朝。 中国艺术展在苏联莫斯科、列宁格勒展出。 国立美术学院更名“中央美术学院”。
1951年	赴山东导沭整沂水利工地体验生活，准备创作《当代愚公》，不幸患脑溢血。	中国艺术展在德意志民主共和国举办。

年份	简历	纪事
1953年	病体未愈，便为中央美术学院毕业班和教师进修班上课。 9月23日，担任全国文代会执行主席。 脑溢血复发，于9月26日2时52分逝世，享年五十八岁。千人举行追悼会。遗体葬于北京八宝山革命烈士公墓。	12月，举行徐悲鸿纪念会和遗作展。 家属根据徐悲鸿遗愿，将他的作品一千多件，收藏的唐、宋、元、明、清及近代书画家作品一千多件，图书、图片和碑帖等一万多件，全部捐献给国家。 12月13日毛泽东主席写信慰问廖静文。
1954		徐悲鸿故居被辟为徐悲鸿纪念馆，展出有关他生平活动的资料及各时期的代表作，周恩来总理题写了“悲鸿故居”匾额。
1975		孙多慈病逝于美国加利福尼亚州。
1978		12月16日蒋碧微于台湾逝世。
1983		“徐悲鸿纪念馆”于北京新街口北大街53号落成，长期对外开放。廖静文任馆长，次子徐庆平任副馆长。
2015		6月16日廖静文逝世。

后记

有些事也真不可预测，从来也没有想过我会去写自己的老院长徐悲鸿。去年(1999)春天我作了一次“徐悲鸿的才情与际遇”的讲演，从此得到一个启发，之后花了整整一年时间，断断续续竟写完了十几万字。对我来说简直就是一种情感倾泻，像我的长篇专题发言。

我写的这本书，既不是传记也不是评论，更不是小说，我不知道它应该归属哪一类，但我相信它真实、客观。因为不管怎么说，我们与徐悲鸿之间已相隔了如此的长年月长时间、长距离长空间，因而我们有了再审视、再认识这位大师的良好条件。

时至今日，徐悲鸿的精神与主张，对中国美术事业依然有现实意义。我在今天写他，也是个责任。得天时、地利、人和之良机，我十分感激。我必须感谢国内外我的师长、同学和朋友对我的支持与鼓励，他们是：顾毓琇教授，廖静文师母，冯法祀、艾中信、王朝闻、张仃、丁井文等师长，侯一民、李天祥、骆拓、金高、李树声、马常利等同学，还有徐庆平、钱莉、黄诗梅、但孟新、杨巧霞、吴燕坤兄妹、洪娴诸位朋友。最后，谨向为本书提供大量图片资料的徐悲鸿纪念馆表示衷心的感谢。

我期待人们善意的批评和指教。

杨先让

2000年3月初于休斯敦上尚艺苑

再版后记

2000年底，我在美国休斯敦写完了这本书，纽约《侨报》从2001年1月10日开始到2001年7月7日以《徐悲鸿艺术历程》为名，连载了整半年之久。郁风和苗子看了，于2001年11月20日来信说："……文字写得细致真实，应是徐悲鸿传中的首选。"他们是徐悲鸿几十年的好友，并建议书名是否改个较活泼些的，如用：飞鸿爪印……这给我很大的鼓励。于是文化艺术出版社在2002年2月以《徐悲鸿》题名出版了，给我删了不少。就这样，我的老师冯法祀先生见了我说："杨先让你立了大功了。徐悲鸿学生不少，而这本书由你写了出来，写得好！"2005年徐悲鸿110年诞辰纪念，《徐悲鸿》八集电视纪录片撰稿人傅宁军给我打越洋电话，说："我手中拿的就是你的《徐悲鸿》一本书，它最真实。"后来廖静文馆长对我说："你写的悲鸿我看了三遍，一遍比一遍好。"这都是我料想不到的。

今年（2009）回国忙广东美术馆为我举办版画和彩绘画展，在北京一个偶然机会认识了记者张杰先生，是他热情地帮我将这本书推荐给齐鲁书社，深表谢意。

在我有生之年，能对我的恩师徐悲鸿老院长尽一份心，将是莫大的欣慰和荣幸。

杨先让

2009年7月于北京回龙观

重版后记

我在美国写恩师徐悲鸿这本书，张杰又可能帮助联系再版，是我未料。当初完全是一种感情的冲动，再加上在海外有利的条件，才能动笔的。每次再版，我都会补充一些新了解的资料。

的确是说不完的徐悲鸿。他短暂的一生所经历的人与事，太丰富。很多事我至今也不可能知晓。比如他与郑锦、杨仲子、吕凤子、邵逸夫、林语堂、李时霖等人的交往，以及1935年他来北平为傅增湘作像，为何下榻在蒋梦麟家中，与蒋是何关系，尤其与蒋彝的友谊。（我在美国认识了蒋彝的儿子蒋健飞，又访问过蒋彝在国内的女儿，见过徐悲鸿为蒋彝画的一幅素描像，也听说徐悲鸿给蒋彝寄过二十余封信，其中有托蒋在英国办事、在印度创作《愚公移山》时的交流信件。1953年蒋彝在海外得知徐悲鸿逝世消息，大哭后著文悼念。）由于种种原因，我都难以获得进一步的信息，深感遗憾。

所以，写我的老院长，也只能是尽力而为了。

杨先让

2016年9月

附录　杨先让艺术简历

1930 年　出生于山东省烟台牟平县养马岛中原村。

1944 年以前　侨居朝鲜，在仁川、汉城华侨小学和中学学习。

1944 年　回国求学，曾就读牟平一中，烟台二中，北平盛新中学，国立东北中山中学至高中肄业。

1948 年夏　入国立北平艺专美术系。同年，图案作业获奖。

1952 年　毕业于中央美术学院绘画系，分配到人民美术出版社任编辑并创作员，在职期间创作出版了一定数量的宣传画、独幅画、木刻版画和连环画、年画以及组画、插图等。

1956 年　全国青年美术展上，版画《出圈》获奖。

1957 年　成为中国美术家协会会员。

1958 年　与古元、刘继卣、陈兴华等下放河北遵化县一年劳动。

1959 年　调文化部研究室，任新创办的《新文化报》美编。

1960 年底　调入中央美术学院版画系教学。

1963 年　参加农村文化工作队半年，创作木刻版画《生的伟大，死的光荣》。

1970 年　“文革”，中央美院教职员下放河北石家庄农村劳动三年。

1974–1975 年　参加中央美院赴陕西户县、山东胜利油田开门办学。

1978 年　赴敦煌、永乐宫考察临摹。

1980 年　于中央美术学院创建年画、连环画系，任副系主任。期间为广州白天鹅宾馆创作《敦煌之秋》壁画。

1982 年　于中国美术馆举办“杨先让、张平良画展”。

1983 年　赴美国探望四十年分离的父亲，同时举办个人画展并讲学。

1986 年　于中央美术学院创建“民间美术系”，任该系系主任。

1989年　赴韩国访问，讲学。

1990年　退休，开始著书。获国务院特殊津贴。

1993年　台湾汉声出版社出版精装图书《黄河十四走》，生活·读书·新知三联书店出版《杨先让、张平良彩绘选集》画册，北京工艺美术出版社出版《杨先让文集》。同年，赴美国休斯敦侨居。在国外频繁办画展、讲学、著书以及进行文化交流等活动。旅美十几年来，被美国路易斯安那州立大学聘为客座教授，授予休斯敦荣誉公民奖。

1996年　中国版画家学会授予“鲁迅版画奖”。同年，于费城曼果画廊举办彩绘展。

1997年　于美国加尔维斯顿市医学院举办画展。同年，于休斯敦举办“杨先让、张平良救济国内失学儿童义卖画展”。

1999年　获美国路易斯安那州立大学艺术学院“他山之石”文化艺术交流奖，同时获路州巴吞鲁日州府荣誉市长奖。同年，新世界出版社出版《中国乡土艺术》中、英文版。

2000年　美国《侨报》连载杨先让著作《徐悲鸿》半年之久。中国《美术》杂志专刊了杨先让彩绘作品。同年，中国书籍出版社出版杨先让《艺苑随笔》文集。

2002年　中国文化艺术出版社出版杨先让《徐悲鸿——艺术历程与情感世界》。同年，于美国休斯敦和路易斯安那州立大学举办“杨先让版画回顾展”，并于休斯敦美术馆分批展览木刻版画与书法。

2002年　赴俄罗斯参观莫斯科、圣彼得堡美术馆。

2003年　在美国路州州府文史馆举办中国民间艺术大展，并配合讲学。同年，作家出版社出版《黄河十四走》。

2004 年　中国春节期间，赴美国华盛顿国会图书馆、费城富兰克林博物馆讲学，并为当地华人作家协会讲学，获美国休斯敦大学亚洲艺术部文化奖。

2005 年　于中央美术学院举办版画回顾展，并出版《与木刻刀结缘50 年——杨先让版画全集》（新星出版社）及杨先让《海外漫纪》（新星出版社）文集。

2008 年　于美国圣地亚哥人类学博物馆举办杨先让“时代印记”版画作品展，获全美华人教育基金会终身艺术成就奖。

2009 年　于广州美术馆举办“杨先让版画、彩绘画展”。

2010 年　山东齐鲁书社再版《徐悲鸿——艺术历程与情感世界》。

2014 年　获得中国文联“第十一届造型表演艺术成就奖”。

2016 年　广西师范大学出版社编辑出版杨先让文集《我是岛里人》《三人行》《梦底波涛》《我为主》。

历年　回国陆续于北京、河北、江西、天津、山东等地的大学讲学。

近二十年来　陆续被英国剑桥主编的《东方名人录》以及《世界华人著名画家名鉴》《中国当代名人录》《中国现代美术家名鉴》等书收录。

杨先让文集

《我是岛里人》

《三人行》

《梦底波涛》

《我为主》

《徐悲鸿》

品牌总监：范　新

策　　划：多　马

篆　　刻：张　军　乔雁群

责任编辑：周祖为

助理编辑：贾宁宁

责任技编：李春林

装帧设计：合和工作室